A filosofia na vida cotidiana

Scott Samuelson

A filosofia na vida cotidiana
Uma introdução simples aos grandes temas filosóficos

Tradução:
Maria Luiza X. de A. Borges

Revisão técnica:
Filipe Ceppas

Título original:
The Deepest Human Life
(*An Introduction to Philosophy for Everyone*)

Tradução autorizada da primeira edição americana,
publicada em 2014 por The University of Chicago Press,
de Chicago, Estados Unidos

Copyright © 2014, The University of Chicago

Copyright da edição brasileira © 2020:
Jorge Zahar Editor Ltda.
rua Marquês de S. Vicente 99 – 1º | 22451-041 Rio de Janeiro, RJ
tel (21) 2529-4750 | fax (21) 2529-4787
editora@zahar.com.br | www.zahar.com.br

Todos os direitos reservados. A reprodução não autorizada desta publicação,
no todo ou em parte, constitui violação de direitos autorais. (Lei 9.610/98)

Grafia atualizada respeitando o novo
Acordo Ortográfico da Língua Portuguesa

A editora não se responsabiliza por links ou sites aqui indicados, nem pode garantir que eles continuarão ativos e/ou adequados, salvo os que forem propriedade da Zahar.

Preparação: Diogo Henriques | Revisão: Carolina Sampaio, Tamara Sender
Indexação: Gabriella Russano | Capa: Estúdio Insólito
Foto da capa: © Hulton Archive/Getty Images

CIP-Brasil. Catalogação na publicação
Sindicato Nacional dos Editores de Livros, RJ

S188f
Samuelson, Scott
A filosofia na vida cotidiana: uma introdução simples aos grandes temas filosóficos/Scott Samuelson; tradução Maria Luiza X. de A. Borges; revisão técnica Filipe Ceppas. – 1.ed. – Rio de Janeiro: Zahar, 2020.

Tradução de: The deepest human life
Inclui bibliografia e índice
ISBN 978-85-378-1868-8

1. Filosofia. I. Borges, Maria Luiza X. de A. II. Ceppas, Filipe. III. Título.

CDD: 100
CDU: 1

19-61812

Vanessa Mafra Xavier Salgado – Bibliotecária – CRB-7/6644

A vida humana mais profunda está em toda parte, é eterna.
WILLIAM JAMES

Sumário

Prelúdio sobre a poluição luminosa e as estrelas   9

PARTE 1   **O que é filosofia?**   17
1. Retrato de você enquanto Ulisses   23
2. Retrato da filosofia enquanto Sócrates   36
Interlúdio sobre riso e lágrimas   64

PARTE 2   **O que é felicidade?**   69
3. O requintado materialismo de Epicuro   75
4. A misteriosa liberdade do estoico   89
Interlúdio sobre vinho e bicicletas   107

PARTE 3   **O conhecimento de Deus é possível?**   111
5. O êxtase sem nome   117
6. Em pesadelos começa a racionalidade   138
7. A aterrorizante distância das estrelas   161
Interlúdio sobre fogueiras e o sol   182

PARTE 4   **Qual é a natureza do bem e do mal?**   189
8. O valor moral de uma lágrima   195

9. A besta que é e não é 213

Interlúdio sobre zumbis e super-heróis 235

Conclusão: A coisa mais bonita no mundo 243

Leituras adicionais recomendadas 251
Notas 253
Agradecimentos 315
Índice remissivo 266

Prelúdio sobre a poluição luminosa e as estrelas

> "Nós tinha o céu, lá em cima, todo salpicado de estrela, e nós deitava de costa pra olhá pra elas e debatê se elas tinha sido feita, ou só aparecido – o Jim pensava que elas tinha sido feita, mas eu achava que elas tinha acontecido; eu calculava que ia demorá demais pra *fazê* tanta estrela. O Jim falou que a lua podia ter *botado* elas; bom, isso parecia até certo, então eu não falei nada, porque eu tinha visto um sapo botá quase o mesmo tantão; daí é claro que era possível. Nós costumava contemplá as estrela cadente, também, e vê elas riscando o céu. O Jim achava que elas tinha ficado podre e foram expulsa do ninho."*
>
> Mark Twain

A POLUIÇÃO LUMINOSA das cidades obstrui a visão do céu de um número cada vez maior de pessoas. Algumas passam anos sem admirar uma só vez a lua ou as estrelas. Esta é uma metáfora apropriada da situação humana. Há um verso perturbador de Kabir, o misterioso poeta indiano do século XV, uma espécie de contador de histórias místico: "Eles desperdiçam seu nascimento em ismos."[1] Ele tem em mente as principais tradições religiosas de seu tempo, mas a ideia se aplica com pungência ainda maior à nossa coleção de religiões, afiliações políticas, espiritualidades, identidades forjadas por marqueteiros e até teorias construídas em departamentos de filosofia. O brilho dessas crenças pode, na melhor das hipóteses, nos guiar através da vida. Mas elas muitas vezes equivalem a uma espécie de

---

* Em tradução de José Roberto O'Shea (*Aventuras de Huckleberry Finn*, Rio de Janeiro, Zahar, 2019). (N.T.)

poluição luminosa. A sensação de possuir conhecimento pode ser o pior inimigo da verdade. Crenças e teorias, e as identidades a elas associadas, são tão indispensáveis e fascinantes quanto a política, mas, da perspectiva da verdadeira filosofia, são na pior das hipóteses obstruções, e, na melhor, pontos de partida e de parada de uma jornada muito mais extensa, que envolve sair na escuridão de vez em quando e dar uma boa e longa olhada para o que brilha acima de nós.

A história que tenho para contar é sobre como, nas palavras de William James, "a vida humana mais profunda está em toda parte".[2] As coordenadas de uma vida significativa – as estrelas, em minha analogia – estão aí para qualquer um de nós ver e decifrar. As questões, histórias e demandas dos grandes filósofos não são discursos de anjos que flanam em suas moradas celestiais. Até os mais formidáveis pensadores nos falam a partir de vidas muito parecidas com as nossas, com rotinas diárias, pequenos incômodos, dores, prazeres e reviravoltas ocasionais. Os pés deles não têm mais asas que os seus ou os meus.

Este livro é minha tentativa de fazer a filosofia descer de sua teorização etérea e fincar os pés de volta na terra, que é o seu lugar, entre pugilistas e quiropráticos, professores de música e agentes funerários, soldados e mães, chefs e pessoas divorciadas, Huckleberry Finn e Jim – você e eu, na verdade.

QUANDO EU TINHA dezesseis anos, topei com Tomás de Aquino e suas cinco maneiras de provar a existência de Deus. Enquanto lia sua prosa precisa, exultante, na Biblioteca Pública de Iowa City, dois sentimentos tomaram conta de mim: primeiro, a ideia de provar a existência de Deus era de longe a maior coisa que um ser humano podia fazer; segundo, eu não acreditava mais em Deus. Não que tivesse a menor ideia do que Aquino estava dizendo: li suas provas com sublime incompreensão. Acreditei – de maneira ilógica, equivocada e emocionante – que o fato de nos pronunciarmos sobre a existência de Deus provava de alguma maneira que éramos capazes de inventá-Lo. Ao longo de toda a minha adolescência de incertezas, eu estava certo de que, fosse o que fosse que ele estivesse fazendo, tratava-se do ápice da realização humana. Eu queria participar. Sócrates, no início da *República* de Platão, atrai seus interlocutores para uma prolongada conversa sobre justiça pedindo-lhes para colaborar na fundação de uma cidade. Tomás de Aquino, sem o desejar, estava me atraindo para a fundação do universo. Embora eu não tivesse lido mais do que uma página de filosofia, e não tivesse sequer compreendido a página que li, eu queria ser um filósofo.

Pouco mais de uma década depois, eu estava concluindo um doutorado em filosofia na Emory University. O caminho óbvio diante de mim era galgar a um cargo de tempo integral numa instituição decente, transformar minha tese em livro, concentrar minha atenção numa especialidade, publicar alguns artigos e críticas e lamber as botas necessárias para obter estabilidade. Mas uma espécie de senso de destino (eu nunca o teria chamado assim na época) sempre me impediu de embarcar seriamente nesse caminho. Embora eu tivesse me provado capaz de publicar artigos e dar palestras no mundo da filosofia, rebelei-me contra a perspectiva de uma microespecialidade e a burocracia de um cargo estável. Além disso, eu não entrara naquele campo com o intuito de me tornar um erudito em filosofia, por mais maravilhosa e necessária que a investigação formal possa ser.

Quando minha mãe me telefonou de Iowa dizendo que havia lido nos classificados que o Kirkwood Community College tinha uma vaga para professor de filosofia em tempo integral, essa me pareceu uma maneira razoável de obter um seguro-saúde. A ideia de que "um emprego é um emprego" é especialmente pungente para filósofos. Diógenes de Sinope, um dos praticantes mais antigos de nossa profissão, costumava mendigar dinheiro a estátuas. Quando lhe perguntavam por quê, ele respondia: "Para me acostumar a receber recusas." Mas ele não tinha uma esposa grávida. E nem minha mulher nem eu queríamos morar num barril e nos aliviar do lado de fora, como Diógenes costumava fazer.

Uma década depois, minha mulher e duas crianças dormiam um sono profundo no andar de cima, e eu estava sozinho na *selva oscura* (uma expressão da *Divina comédia* de Dante que, para um anglofalante como eu, com parcos conhecimentos de italiano, parece a princípio algo como o "self obscuro"), fitando o fogo da lareira, refletindo sobre a questão do destino: justamente a atividade que recomendo a meus alunos, e que venho evitando tão assiduamente quanto eles. Ora, mais cedo naquela noite, num jantar festivo, alguém tivera o descaramento de me perguntar: "Você está cumprindo o seu destino?" A pergunta rude fora em parte minha culpa. Eu havia trazido à tona o assunto do destino, inspirado por minha recente leitura do *Mahabharata*, a gigantesca epopeia em sânscrito da Índia antiga (é três vezes mais longa que a Bíblia), que narra a guerra fratricida entre pandavas e kauravas. Falar de maneira abstrata sobre o destino pode ser enfadonho ou fascinante, mas a pergunta sobre estarmos ou não cumprindo nosso destino vai ao cerne da questão com a precisão de uma flecha. Eu hesitei, furtando-me a uma resposta sincera como somente alguém formado em filosofia é capaz de fazer. Mas agora, diante do fogo, eu só tinha a mim mesmo para enfrentar.

Meus soturnos pensamentos iniciais foram que eu deveria estar fazendo mais com meus talentos. Por mais que eu gostasse de lecionar num *community college*,* tratava-se, afinal de contas, de um *community college*. Amigos de instituições mais prestigiosas, minha família e até alguns alunos tinham me estimulado, com variados graus de sutileza, a trabalhar para progredir em minha carreira acadêmica: um caminho que minhas escolhas de vida tinham basicamente feito desaparecer. Meus pensamentos sombrios divagaram – embora este talvez seja o verbo errado – para uma história do *Mahabharata*, justamente a que provocara a desnorteante pergunta sobre meu destino depois que eu a contara no jantar.

Um certo Ekalavya, membro da mais desprezada tribo proscrita, pede para estudar a arte de manejar o arco com Drona, o grande guru. Arjuna, o herói do *Bhagavad Gita* (um curto capítulo do *Mahabharata*), tornar-se-á o maior arqueiro do mundo graças à instrução de Drona. Mas, cheio de desdém, o guru recusa Ekalavya, porque a presença fétida de um pária per-

---

* Instituição de ensino superior intensivo em que os cursos têm apenas dois anos de duração. (N.T.)

turbaria os outros alunos. Assim, Ekalavya se retira para um lugar isolado na floresta e entalha uma pequena escultura de Drona, que instala como um ídolo para supervisionar sua prática solitária com o arco e a flecha.

Um dia, Arjuna sai para caçar. Seu cão corre para a floresta e começa a latir para o arqueiro proscrito, que fica irritado e dispara uma saraivada de flechas com tal perícia que, sem causar dano, elas instantaneamente tapam a boca do animal. O cão corre de volta para seu dono, que olha com espanto para o animal amordaçado. Em seguida Arjuna volta para junto de Drona, de mau humor, e se queixa: "Você disse que faria de mim o maior arqueiro do mundo." "E fiz", responde o mestre. Arjuna aponta desalentado para a boca amordaçada de seu animal de estimação, obviamente a obra de alguém maior.

Drona e Arjuna rumam de volta para a floresta, a fim de descobrir o que está acontecendo. Então deparam com o arqueiro solitário e observam com espanto enquanto ele pratica com seu ídolo entalhado. Por fim, Drona vai até ele e pergunta: "Sou eu o seu mestre?" O arqueiro faz uma profunda reverência, honrado com a presença do guru, e diz: "É claro." Na Índia da época, era costume que os professores só fossem pagos depois que tivessem ensinado com sucesso a seus alunos; mas, após a conclusão do ensino, podiam pedir qualquer remuneração que lhes parecesse adequada. Assim, o mestre diz: "Suas habilidades provam que você está formado, e agora peço meu pagamento." Ainda mais profundamente honrado, o aluno diz: "Qualquer coisa que pedir, mestre." Ao que Drona responde: "Peço seu polegar direito."

Sem hesitar, Ekalavya puxa uma faca, corta fora o polegar direito e o entrega ao mestre, que em seguida se vira para Arjuna e diz: "Pronto, agora você é o maior arqueiro do mundo."

Do que trata a história de Ekalavya? De um mestre que escolhe a elite em detrimento do comum. De um aluno que oferece ao mestre o cumprimento de sua vocação. Das possibilidades de se participar da mais elevada organização da educação. Dos bloqueios psicológicos que impedem tal participação. Da tragédia brutal causada pelas estúpidas divisões que traçamos. A história, ao que parecia, fragmentava-se em duas imagens claras:

o eu possível e o eu real. Eu havia escolhido ensinar Ekalavya, mas alguma coisa em mim estava se prendendo aos preconceitos de Drona.

De repente, da escuridão do meu eu obscuro, momentos dos últimos dez anos começaram a cintilar; momentos de autoesquecimento em que estive na presença da filosofia não como uma atividade profissional, mas como ela de fato é: a busca da sabedoria, uma maneira de viver. Minha mente resplandeceu com rostos de soldados, donas de casa, encanadores, enfermeiros, futuros professores, prisioneiros, operários do saneamento, professores de jardim de infância, pacientes com câncer; um número indefinido de almas cuja profissão atual ou futura eu nunca soube; pessoas reais de todas as idades e todos os graus de alfabetização, obcecadas pelas mesmas questões – as mesmíssimas questões – que moldaram a tradição em que eu havia sido inspirado a ingressar após ler Tomás de Aquino e suas cinco provas da existência de Deus. Se Simone Weil está certa ao dizer que "a atenção absolutamente pura é uma prece", eu tinha estado na presença de Deus durante múltiplas conversas que aconteceram sobre o medonho carpete de minha sala de aula.[3] As estrelas estavam começando a brilhar.

Eu costumava ler a descrição que Platão fez das conversas de Sócrates e lamentar que elas fossem inconcebíveis em nosso tempo. Agora, sempre que eu lia, na *Apologia*, a passagem em que Sócrates questiona os luminares de Atenas apenas para concluir que é ele o mais sábio de todos, porque pelo menos sabe que não sabe nada, penso em minha aluna Jillian, uma auxiliar de enfermagem que, embora nunca tivesse lido Platão, reencenou exatamente essa história no hospital em que trabalhava. Quando leio Epicteto, o eloquente filósofo estoico do século I, penso em James Stockdale no século XX, que manteve sua sanidade e até sua felicidade enquanto era torturado num campo para prisioneiros de guerra pelo que lembrava de Epicteto do curso "Filosofia 6: Os problemas do bem e do mal", com o professor Philip Rhinelander. Não posso pensar na filosofia moral de Kant sem recordar uma mãe de meia-idade que me perguntou com lágrimas nos olhos se ele estava certo. Para cada filósofo sobre o qual dei aulas, encontrei pelo menos um aluno cuja alma devolve fielmente um eco. O professor aprendeu com seus alunos que pessoas sábias como Platão e Kant são mais do que a raiz de -ismos complexos.

A maneira típica de conceber o destino é ver o que parece fortuito como algo clandestinamente ordenado e racional. Mas é mais estranho que isso. Enquanto a lareira queimava, e eu vislumbrava minha vida à súbita luz do destino, aleatoriedade e racionalidade pareceram sinônimos, apenas duas palavras vacilando à procura da mesma realidade, duas faces feitas pela mesma face. Certos padrões internos podem jorrar de nós e dar sentido aos zigue-zagues e vicissitudes do tempo. Todos esses alunos que o acaso, também conhecido como destino, colocara nas carteiras bambas diante de meu tablado barato de metal formavam um importantíssimo conjunto de constelações, se olhados da maneira correta.

O QUE SE SEGUE não é nada mais nada menos que a prática da vida filosófica – em certa medida a história de minha própria jornada, não simplesmente no sentido de reminiscências pessoais, embora eu de fato narre algumas, mas uma exploração de uma memória moldada em grande parte pela contemplação de livros e conversas com companheiros sobre as coisas do espírito. Relaciono as histórias e ideias de alguns grandes filósofos com a minha própria vida, a de meus alunos e a de meus amigos. Num sentido mais amplo, este livro é sobre a própria jornada da filosofia, uma jornada intensamente pessoal que se tornou a jornada da civilização humana. Os capítulos se desenvolvem em termos temáticos e históricos. Tematicamente, se organizam em torno de quatro questões incorporadas na estrutura do animal racional: O que é filosofia? O que é felicidade? O conhecimento de Deus é possível? Qual a natureza do bem e do mal? Historicamente, os capítulos saltam de cume em cume (a imagem é de Nietzsche), começando com os antigos e avançando através das eras até o presente – à sua própria maneira, a busca coletiva da cultura ocidental. Não ignoro as grandes tradições religiosas, que têm uma íntima associação com a filosofia. Existe, espero demonstrar, um padrão subjacente à busca da sabedoria, ainda que ela com frequência leve a lugares fascinantemente distintos. Inclino-me a pensar que a forma de nossas buscas individuais está escrita em linhas gerais na história da civilização, e que toda a jornada da civilização está mais ou menos codificada em cada um de nós.

Embora por vezes precise de uma lareira e solidão, a filosofia está mais plenamente presente no diálogo com os outros, alguns tomados por um desejo de verdade, a maioria inflexível com relação ao fragmento dela que possuem, como os cegos na fábula sufi que apalparam, cada um, uma parte do desconhecido elefante. Encontrei a filosofia, a verdadeira filosofia, até mesmo entre aqueles que se entediam e cabeceiam de sono em suas carteiras. Num desses paradoxos fundadores, o momento em que mais me sinto um estudante de filosofia é quando tenho o paletó manchado de giz.

PARTE 1

O que é filosofia?

> Quão – eu não conhecia nenhuma
> palavra para aquilo – quão "improvável".*
>
> ELIZABETH BISHOP

"VEJO, MEU CARO TEETETO", diz Sócrates, "que Teodoro compreendeu verdadeiramente a sua natureza quando disse que você era um filósofo, pois o espanto é a sensação do filósofo, e a filosofia começa no espanto."¹ Samuel Taylor Coleridge acrescenta um toque de poesia à ideia: "No Espanto toda filosofia começou: no Espanto ela termina: e a Admiração preenche os intervalos."²

"Espanto" é uma palavra maravilhosa, sugestiva tanto de perplexidade quanto de admiração. A investigação de pequenos mistérios – como por que uma vareta parece quebrada na água, ou por que os vizinhos acreditam em algo diferente sobre Deus, ou se você vê a mesma cor que as outras pessoas, ou por que estamos sempre lutando – perturbou vidas inteiras e civilizações inteiras. Meus alunos mais velhos muitas vezes comentam, com uma certa reverência, que a filosofia os faz lembrar do hábito de seus filhos pequenos de perguntar "Por quê? Por quê? Por quê?". A curiosidade da infância, que ajuda a civilização a ser absorvida e refeita, é sem dúvida do mesmo tipo que os severos textos de Aristóteles e Kant.

Meu palpite é que até nossas pequenas perplexidades decorrem de um espanto mais básico. Muitas vezes esse espanto inicial tem a ver com a raiz

---

* Tradução de Paulo Henriques Britto para *"How – I didn't know any/ word for it – how 'unlikely'"*, do poema "The Unbeliever" (*Poemas escolhidos*, São Paulo, Companhia das Letras, 2012). (N.T.)

expressiva de palavras como "moralidade", "felicidade", "mal", "beleza", "amor". Experimentamos subitamente aquilo que essas palavras apontam e somos compelidos a tentar compreendê-las. Marguerite Yourcenar escreveu: "Existem almas que nos fazem acreditar na alma."[3] Existem também belas experiências que nos fazem acreditar em beleza, acontecimentos ruins que nos fazem acreditar no mal e alguns raros momentos que nos convencem da realidade da felicidade. Para que a filosofia não degenere em discussão inútil, é importante que recordemos e busquemos essas manifestações sagradas.

Existe um espanto ainda mais profundo diante de – por falta de palavra melhor – *tudo*. Permitam-me explicar relatando um espanto inicial que eu mesmo tive.

Eu devia ter cerca de dez anos de idade e estava na casa de um amigo. Ele era duas séries mais avançado que eu e portanto mais entusiasmado em relação às garotas, e achava que devíamos treinar nossas técnicas de beijo usando travesseiros como namoradas de faz de conta. Assim, ali estava eu, abraçando e beijando um travesseiro estranho. Em algum lugar em meio à escuridão do pano, tentando imaginar os cachos louros e os olhos azuis de certa colega de classe, minha consciência se partiu de maneira inexplicável e transbordou numa inquietante experiência, mais estranha até que beijar, e em que tudo pareceu extremamente duvidoso. Por que as coisas existem? Por que eu tinha nascido? Quem eu sou? Que grande mistério cósmico me levou a fazer ruídos de beijos contra um travesseiro? Pela mesma lógica, por que o sol, que aquece tão bem o nosso planeta, pegou fogo? Como podia haver outras mentes, cheias dos mesmos sentimentos e questões, assombrando as pessoas à minha volta? Como podia haver estranhos? Como o tempo se move? Por que o tempo se move? Por que um de meus amigos teve de ser atingido por um carro em alta velocidade, inchar como um terrível balão e morrer? Era como se eu tivesse caído por um túnel no travesseiro e entrado na formidável zona anterior à criação, quando Deus ainda coçava a cabeça considerando mundos possíveis.

Sim, eu estava cheio de perplexidades intelectuais. Ainda que só dali a vários anos fosse ler filosofia, consegui formular o problema nas palavras dos grandes metafísicos: por que existe alguma coisa em vez de nada? Sei disso porque quando decifrei a *Introdução à metafísica* de Martin Heidegger, ainda um pretensioso rapaz de dezessete anos, fiquei pasmo ao encontrar minha profunda perplexidade exposta de forma tão serena. Mas a experiência envolveu mais do que a formulação de enigmas intelectuais; foi como se aquelas questões avançassem pelo meu sistema nervoso com eletricidade sobrenatural. Senti todas as variações de "por quê" e "como" na forma de um grande calafrio sagrado. Meu palpite é que todas as perplexidades filosóficas dos últimos três milênios estão contidas em experiências como essa, assim como as quinhentas gerações das folhas de um carvalho estão inseparavelmente ligadas em cada um de seus frutos, ou assim como todo o universo está presente, se os físicos estiverem certos, no equivalente a três minutos de matéria em explosão.

Tendo sido um daqueles momentos atemporais, não sei precisar quanto durou nem por que terminou; é provável que eu tenha simplesmente precisado tomar fôlego. De qualquer maneira, emergi do travesseiro, reorientei-me para a tênue existência do quarto de meu amigo e, em minha ingenuidade, cheio de animação, tentei contar a ele sobre minha viagem no tempo até o início de tudo. Sempre fui grato a ele pelo que me disse. Suas palavras foram o germe de todo o meu futuro na filosofia. Ele deu de ombros com o jeito indiferente de um companheiro: "Ah, sim, eu também já senti isso antes."

1. Retrato de você enquanto Ulisses

> Um Diálogo entre dois Bebês no útero a respeito do estado deste mundo poderia ilustrar extremamente bem nossa ignorância do próximo, sobre o qual penso que discorremos ainda em cavernas de Platão, e não passamos de Filósofos Embriões.
>
> Sir Thomas Browne

"O QUE É FILOSOFIA?", costumava nos perguntar o dr. Donald Livingston, durante as aulas de pós-graduação. Após uma pausa atordoante, esse velho cavalheiro do Sul que se vestia em vários amarfanhados tons de branco, com um vistoso lenço caindo exageradamente do bolso da camisa, refletia em sua voz sonora e arrastada: "Se um biólogo pergunta 'O que é biologia?', ele não está mais fazendo biologia. Não há nenhuma fórmula matemática que responda à pergunta 'O que é matemática?'. Mas quando nós, filósofos, nos perguntamos o que estamos fazendo, estamos fazendo o nosso trabalho." Mas vamos começar com a questão mais candente para a maioria dos meus alunos: o que é participação em aula?

Temendo o silêncio de turmas atordoadas, eu tinha o hábito de conferir aos alunos um certo número de "pontos por participação", que só podiam ser obtidos pela formulação e resposta de questões em classe. Em meu primeiro ano como professor de filosofia em Kirkwood, tive uma aluna mais ou menos da minha idade que passava o tempo todo me examinando de sua carteira no fundo da sala. Enquanto eu avançava aos tropeços em meio a palestras e discussões, seu olhar frio nunca me abandonava. E, por mais que eu a encarasse após uma pergunta instigante, ela jamais participava.

Talvez porque seu rosto me revelasse de maneira inequívoca que ela ganhava o próprio pão com muito suor, comecei eu mesmo a conjecturar. Imaginei que ela ruminaria consigo mesma, irritada: "Quem ele pensa que é, me dando aula sobre a vida?", ou "É inacreditável que ele esteja sendo pago para fazer isso". Por vezes eu me consolava com a ideia de que ela não estava pensando muito sobre coisa alguma, mas simplesmente batendo o ponto e se esforçando para compreender o bastante para ser aprovada e subir um degrau na escala econômica.

Dou aulas para muitos alunos, mais de 125 por semestre; por isso, acho difícil, em princípio, associar nomes e rostos sem me valer das anotações que rabisco em minha folha de presença. Foi só depois que devolvi a primeira tarefa passada aos alunos que a ficha caiu: aquela mulher era Deanne Folkmann, a autora do melhor trabalho da turma, de longe. Embora ainda pouco refinado, seu ensaio era o único que demonstrava uma compreensão nuançada do texto, que citava e refletia sobre passagens que nunca haviam sido mencionadas, que brilhava com o fulgor inconfundível do verdadeiro pensamento. Não era um prelúdio a uma carreira em filosofia. Era filosofia.

Além da melhor de todas as coisas, que é pôr um bom livro nas mãos de uma pessoa, não sei ao certo quanto fiz por ela como professor naquele semestre. O que eu tomara de início como a atitude de alguém que estava apenas batendo o ponto era na verdade um silêncio de monge. Ela estava absorvendo todo e qualquer fragmento de conhecimento que eu distribuía, e depois revisitando Platão, Epicteto e Kant para iluminar sua vida. Acreditava, ingênua e corretamente, que Platão, Epicteto e Kant podiam ser úteis. E me fez lembrar o mundo ensolarado da filosofia, o mundo que comecei a compreender quando segurei pela primeira vez em minhas mãos ignorantes toda a sabedoria de Tomás de Aquino.

Eu gostaria de ter guardado os ensaios dela. Hoje, sendo um professor mais experiente, eu a chamaria de lado e lhe pediria para me contar tudo a seu respeito. Talvez tenha sido bom que nosso diálogo avançasse de maneira indireta, mas algo em mim teria gostado de ouvir sua voz. Pelo menos tive a presença de espírito de anotar em meu diário o que ela escreveu no fim de sua prova final, a única nota pessoal que dirigiu a mim, tão pessoal que quase posso ouvir nela algo do timbre de sua voz:

> Compreendi que minha busca pelo conhecimento me levará para longe de meu emprego como operária de fábrica. Para muitos de meus colegas, o salário é suficiente. Foi suficiente para mim em vários momentos. Não mais. O conhecimento pode me levar numa viagem a lugares que ainda não posso imaginar. É estranho, mas a filosofia tornou meu trabalho mais suportável, e também o tornou de certo modo insuportável. Palavras poderosas segundo as quais viver: "Uma vida sem exame não vale a pena ser vivida."

Isso sim é participação em aula.

MUITAS VEZES DEFINIMOS o ser humano como o "animal racional", a única coisa nesta Terra com capacidade de raciocinar. Michel de Montaigne, um dos mais sábios seres humanos que já viveram, conta a história de uma raposa que se aproximou devagar de um rio congelado e em seguida encostou o ouvido no gelo – presumivelmente porque, se escutasse o som de uma corrente de água, o gelo estaria fino demais e seria perigoso andar sobre ele. Não estava a raposa, pergunta Montaigne, realizando uma espécie de dedução? Acaso o silogismo da raposa – se posso ouvir água, o gelo está fino demais; posso ouvir água; logo, o gelo está fino demais – não prova que raposas são também "animais racionais"?[1]

Um dia, eu estava observando uma gatinha determinada, Georgiana, que acabara de descobrir que podia subir até o topo de uma certa árvore. Uma vez, para seu prazer, o esquilo que ela estava perseguindo subiu exatamente nessa árvore. Ele foi até o galho mais alto e se deu conta de que não podia ir além. Olhando para baixo, viu a gata se aproximando com rapidez e confiança; em seguida, se virou e olhou para o chão, uns nove ou dez metros abaixo; depois, deu mais uma olhada em Georgiana. Não estava esse esquilo de alguma forma raciocinando? Depois de olhar para a gata e para o chão mais algumas vezes, ele enfim saltou – com um abandono quase desesperado – e caiu desajeitado no chão. Será que o esquilo não *calculou* sua melhor chance de sobrevivência? Não é o esquilo também, portanto, um animal racional?

Ora, talvez a raposa e o esquilo estivessem apenas agindo por instinto. Mas mesmo que acreditemos, como Montaigne e eu acreditamos, que eles estavam efetuando um cálculo mental, ainda podemos distinguir o cálculo animal da racionalidade humana. A racionalidade, pelo menos tal como concebida por Aristóteles ao nos definir como o *zoon logikon* (o animal racional), consiste em mais do que cálculo. Nossa racionalidade envolve uma estranha reviravolta em nossa natureza. Somos capazes de revisar nosso próprio ser, de reordenar nossos valores, de fazer nossas habilidades de cálculo se voltarem sobre nós mesmos. Essa reviravolta é talvez mais dramática no nível da política, em que por vezes nos envolvemos em revoluções. Até hoje não houve uma abelha marxista que tentasse organizar suas companheiras operárias para derrubar a rainha que está sempre explorando seu trabalho. Lobos podem lutar para decidir quem será o alfa em sua alcateia, mas nunca lhes ocorreu organizá-las numa unidade maior a ser governada por uma maioria de patas levantadas. Nós, no entanto, fazemos todas essas coisas, e não apenas em momentos de revolução. Não há entre nós quem não se pergunte: "Quem sou eu? O que deveria estar fazendo da minha vida?" E o próprio ato de perguntar nos transforma. Às vezes chegamos a nos questionar se a vida vale a pena ser vivida. O famoso solilóquio de Hamlet não é, afinal de contas, a fala de um louco. O monólogo interno do esquilo era algo como:

> Morrer pela pata com certeza, ou talvez viver
> após a queda: eis a minha questão.

Não era "Ser ou não ser". A propósito, o esquilo sobreviveu e saiu cambaleando, enquanto Georgiana olhava lá do alto com indignada incredulidade.

As principais metas de nossos companheiros animais são bastante claras para eles: comer, dormir, proteger o bando etc. Se e quando eles "raciocinam", é para calcular como alcançar essas metas. Também nós herdamos um complexo de metas similares; também nós passamos bastante tempo calculando o que comer no jantar. Mas temos além disso a capacidade de questionar nossas metas, mudar de ideia e medir quão significativas são nossas vidas em comparação com nossas concepções. Por meio de ferramentas, imagens e palavras, estendemos quem somos num espaço relativamente aberto que depois se curva de volta sobre si mesmo. Somos, por assim dizer, o animal filosófico.

É bem verdade que a filosofia não é a única maneira pela qual participamos de nossa racionalidade. Outra maneira importante – fundamental – pela qual voltamos nosso poder único sobre nós mesmos ocorre na poesia, na arte e na música. A inspiração nos ajuda a definir um estilo de existência humana. Essa expressão musical da racionalidade floresce plenamente na religião, que é a revelação feita por Deus de uma maneira de viver, pelo menos segundo o crente religioso. Mas ela também inclui as práticas superpostas que hoje chamamos de cultura: nosso modo de vida – "nosso" não porque qualquer um de nós individualmente o concebeu ou mesmo, na maior parte das vezes, concordou com ele de maneira consciente, mas simplesmente porque nascemos nele e ele parece natural.

No século V a.C., o costume funerário comum dos gregos era cremar seus mortos. Não muito longe dali, na Índia, a prática dos *callatiae* era comer os deles. Certa vez, Dario, o grande rei persa, reuniu representantes de ambos os grupos e perguntou quanto dinheiro podia dar aos gregos para que comessem seus antepassados e quanto podia dar aos membros da tribo para que pusessem seus mortos queridos no fogo. Dinheiro algum foi suficiente para qualquer dos dois grupos. (Haverá um preço pelo qual você arrancaria um pedacinho que fosse da carne de seu falecido tio?) Ambos, como você pode imaginar, ficaram profundamente ofendidos pelo fato de o rei sequer sugerir algo tão contrário à "natureza". Heródoto, que narra tudo isto, conclui que "se oferecêssemos aos homens a possibilidade de escolher, dentre todos os costumes do mundo, aqueles que lhes parecessem os melhores, eles iriam examinar um por um e acabar preferindo os seus próprios".[2]

No entanto todo mundo descobre, como os gregos e os *callatiae*, que existem diferentes tipos de música, diferentes maneiras de expressar nossa humanidade. Quando começamos a compreender que há religiões diferentes da nossa, que povos de outras culturas formularam imagens, histórias e rituais surpreendentemente diferentes com os quais sintetizam sua humanidade, encontramo-nos à beira da filosofia. Como observou o filósofo al-Ghazali mil anos atrás, "os filhos dos cristãos sempre crescem abraçando o cristianismo, e os filhos dos judeus sempre crescem aderindo ao judaísmo, e os filhos dos muçulmanos sempre crescem seguindo a religião do islã".[3] Assim que perguntamos a nós mesmos: "Nesse caso, quem está certo – se é que alguém está?", ingressamos num novo estágio de nossa racionalidade: a filosofia.

NUM ARTIGO RECENTE para o *New York Times*, o crítico literário Stanley Fish afirmou que a filosofia é "uma forma de pensamento especial, insular",* e que "suas proposições têm peso e valor somente no âmbito de seu jogo".[4] Disse também que teses filosóficas como o absolutismo moral são na melhor das hipóteses "ornamentos retóricos" que não fazem nenhuma diferença na maneira como de fato vivemos. Enquanto uma descrição da filosofia mais acadêmica, sua caracterização provavelmente está correta. Seja em seminários na pós-graduação ou em cursos introdutórios, professores e estudantes de filosofia jogam muitas vezes o jogo de tentar construir uma teoria perfeita. Criticamos debilidades e incoerências em ideias correntes de bondade, beleza e verdade. Tentamos construir explicações gerais. Manipulamos perguntas e respostas nos espaços tranquilos da mente.

Mas enquanto uma descrição da verdadeira filosofia, a definição de Fish está errada. Ele comete o erro comum de tomar uma parte da filosofia – o escrutínio intelectual de várias posições – pelo seu todo, que envolve o mais pleno exercício de nossa racionalidade: a procura de uma vida significativa. A filosofia começa e termina no reino dos encanadores, do amor, das dores nas costas, das ressacas, da beleza e das unhas dos pés pintadas –

---

* O termo "insular", em filosofia, é costumeiramente utilizado no debate em torno do ceticismo, significando distanciamento com relação ao senso comum. (N.R.T.)

em suma, o mundo que encaramos cotidianamente. Sim, a filosofia se desvia por um mundo de reflexão muitas vezes desorientador. Mas todas as ideias sob discussão filosófica devem, no fim das contas, ser julgadas segundo sua capacidade de nos ajudar a viver bem.

O grande historiador das ideias Pierre Hadot demonstrou que a filosofia antiga não é fundamentalmente um punhado de teorias, mas sim um conjunto de exercícios espirituais destinados a conduzir as pessoas de volta a seu verdadeiro eu. Para os gregos antigos e depois os romanos, a filosofia era tudo menos "uma forma de pensamento especial, insular". Ocupar-se com a filosofia era comprometer-se com o aperfeiçoamento que ela oferecia. As pessoas se voltavam para filosofias como o estoicismo e o epicurismo porque suas vidas estavam mergulhadas em temores, crenças e desejos que as haviam alienado da possibilidade de viver vidas boas. Elas estavam à procura da vida boa, e a filosofia era a disciplina com a qual se poderia persegui-la.

Em certa medida, a antiga prática da filosofia foi transformada, na modernidade, numa disciplina teórica destinada a elucidar os conceitos de ciência e moralidade. Mas essa não é toda a história. Acredito que a filosofia nunca perdeu seu caráter de ser um modo de vida. Os grandes filósofos modernos, quando se engalfinharam com a ciência e a moralidade, como tentarei mostrar nos próximos capítulos, tinham razões muito prementes para fazê-lo. No século XVII, Descartes buscou um certo fundamento para o conhecimento em grande parte porque o mundo estava desmoronando à sua volta. No século XX, Hans Jonas reconceituou Deus e o mal em grande parte porque sua mãe fora morta em Auschwitz. Quando uma aluna minha, uma mãe que havia autorizado uma cirurgia que acabou por levar seu filho à morte, me perguntou em lágrimas se Kant estava certo ao afirmar que as consequências de uma ação não desempenham nenhum papel na determinação de seu valor moral, compreendi com toda a clareza que avaliar a ética kantiana era muito mais que um jogo a ser jogado na insularidade da mente ou da sala de aula.

Quando a vida cotidiana é profundamente satisfatória, a filosofia é de fato a atividade sossegada que Stanley Fish descreve, um mero e prazeroso exercício de nosso desejo inato de saber. Mas quando a vida cotidiana é menos que plenamente satisfatória, haverá sempre pessoas buscando significado. De repente, aquele desejo tranquilo de saber torna-se um desejo premente de encontrar a vida boa. E quando o curso normal da vida cotidiana oferece muito pouco de satisfatório para nossas naturezas, quando sentimos regularmente as dores tediosas do mau trabalho, do lazer vazio e da política desorientada, então a filosofia se torna não apenas a prática de poucos, mas a necessidade de muitos. Era essa a situação quando senhores da guerra locais despedaçaram a China antiga. O período dos Estados guerreiros, como foi chamado, deu origem às Cem Escolas de Pensamento, o auge da filosofia chinesa, em que pensadores como Lao-Tsé e Confúcio tentaram conceber uma forma melhor de cultura humana. Essa era também a situação na antiga Atenas após sua derrota para os espartanos na Guerra do Peloponeso, quando sua sociedade foi infestada por devotos e relativistas morais. O declínio da hegemonia ateniense deu origem a Sócrates, Diógenes, Platão, Aristóteles, Epicuro e os estoicos, para quem a filosofia era a prática espiritual do bem viver. Essa era também a situação no que chamamos de início do período moderno, quando a Europa foi dilacerada por facções de protestantes e católicos em guerra, o próprio período que nos deu os grandes filósofos modernos que prefiguraram a política, a moralidade e a ciência não imediatamente fundadas em religião sectarista. Meu palpite é que estamos agora num barco semelhante: se não um império em declínio, somos ao menos uma civilização difusa de papéis sociais conflitantes, com frequência menos do que satisfatórios. Nesse caso, *precisamos* de filosofia.

HÁ UMA HISTÓRIA muito curta que a meu ver encarna o mistério da filosofia – e o mistério do ser humano – no querido livro chinês *Chuang-Tzu*, que narra a vida errante e os ensinamentos do mestre taoista de mesmo nome.

> Mestre Chuang e mestre Hui passeavam pela ponte sobre o rio I Iao. "Os peixinhos apareceram e estão nadando tão calmamente", disse mestre Chuang. "Essa é a alegria dos peixes."

"Você não é um peixe", disse mestre Zui. "Como sabe o que é a alegria dos peixes?"

"Você não é eu", disse mestre Chuang, "portanto como sabe que não sei o que é a alegria dos peixes?"

"Eu não sou você", disse mestre Hui, "por isso certamente não sei o que você sabe. Mas você certamente não é um peixe, portanto é irrefutável que você não sabe o que é a alegria dos peixes."

"Vamos voltar para o ponto em que começamos", disse mestre Chuang. "Quando você disse: 'Como sabe o que é a alegria dos peixes?', você me perguntou porque já sabia que eu sabia. Eu sei disso ao passear sobre o Hao."[5]

Mestre Chuang (Chuang-Tzu) e mestre Hui (Hui-Tzu) simbolizam, entre outras coisas, dois lados diferentes da filosofia, cada um importante à sua maneira. Chuang-Tzu é sábio, engraçado, religioso, poético, calmo. Hui-Tzu é lógico, sério, prosaico, científico. No entanto, tal como no famoso diagrama do yin-yang, cada um contém em si a semente do outro.

A parábola começa com uma observação que expressa uma conexão entre Chuang-Tzu e os peixes que saltam à superfície da água. Ela tem uma qualidade simples, musical. É o tipo de comentário que tendemos a fazer na presença de outros animais, por exemplo no zoológico, onde é difícil resistir a ver nossas vidas interiores refletidas nos animais brincalhões, tristes, indolentes. Seu comentário representa nossa maneira espontânea de nos relacionar com a vida. Hui-Tzu rompe essa espontaneidade e questiona a validade de seu raciocínio implícito: entra a filosofia. Chuang-Tzu acompanha alegremente essa nova linha de pensamento e leva o princípio de Hui-Tzu mais além: se um animal não pode compreender outro, como pode um ser humano compreender outro? É uma conclusão potencialmente paralisante. De repente estamos no ponto oposto àquele em que começamos. Nossa conexão espontânea com o mundo parece muito distante; agora parecemos não ter nenhuma conexão com coisa alguma: talvez nada faça sentido. Este, também, é um momento de filosofia.

Timidamente, Hui-Tzu admite que não pode saber o que Chuang-Tzu está pensando, exceto que, se aceitarmos seu princípio de exclusão, ele não pode estar pensando o que os peixes estão pensando. Em vez de prosseguir nesse beco sem saída, Chuang-Tzu retorna à observação inicial, só que desta vez com um jogo de palavras. A pergunta original de Hui-Tzu poderia ser traduzida mais literalmente (segundo me informam) como: "De onde você sabe sobre a felicidade dos peixes?" Ela poderia significar várias coisas. Primeira: "Como você sabe isso?" Segunda: "Não acho que você realmente saiba isso." Ou terceira: "Onde você estava quando percebeu isso?" Chuang-Tzu, de brincadeira, desconsidera o segundo sentido (o pretendido) e responde à primeira e à terceira pergunta: "Sei porque estou aqui; sei exatamente aqui junto do rio." Segundo o famoso comentário de Guo Xiang: "Bem, no que as coisas nasceram e no que elas se alegram – céu e terra não podem mudar essa posição, e Yin e Yang não podem retomar essa existência. Portanto, não se pode considerar estranho que se saiba o que alegra seres nascidos na água a partir daquilo que alegra seres nascidos na terra."[6] Ou, como diz T.S. Eliot:

> Não desistiremos de explorar
> E o fim de toda a nossa exploração
> Será chegar ao ponto em que partimos
> E conhecer o lugar pela primeira vez.[7]

Uma de minhas ideias centrais neste livro é que a verdadeira filosofia é uma odisseia com diferentes estágios. Ela começa numa relação assombrosa e muitas vezes problemática com a vida comum. Passa por um estágio de questionamento que leva a um ceticismo capaz de cegar. À medida que prossegue, há um momento de iluminação, que conduz a uma forma de teorização crítica (é nesse ponto que filósofos profissionais com frequência se instalam). Mas seu destino final é retornar à vida comum e "conhecer o lugar pela primeira vez". Essa odisseia está aberta a todos. Se as crenças das quais partimos realmente valerem a pena, retornaremos a elas e as conheceremos pela primeira vez; senão, teremos de procurar crenças que funcionem melhor. Não podemos saber até que tenhamos nos envolvido na filosofia – não simplesmente no estudo acadêmico de, digamos, Leibniz, mas no trabalho real de examinar nossa vida com os intensos raios de luz da consciência. De uma maneira ou de outra, retornamos revigorados com o que esse exame significa. Aquelas maravilhosas linhas de Deanne expressam a ambiguidade de nossa relação com nossa vida: "É estranho, mas a filosofia tornou meu trabalho mais suportável, e também o tornou de certo modo insuportável."

No FINAL DA *República* de Platão, Sócrates narra um mito sobre o que acontece conosco quando morremos. Ele afirma que um homem chamado Er foi morto em batalha e, quando seus compatriotas chegaram para lidar com os mortos dez dias depois, perceberam que seu corpo não tinha se decomposto. Em sua pira funerária, Er voltou milagrosamente à vida e contou em detalhes como era o além-mundo. As almas empreendem uma viagem bela ou horrível dependendo da maneira como viveram. Ao cabo de um milhar de anos, elas conseguem escolher sua próxima vida. Muitas recusam a vida de um ser humano, ainda amarguradas pelos sofrimentos de sua existência anterior. Ájax, o mais forte dos guerreiros, escolhe tornar-se um leão. A alma de Orfeu, o mais doce dos cantores, entra na suave penugem do corpo de um cisne. Agamêmnon, que foi morto pela mulher, converte-se numa águia.

O último a escolher na história de Er é o astuto Ulisses, que encontra e escolhe uma vida desprezada pelos outros: a vida de uma pessoa comum; ele afirma que, mesmo que tivesse sido o primeiro, teria feito exatamente a mesma escolha. Talvez, após sua lendária jornada, ele tivesse percebido a verdade da afirmação de Montaigne de que é possível "associar toda a filosofia moral a uma vida privada comum tão bem quanto a uma de natureza mais rica",[8] ou, como diz Dorothy no final do filme *O mágico de Oz*: "Se algum dia eu voltar a sair em busca do desejo de meu coração, não procurarei além de meu próprio quintal; porque se ele não estiver ali, eu nunca o terei realmente perdido, para começo de conversa."

Você pode labutar numa fábrica, como Deanne (agora ela é enfermeira, diga-se de passagem); você pode estar indo de vento em popa numa carreira lucrativa; você pode ser um pai desempregado, uma mãe solteira, estar num casamento feliz ou desesperadamente solteiro; você pode ser ou ter sido um adolescente rebelde, um nerd nota 10 ou uma pessoa inibida; você pode ter uma lesão cerebral; pode até ser um professor de filosofia; você certamente tem idiossincrasias, esperanças e medos ocultos, seu próprio jeito bizarro de amar e passar o tempo, e mil e uma outras variações em torno dos padrões básicos; e a alma de Ulisses, inspiração para o mais fascinante poema já cantado, pode muito bem ter deslizado para dentro do seu corpo – *seu* corpo – quando você nasceu.

Portanto, deixe-me terminar este capítulo dirigindo-me a você enquanto Ulisses, aquele que buscou uma vida plenamente humana, o grande herói da racionalidade humana, cujo estratagema com um cavalo de madeira pôs fim à longa Guerra de Troia, e em seu caminho de volta teve de evitar canibais gigantes, tapear os ciclopes e sobreviver à ira do deus do mar, tudo para poder voltar a Ítaca, que simboliza a verdade que estamos procurando. No poema "Ítaca", o poeta grego moderno Konstantínos Kaváfis emprega maravilhoso tato ao falar a Ulisses antes de sua memorável viagem, nem revelando nem ocultando completamente toda a verdade do que está por vir.

> Quando partir em sua viagem para Ítaca,
> reze para que a estrada seja longa,
> cheia de aventura, cheia de conhecimento.

Na sequência, Kaváfis diz que não há necessidade de temer coisas como os lestrigões que bebem sangue, ou os ciclopes que comem carne humana, porque você jamais os encontrará "se não os carregar dentro de sua alma". É uma declaração cheia de tato, porque Kaváfis sabe que de fato os carregamos em nossas almas. Provavelmente teremos de enfrentá-los.

> Guarde sempre Ítaca em sua mente.
> Chegar lá é sua meta suprema.
> Mas não apresse a viagem de maneira alguma.

É melhor deixá-la durar muitos anos;
e ancorar na ilha quando você for velho,
rico com tudo que tiver ganhado no caminho,
não esperando que Ítaca vá lhe oferecer riqueza.

Ítaca lhe deu a bela viagem.
Sem ela você nunca teria partido pela estrada.
Ela nada mais tem para lhe dar.

E se a achar pobre, Ítaca não o enganou.
Sábio como se tornou, com tanta experiência,
Você já deve ter compreendido o que essas Ítacas significam.[9]

O que mais aprecio nesse poema é quando ele exorta: "Reze para que a estrada seja longa."

2. Retrato da filosofia enquanto Sócrates

> A indômita honestidade, a coragem, o amor pela verdade que atraíram a Sócrates e a nós para o cume onde, se também pudermos ficar por um momento, gozaremos da maior felicidade de que somos capazes.
>
> Virginia Woolf

Embora haja algumas exceções (sempre há), existe muita verdade na afirmação de Cícero de que "todos os filósofos pensam em si mesmos e querem que os outros pensem neles como seguidores de Sócrates" – apesar da diversidade de seus sistemas e crenças, poderíamos acrescentar.[1] Eu me insiro na longa linhagem de filósofos que acreditam que Sócrates foi o homem mais sábio, mais feliz, mais justo que já viveu. O que Mozart é para a música, Sócrates é para o ser humano.

Nascido por volta de 470 a.C., filho de Sofronisco, um escultor, e Fanarete, uma parteira, Sócrates referia-se à sua própria prática filosófica como uma espécie de trabalho de parteira, pelo qual ele ajudava outras pessoas a dar à luz suas próprias ideias, embora ele mesmo não tivesse "filhos" – isto é, teorias – seus. Um orgulhoso cidadão de Atenas, a grande democracia do mundo antigo, em que os cidadãos participavam diretamente do governo da cidade (embora, mais ou menos como em nossa própria democracia em sua forma inicial, apenas homens proprietários de terras contassem como cidadãos), ele serviu com grande bravura na Guerra do Peloponeso, segundo todos os relatos disponíveis. Raras vezes participou de maneira direta da política, mas, quando integrou o júri de um julgamento famoso, em que um grupo de comandantes estava sendo falsamente incriminado, recusou-se a considerá-los culpados, ainda que isso tenha posto em risco sua própria vida. Quando morreu, em 399 a.C., tinha três filhos pequenos. Sua mulher, Xantipa, supostamente uma megera, estava sempre se queixando (com razão) de que Sócrates não levava nenhum dinheiro para a família. Quando lhe perguntaram por que concordara em se casar com uma mulher como aquela, ele respondeu que treinadores de cavalo devem treinar com os animais mais vigorosos. Ela provavelmente sentia o mesmo em relação a ele.

A felicidade de Sócrates não era do tipo a que estamos acostumados, do tipo que reluz e se esvai conforme nossas circunstâncias e estados de ânimo. Talvez fosse melhor chamá-la de alegria, embora essa palavra também seja enganosa, ao sugerir algo diferente da inalterável tranquilidade do filósofo. Trata-se da alegria/felicidade/sabedoria/justiça/bem-estar/beatitude/shalom/paz-que-excede-todo-o-entendimento de alguém que é completamente ele mesmo, está à vontade em meio a qualquer tipo de pessoa – fanático, criança, escravo, poeta, bêbado, prostituta, general, até outro filósofo – e é capaz de se conduzir com elegância em qualquer situação, mesmo com a morte soprando em seu pescoço. A certa altura, quando imagina a vida após a morte, ele diz que gostaria de continuar vivendo exatamente como vivia naquele momento. Johann Wolfgang von Goethe, o que a Alemanha possui de mais parecido com Shakespeare, comentou certa vez que, se pudesse ter apenas um desejo atendido, escolheria ser um companheiro de Sócrates por um dia. A melhor descrição que conheço de sua felicidade especial aparece no apogeu dos *Ensaios* de Montaigne:

> Tampouco há algo mais extraordinário em Sócrates do que o fato de que na velhice ele encontra tempo para fazer aulas de dança e aprender a tocar instrumentos, e o considera bem-empregado. Esse mesmo homem foi visto certa vez parado num transe, durante todo um dia e uma noite, na presença de todo o exército grego, surpreendido e arrebatado por um pensamento profundo ... Ele foi visto, quando cortejado por uma beldade por quem estava apaixonado, mantendo rigorosa castidade quando necessário. Foi visto, na

batalha de Délion, levantando e salvando Xenofonte, que fora derrubado de seu cavalo. Era visto constantemente marchando para a guerra e andando descalço sobre o gelo, usando a mesma toga no inverno e no verão, superando todos os seus companheiros na resistência ao trabalho duro, comendo num banquete da mesma maneira que nos dias comuns. Ele foi visto durante 27 anos suportando com a mesma compostura a fome, a pobreza, a indocilidade de seus filhos, as garras da mulher; e, no fim, calúnia, tirania, prisão, correntes e veneno. Mas esse homem que em nome da cortesia aceitou um desafio de bebidas era também o que se saía melhor em todo o exército. E nunca se recusava a brincar de pedrinhas com crianças, ou a cavalgar um cavalo de pau com elas, e o fazia graciosamente; porque todas as ações, diz a filosofia, são igualmente adequadas e honradas num homem sábio.[2]

Sócrates deixou para trás tantos escritos quanto Jesus – nenhum. Tudo que sabemos sobre ele é através da obra de seus contemporâneos, sobretudo seu discípulo Platão, cujos escritos são quase todos diálogos protagonizados por Sócrates. Sabemos de Sócrates por causa de Platão. Sabemos de Platão por causa de Sócrates. Numa compilação inglesa dos diálogos intitulada *Os últimos dias de Sócrates*, Platão usa a história do julgamento e execução de seu mestre para retratar a estrutura e a significação da própria filosofia. A filosofia, que parece irreligiosa, é uma atividade profundamente sagrada. A filosofia, que parece subversiva, é autenticamente patriótica. Acima de tudo, a filosofia, que pode parecer aos anciãos uma corruptora dos jovens, é a atividade decisiva para tornar nossas vidas dignas de serem vividas.

É preciso servir a alguém

O *Eutífron*, o primeiro diálogo da compilação, começa com uma conversa ordinária entre dois homens em circunstâncias extraordinárias. Sócrates e Eutífron se encontram diante do tribunal, cada um com um assunto para resolver. Sócrates está se apresentando para um julgamento iminente em que deverá se defender contra as acusações de impiedade e de corromper os jovens. A razão de Eutífron para estar no tribunal é mais quente: ele vai registrar acusações de assassinato contra o próprio pai! Ao que parece, o criado de Eutífron, num acesso de fúria provocado pelo álcool, cortou a garganta de um dos criados do pai. Este deteve o criado assassino, amarrou-o, jogou-o num fosso e mandou chamar as autoridades para saber o que deveria ser feito com ele. Nesse meio-tempo, o criado amarrado morreu.

Eutífron justifica sua causa afirmando que obedece ao sagrado ao processar o pai. Cita o próprio Zeus como modelo, pois Zeus também processou o pai, por assim dizer, quando acorrentou Cronos por ter devorado os próprios filhos. Cronos, aliás, também "processou" o pai, Urano, castrando-o e jogando seu membro decepado ao mar. Sócrates concentra sua atenção na reivindicação de Eutífron e, segundo o padrão comum dos diálogos socráticos, pede a seu interlocutor para explicar o conceito que dá sentido e valor ao que ele está fazendo – nesse caso, "O que é a piedade?".

Afirmam alguns que é injusto da parte de Sócrates nos pedir para definir conceitos como amor, justiça, conhecimento ou piedade, porque podemos saber o significado de palavras sem sermos capazes de defini-las. No entanto, a única coisa que se interpõe entre nós e a vida boa é uma má ideia. Não é nada injusto pedir clareza com relação a uma palavra quando sua relação apropriada com a vida está pouco clara ou em discussão, precisamente as ocasiões em que Sócrates a pede. Devemos dizer sobre Eutífron que ele sabe o que é a piedade, embora seja incapaz de definir de maneira satisfatória a ideia de piedade? Nesse caso, o que dizer então de todos aqueles atenienses que se dizem chocados diante do que ele está fazendo ao processar o pai – será que também eles conhecem a natureza da piedade sem serem capazes de defini-la? O que dizer dos atenienses que afirmam que a prática socrática da filosofia é ímpia – será que eles também sabem o que é piedade? Ou seria mais prudente dizer que, embora todas as partes possam ter alguma ligação com a piedade, sua incapacidade de falar com competência sobre ela mostra que essas partes na verdade não sabem o que é a piedade em toda a sua glória? Que sua confiança em seu conhecimento incorporado pela piedade é exagerada? Que elas seriam mais prudentes admitindo que na verdade não sabem o que é a piedade e abrindo a mente para a verdadeira natureza de sua vocação?

Após alguma provocação, Eutífron responde à pergunta de Sócrates. Sua resposta vem sob duas formas: primeiro, piedade é o que agrada aos deuses; e depois, numa versão revista, piedade é o que agrada a todos os deuses. A primeira resposta, ao ser examinada, prova-se problemática, porque os deuses parecem discordar entre si tanto quanto nós – ou, se adotarmos uma concepção monoteísta do divino, porque um único texto sagrado ordena coisas diferentes, contraditórias. Olho por olho. Ofereça a outra face. Deus é justo. Deus é misericordioso. Deus exige guerra. Deus exige paz. A sabedoria é o fundamental. Em muita sabedoria reside muito pesar. O vinho é obra de Satã. A sede do justo será mitigada com vinho.

A resposta revista de Eutífron, que a piedade é o que agrada a todos os deuses, suscita mais questões. O que devemos fazer com todos os casos em que eles não concordam? Por que precisamos de muitos deuses (ou mandamentos de Deus) se eles só são dignos de confiança quando concordam? Como podemos descobrir em que eles concordam? Sócrates não faz essas perguntas. Em vez disso, ele para de examinar possibilidades ao acaso e faz uma pergunta – que eu apontaria como a maior pergunta de todos os tempos – em torno da qual grande parte da filosofia ocidental se organizou. Na verdade, a pergunta não parece tão poderosa quando topamos com ela pela primeira vez: os deuses aprovam uma ação porque ela é sagrada, ou ela é sagrada porque eles a aprovam?

VAMOS ABORDAR esse majestoso enigma formulando uma questão ligeiramente mais simples: qual é a religião mais sensata?

Num outro poema de Kaváfis, chamado "Infidelidade", o poeta conta sobre o banquete de casamento de Tétis e Peleu, ao qual Apolo, o deus da profecia, comparece, abençoando os nubentes ao prometer para o filho deles uma longa vida intocada pela calamidade. Esse filho vem a ser Aquiles; e, à medida que ele cresce, sua mãe o vigia com muita ternura, lembrando-se da promessa do deus. Por fim, é claro, ele parte para a Guerra de Troia. Um dia, alguns velhos chegam à porta de Tétis com a terrível notícia de que Aquiles foi morto em batalha. Consternada, ela tenta rasgar sua túnica e atira suas joias ao chão. Então ela se lembra da promessa de Apolo e pergunta o que fazia o deus enquanto matavam seu filho.

> E os velhos lhe responderam que Apolo
> tinha ido ele próprio a Troia,
> e com os troianos matado Aquiles.³

Em outras palavras, não será o politeísmo a religião mais sensata?

Suspenda seus preconceitos por um minuto, e olhe para o mundo em toda a sua amplitude e estranheza. Que conclusão você tiraria sobre o divino? Você veria um lugar de assombrosa beleza e impensável horror, um mundo em que gansos têm sua imagem suavemente refletida num lago cintilante e também um mundo em que crianças se aninham junto de seus pais mortos após um terremoto devastador. Veria um mundo de estações ordenadas e condições climáticas desordenadas, um mundo que alimenta os produtos agrícolas que plantamos, depois vira ao contrário e os destrói, como se num ataque de raiva infantil. Veria um mundo em que todos nós sentimos a promessa e a seiva de estarmos vivos, quase como se um deus da profecia nos tivesse prometido uma vida longa e saudável; e depois veria incontáveis pessoas perfeitamente amáveis abatidas em seu apogeu. Um mundo de uvas que se transformam em vinho, de amor que conduz à guerra, e a carnificina da batalha inspirando nossa arte mais comovedora. Não seria lógico concluir que não há nenhuma mente unificada por trás desse universo maldito, florescente, sangrento, e que as forças do mundo, os deuses, são um saco de gatos: generosos, belos, cruéis, irritados, calmos, traiçoeiros, doces, opostos, mas acima de tudo voláteis e poderosos?

Curiosamente, a epígrafe do poema de Kaváfis é uma observação feita por Sócrates na *República* de Platão, cujo ponto central é que histórias como essa sobre a infidelidade de Apolo são descrições inaceitáveis da divindade, o que nos leva de volta à grande pergunta de Sócrates no *Eutífron*.

Essencialmente, ele pergunta se deveríamos venerar a bondade ou o poder. É o poder ou é a correção de uma ordem que é realmente imperativo? Nesse caso, o que nos deveria parecer persuasivo: o fato de os deuses nos comandarem, ou a bondade de seu comando? Deveríamos ser obedientes ao poder ou à bondade?

As tentativas de Eutífron de dar uma definição de piedade o põem diretamente no campo do poder. Embora Sócrates não chegue a uma resposta no diálogo, ele sem dúvida parece estar no campo da bondade. Há uma canção de Bob Dylan que diz: "É preciso servir a alguém:/ Pode ser o diabo, ou pode ser o Senhor,/ Mas é preciso servir a alguém."[4] É isso mesmo, sobretudo se por "diabo" ele entende o culto do poder, o nosso próprio ou o de outra pessoa, e por "Senhor" algo como bondade, beleza ou verdade – algo intrinsecamente valioso situado fora do eu, algo cuja ação no mundo muitas vezes não é mais forte do que uma flor.

Fico sempre chocado ao perceber como são poucos os meus alunos que conhecem a história de Abraão e Isaac, uma história comum a todas as três fés abraâmicas – e, aliás, parte de uma canção de Dylan ("Deus disse a Abraão: "Mate um filho para mim"/ Abraão disse: "Cara, você deve estar de sacanagem").* Mas a ignorância da história e de sua interpretação tradicional prova-se útil quando eu os testo para ver onde se situam na questão poder versus bondade. Imagine, digo eu, que Deus surge para você, da forma que lhe parece a mais convincente – um matagal em chamas, um furacão falante, uma face de insuperável beleza –, e lhe ordena matar a pessoa que você mais ama: filho, filha, cônjuge, pai, mãe ou amigo. Imagine ainda que Deus lhe informa que você está sendo posto à prova. O que você faria?

Uma resposta eloquente para esta pergunta veio de uma aluna chamada Cheryl, cujo filho pequeno, por causa de problemas na creche, às vezes tinha de vir com ela às minhas aulas e ficava colorindo quietinho no canto. Ela escreveu num teste: "Se Deus me pedisse para matar meu

---

* Tradução livre de *"God said to Abraham, 'Kill me a son'/ Abe said, 'Man, you must be puttin' me on"*, da canção "Highway 61 Revisited". (N.T.)

filho, primeiro eu questionaria se a voz era mesmo Deus. Depois, mandaria ela se ferrar." Ela estava dizendo com mais simplicidade e veemência exatamente o que Immanuel Kant disse duzentos anos antes, em *O conflito das faculdades*:

> Se Deus de fato falasse com o homem, este ainda assim jamais poderia saber que era Ele falando. É inteiramente impossível para o homem apreender o infinito através dos sentidos, distingui-lo de seres sensíveis e reconhecê-lo como tal. Mas em alguns casos o homem pode ter certeza de que a voz que ouve não é de Deus. Pois se a voz lhe ordena fazer algo contrário à lei moral, então não importa quão majestosa a aparição possa ser, nem o quanto ela possa parecer superar toda a natureza: ele deve considerá-la uma ilusão.[5]

Kant acrescenta numa nota de rodapé: "Abraão deveria ter respondido à pretensa voz divina dizendo: 'Que eu não deveria matar meu bom filho está claro para mim; mas que tu, que me apareces, sejas Deus, isto não está claro de maneira alguma e nunca poderá se tornar claro.'" Cheryl e Kant estão no campo da bondade.

Abraão está no campo do poder (embora na história da destruição de Sodoma, em que contesta a justiça da ira divina, ele passe para o campo da bondade). Ele leva Isaac para a montanha com o objetivo de matá-lo e provar-se um fiel servo de Deus. A majestade de Deus, de Quem todas as coisas fluem, ganha precedência sobre nosso afeto por qualquer coisa em Sua criação. Interpretações tradicionais da história louvam Abraão por sua fidelidade, por passar no que deve ser o mais duro de todos os testes, a disposição de entregar o próprio filho. Cristãos, por uma razão óbvia, dão grande importância a isso.

Mas não seria possível que Abraão tenha sido reprovado no teste? Se Deus está checando se ele se aferrará a seu mais profundo senso de certo e errado, mesmo em face de absoluta majestade e poder, então seu fracasso é completo. Certamente deve haver algum *midrash* obscuro que concebe o sofrimento da linhagem de Abraão como uma punição por seu fracasso em tomar o partido da bondade mais fundamental pela qual somos o que somos. Ou talvez Abraão *seja* punido na história, pois tem de viver o resto de seus dias com a confiança rompida, se não com inequívoca raiva, no olhar de seu amado filho.

Em nossa era de terror em nome da religião e tortura em nome da civilização, o teste de Abraão dificilmente está fora de moda. Mas o problema não é apenas religioso. Ateus também devem decidir a quem ou quê vão servir. Simone Weil diz: "Um ateu pode ser simplesmente alguém cuja fé e amor estão concentrados nos aspectos impessoais de Deus."[6] Um ateu sábio poderia dizer: "Um teísta pode ser simplesmente alguém cujo senso de justiça ou poder requer uma face." Hoje, é comum traçar a grande linha divisória entre fiéis e ateus, mas aferro-me a essa linha socrática entre pessoas que veneram a bondade e pessoas que veneram o poder, uma linha que divide aquela entre ateus e fiéis e secciona ambos os grupos em dois. Para usar personagens de nossa era, faz mais sentido juntar os adoradores do poder Adolf Hitler e Osama bin Laden e os adoradores da bondade Martin Luther King Jr. e Mikhail Gorbatchev do que juntar Osama e Luther King com base em sua crença compartilhada em Deus e Hitler e Gorbatchev com base em seu secularismo.

Sócrates e Eutífron não chegam a uma compreensão da piedade. Sócrates inclina-se para um lado, Eutífron para o outro, mas, na verdade, no fim do diálogo estamos mais longe que nunca de uma resposta satisfatória. Frustrado pelas perguntas precisas de Sócrates, Eutífron diz que tem "de ir a algum lugar" e cai fora. Sócrates afirma: "Você está indo embora e frustrando aquela grande esperança que eu alimentava; de que eu poderia aprender com você o que era piedoso e o que não era e liquidar depressa o processo de Meleto ao demonstrar para ele que agora me tornei sábio em religião graças a Eutífron, e não mais improviso ou inovo na ignorância dela – e além disso de que eu poderia viver uma vida melhor pelo resto de meus dias."[7] Eutífron estava no tribunal originalmente para registrar queixas contra o pai; agora ele tinha um compromisso urgente em outro lugar. Será possível que esse diálogo inconclusivo tenha mudado sua intenção e sua vida? É duvidoso – mas nunca se sabe.

Oráculos e demônios

Oráculos eram consultados nos tempos antigos por todas as camadas da sociedade, com toda sorte de questões que nunca morrem: serei flagrado como adúltero? Meu namoro vai terminar? Fulano sobreviverá à doença? Algum dia pagarei minhas dívidas? Suetônio, em sua *Vida de Nero*, conta que o imperador perguntou ao oráculo de Delfos: "Quando vou morrer?" A resposta veio: "Que ele tema os 73 anos." Nero, que tinha apenas trinta anos, ficou aliviado, imaginando que ainda tinha mais da metade de sua vida para viver, e voltou a mergulhar em seu estilo de vida dissoluto. Nesse ínterim, Galba, que viria a ser o próximo imperador de Roma, estava reunindo seu exército – Galba, que tinha 73 anos de idade. Algumas semanas depois, com a ajuda de seu secretário, Nero se matou.[8]

Perto do fim do século V a.C., num episódio famoso, Querofonte foi ao santuário de Delfos, em cujo átrio havia a inscrição "Conhece-te a ti mesmo", para perguntar ao oráculo se seu amigo Sócrates era o mais sábio de todos. Veio a resposta: "Não há ninguém mais sábio." Quando Sócrates teve notícia do pronunciamento do deus, ficou intrigado. Como poderia ele ser o mais sábio, quando era completamente desprovido de sabedoria? Ele então se dispôs a provar que Apolo e sua sacerdotisa estavam errados (como se quisesse justificar a acusação de ser ímpio que ao fim seria feita contra ele). Sua estratégia foi simples: encontrar uma pessoa com pelo menos um pouquinho de sabedoria positiva que poderia claramente derrotá-lo, a ele cujo nível de sabedoria era zero. Diz a história que Sócrates perambulou por Atenas questionando seus cidadãos – políticos, poetas, artesãos – sobre as verdades especiais que eles afirmavam possuir e acabou chegando à conclusão de que o deus dissera a verdade (como se para refutar a acusação de ser ímpio, feita contra ele). Sócrates era realmente o mais sábio de todos. Ele tinha de fato um bocadinho de sabedoria positiva: o inestimável conhecimento de que não sabia nada. Todos os outros afirmavam ter conhecimento, quando de fato não tinham, o que os deixava em maus lençóis em matéria de sabedoria.

Sócrates conta essa parábola – ela é encontrada na *Apologia*, o segundo diálogo da compilação mencionada – como uma maneira de se apresentar apropriadamente em seu julgamento em 399 a.C. Como todas as boas parábolas, ela parece inocente a princípio, mas seu significado logo se aprofunda. O que significa ter sabedoria? Como o conhecimento de sua própria ignorância pode ser um tipo de sabedoria? Como é possível que poetas não saibam sobre poesia, que políticos não saibam sobre política, que artesãos não saibam sobre seus respectivos ofícios? Sócrates é humilde ou orgulhoso, piedoso ou ímpio, sincero ou dissimulado? Talvez a filosofia seja ímpia e corruptora, como alegam os acusadores de Sócrates, se tudo o que ela faz é solapar os pilares da comunidade? Escolhi um aluno que nunca tinha lido Platão para responder a estas perguntas e deixar claro para mim o real significado da parábola.

Como dar aulas para cinco turmas a cada semestre pode ser uma atividade opressora e entorpecedora para o espírito, gosto de ministrar o maior número de cursos diferentes possível. Assim, me vi dando aulas noturnas de ética biomédica para uma turma composta sobretudo por alunos de enfermagem, técnicos de laboratório, alguns aspirantes a médicos e Jillian Kramer, uma auxiliar de enfermagem do hospital da Universidade de Iowa. De maneira pouco imaginativa, ative-me aos tópicos usuais: consentimento informado, eutanásia, aborto, engenharia genética e as principais teorias éticas.

Uma de nossas discussões mais acaloradas aconteceu quando perguntei em tom casual à turma desanimada: "Para que serve um hospital, afinal de contas?" Descartei as respostas esperadas à medida que surgiam. "Para curar pessoas." Mas o que dizer daqueles com doenças terminais? "Para aliviar a dor das pessoas." Mas e quanto àqueles cuja dor não pode ser aliviada? "Para ajudar pessoas cuja dor pode ser aliviada." Mas e aqueles que não querem alívio para sua dor? "Para ajudar pessoas doentes que querem ser ajudadas." Não há nenhuma obrigação em relação às pessoas saudáveis? E assim por diante. Eu queria abrir a mente de meus alunos para um ensaio que acabara de lhes dar para ler, de autoria de Stanley Hauerwas, sobre a visão cristã da missão do hospital. Embora Jillian fosse inteligente, séria e receptiva a novas ideias, filosofia acadêmica não era seu forte. Mas nossa discussão provocou alguma coisa nela, e ela me perguntou se podia escrever sobre o objetivo dos hospitais.

Cerca de duas semanas depois, quando os alunos estavam entregando seus trabalhos e saindo, eu a puxei de lado e lhe perguntei como o projeto havia progredido. Nossa conversa em classe, ela explicou, a deixara perplexa; a princípio ela tinha achado minha questão tola, mas depois da discussão se dera conta de que não tinha uma ideia muito clara do objetivo maior de um hospital, o que lhe pareceu estranho. Na tentativa de formular uma tese, ocorreu-lhe perguntar a todo mundo no hospital sobre o verdadeiro objetivo da instituição: médicos, pacientes, administradores. O que descobriu a deixou perplexa. Quando eles conseguiam chegar a alguma resposta, davam as mesmas respostas prontas que os alunos em classe, as quais ela era capaz de provar inadequadas. A melhor resposta, disse ela, foi dada por um médico que, depois de ter suas duas primeiras tentativas derrubadas por uma auxiliar de enfermagem, disse: "Talvez nosso objetivo seja fazer todas essas coisas." Mas ela logo compreendeu que isso também era inadequado. Como eles podiam saber quando curar, quando aliviar a dor, quando ajudar pacientes a retornar à normalidade? Deveriam dar sempre aos pacientes o que eles queriam? Sempre aquilo de que precisavam? Como é possível saber quando fazer uma coisa e não outra? Qual é a missão mais importante de todas? Por que eles estão ali?

O problema, reconheceu Jillian, é que os hospitais podem subordinar todo o seu objetivo a consertar pessoas com defeito. Com demasiada frequência mulheres grávidas são tratadas como se estivessem doentes, pessoas enlutadas são vistas como se fossem casos psicológicos, pacientes moribundos são inutilmente "consertados". Se o hospital não passa de uma oficina mecânica do corpo, vivemos num mundo menos do que plenamente humano. "Imagine", disse ela, "médicos que passaram décadas estudando e praticando medicina, que nunca pensaram muito em por que realmente estão fazendo isso!" Imagine, pensei eu, poetas, políticos e artesãos sem o pleno conhecimento de qual é o sentido maior de seus respectivos ofícios.

Muitos de seus colegas, ela supunha, faziam um bom trabalho – guiando-se apenas por uma compreensão intuitiva do que deveriam estar fazendo. (Após descobrir que os poetas não são capazes de explicar seus poemas, Sócrates conclui: "Decidi que não era a sabedoria que lhes permitia escrever sua poesia, mas uma espécie de instinto ou inspiração.")[9] Mas ela se perguntava se eles não estariam em melhor situação abrindo a mente para a completa verdade disso. ("Se eu lhes disser", afirma Sócrates, "que a melhor coisa que um homem pode fazer é não deixar que um só dia se passe sem discutir a bondade e todos os outros assuntos sobre os quais vocês me ouvem falando, e a respeito do qual me veem examinar tanto a mim mesmo quanto a outros, e que a vida sem essa espécie de exame não vale a pena ser vivida, vocês se sentirão ainda menos inclinados a crer em mim.")[10] Ela precisava ir embora e entregou seu trabalho a um professor extasiado.

Sentei e li seu texto na mesma hora. Ela escreveu sobre como Hauerwas, o teólogo que eu havia indicado, a ajudara a ver o problema com mais clareza. Pessoas que estão doentes ficam alienadas daqueles que as cercam: sua dor as exila da comunidade humana. O mais perto que ela podia chegar de formular o objetivo de um hospital era: estar lá para as pessoas. Estar lá quando elas estão doentes. Estar lá quando estão morrendo. Estar lá para famílias que acabam de perder entes queridos. Ajudar as pessoas quando possível, e quando elas querem. Mas acima de tudo estar lá para elas, ser humano para ser humano. Estar lá sobretudo quando elas estão sofrendo e ajudá-las, na medida do possível, a fazer a passagem de volta dos domínios solitários da dor para o mundo habitual.

Para Jillian, os enfermeiros eram os melhores nisso, mesmo que não pudessem expressá-lo. Primeiro, porque eles passam a maior parte do tempo cuidando individualmente dos pacientes como seres humanos, tentando fazê-los se sentir em casa – ou pelo menos não tão longe de casa. Segundo, porque passam tanto tempo com os pacientes, observando em primeira mão como funcionam vários tratamentos, que tendem a saber melhor do que os médicos quais tratamentos são mais eficazes e quais são becos sem saída. O objetivo da medicina é cuidar. Os médicos estão lá, ela concluiu maravilhosamente, para ajudar os enfermeiros. Mas eles superestimam sua sabedoria com base no quanto sabem sobre ciência, receava ela. (Sócrates sobre os artesãos: "Com base em sua proficiência técnica eles reivindicavam uma perfeita compreensão de todos os demais assuntos, por mais importantes que fossem; e eu sentia que esse erro eclipsava sua sabedoria positiva.")[11]

Jillian admitia no fim não ter completa confiança em suas conclusões: elas eram simplesmente a melhor maneira que tinha de expressar o que sentia em seu âmago. Ela concluía dizendo que sua investigação a abrira para o significado do que fazia. Ela estava mais inclinada a valorizar o trabalho que sempre soubera intuitivamente ser valioso. Tivesse ela lido o *Fédon* de Platão, poderia ter chamado suas conclusões sobre o hospital de "crenças pelas quais vale a pena correr riscos".[12]

QUANDO CURSAVA o primeiro ano no Grinnel College, li a *Apologia* numa disciplina de humanidades, e minha turma entrou numa discussão sobre a afirmação de Sócrates de que "uma vida sem exame não vale a pena ser vivida". Essa afirmação transformou meu incipiente senso do valor da filosofia num raio de sentido. Mas nem todos compartilhavam minha sensação. Durante o debate, um colega contestou a ideia evocando uma imagem que ficara gravada em todos nós desde o segundo ano primário: a foto do *Guinness World Records* dos dois gêmeos mais pesados do mundo usando chapéus de caubói e montados em motocicletas Honda idênticas. O desembaraçado estudante disse algo mais ou menos nesta linha: "Aqueles caras não me parecem filósofos, mas parecem realmente se divertir em suas motos. Você está me dizendo que a vida deles não vale a pena ser vivida?" Em outras palavras, será que as pessoas não podem viver vidas que valham a pena sem filosofia? Será que a ignorância, pelo menos de vez em quando, não pode ser uma dádiva?

No *Fédon*, apenas uma hora antes de sua morte, Sócrates diz: "A filosofia não é nada senão a preparação para a morte e o morrer."[13] ("Essa não é uma boa maneira de recrutar especialistas em filosofia", costumava dizer minha ex-professora Johanna Meehan.) Entre outras coisas, essa declaração significa que os filósofos devem se confrontar com o fato de sua morte e, por implicação, com o fato de sua vida; pois a vida e a morte são estágios de um ciclo subjacente. Depois que somos tirados de um carro que oscila na beira do penhasco, somos propensos a pensar coisas como: "O que estou fazendo da minha vida? Será que estou desperdiçando meu tempo nesse emprego? Por que permiti que minha relação com meu pai se deteriorasse tanto? Por que não liberei o que sempre senti ser o melhor em mim?" Mesmo que, depois de tirados em segurança do veículo que despenca, cheguemos à compreensão de que somos afortunados em nosso emprego e relacionamentos, ainda assim retornaremos a eles com uma nova percepção de seu significado, pelo menos enquanto a morte estiver fresca em nossas mentes. Fazer o bem é algo desprovido de sentido se é feito de maneira mecânica, sem compromisso com a bondade, sem... exame.

Aqui está a verdade, diretamente de Walt Whitman: "Vais morrer – permita que outros te digam o que quiserem, não posso tergiversar,/ sou exato e impiedoso, mas te amo – não há saída para ti."[14] Mas quando vivemos ignorando ativamente essa que é a mais sólida de todas as conclusões indutivas, aceitamos maus substitutos para a felicidade e o sagrado, a justiça e o amor. A confrontação do fato da morte, a avaliação séria do que estamos fazendo, vivendo em relação ao que é significativo – isso é "a vida com exame". Não desloque a discussão para uma imagem de gêmeos com excesso de peso. Você também já foi fotografado com um belo sorriso. Mas se o médico lhe disser amanhã que só lhe resta um ano de vida, será que você responderá "Bem, eu sempre soube que iria morrer, e tenho aproveitado bem o meu tempo, andando a toda por aí com meu irmão"? Ou alguma outra coisa?

Sócrates está tentando acelerar o início do processo de exame, reflexão que em geral surge apenas depois de uma confrontação com a morte. Em um dos muitos grandes paradoxos associados a ele, o homem que afirma não compreender o sagrado é o mais próximo de ser santo. Estamos seguindo nossa vocação, nossa missão divina, quando nos abrimos para nossa vocação.

Será que Meleto, Âniton e Lícon – os acusadores de Sócrates – não poderiam ter argumentado que a vida com exame não nos abre para o que é verdadeiramente significativo, que ela na verdade faz o oposto? Os conceitos de piedade, justiça, amor e felicidade foram trabalhados e aperfeiçoados durante gerações, e a sociedade transmite afortunadamente esses conceitos para os jovens. Examinar tais conceitos é abrir a porta para influências piores, para nosso próprio autoengrandecimento, para velhos erros, para a tirania. No trabalho que me entregou, Jillian falou com certa rebeldia sobre as afirmações poderosas de médicos muito astutos e administradores importantes; e não é nenhuma grande façanha interpretar o tom irônico de Sócrates como desdenhoso.

Para piorar as coisas, Sócrates afirma ser guiado por um *daimonion*, seu próprio pequeno deus, uma espécie de anjo da guarda. Embora o radical "daimon" – demônio – tenha adquirido conotação diabólica muito mais tarde, quando cristãos tentaram compreender exatamente o que os politeístas estavam adorando, ainda podemos dizer que quando pessoas afirmam ser guiadas por seu próprio deus ele é quase sempre um demônio. Depois que você abriu sua mente, o que poderia impedir esses pequenos poderes demoníacos de sussurrar: "Por que você – que é mais preparado que todos esses idiotas – não deveria governar por sua própria conta?"? O que poderia ser mais corruptor? O que poderia ser mais ímpio? Vários colegas de Sócrates poderiam ter sido citados em favor desse tipo de argumento: por exemplo, Alcibíades, o playboy de Atenas, que em certa altura arrancou fora os pênis de hermas sagradas e, depois, em vez de ser submetido a julgamento por esse ato de impiedade, uniu forças com os espartanos contra os atenienses; ou Crítias, tio de Platão, que se tornou membro dos odiados Trinta Tiranos, a oligarquia pró-espartana instalada após a humilhante derrota de Atenas. São esses os verdadeiros produtos da filosofia, seguindo alegremente seus pequenos "deuses"?

É um tanto paradoxal que esse que é o mais racional dos seres humanos se deixe ser guiado por um misterioso oráculo que fala em sua cabeça. Esse "demônio" guardião, segundo Sócrates, fala uma língua composta de uma única palavra: "não". Sempre que Sócrates está prestes a fazer algo ruim ou ingressar em algo terrível, seu demônio guardião diz "não". Muitos interpretaram isso como a voz da consciência, o que parece correto, mas não muito iluminador. Meu palpite é que o sinal divino está mais próximo de nosso conceito de uma vocação.

"Como devo viver?" É possível que muitas vezes o que nos impede de ouvir uma resposta clara para essa questão imperiosa seja a cacofonia de crenças e ideias em nossas mentes. Disseram-nos que deveríamos fazer isto, suspeitamos que deveríamos fazer aquilo, e as pessoas à nossa volta esperam ainda outra coisa de nós. Talvez se examinássemos por completo essas crenças, a ponto de realmente compreender nossa ignorância sobre elas, encontraríamos em nós mesmos um silêncio em que seríamos capazes de ouvir algo genuíno. Ou, como no caso de Sócrates, capazes pelo menos de descobrir o que não deveríamos estar fazendo. "O demônio de Sócrates", diz seu grande intérprete Michel de Montaigne, "era talvez certo impulso da vontade que lhe vinha sem esperar o conselho da razão. Numa alma bem-purificada como a dele, preparada por um contínuo exercício de sabedoria e virtude, é provável que essas inclinações, embora instintivas e não digeridas, fossem sempre importantes e merecessem ser seguidas. Todos sentem dentro de si mesmos algo semelhante a esse despertar de uma opinião pronta, veemente e acidental."[15]

Jillian e seus colegas viram-se incapazes de dizer qual era o objetivo do hospital, mas alguns tinham uma noção inspiradora dele. Sabiam de uma forma que não podiam expressar ao certo, como quando temos uma palavra na ponta da língua. Talvez apenas quando retornassem a essa noção intuitiva, na ignorância de sua noção racionalizada, estivessem se aproximando de verdade do real sentido de seu trabalho. Poderia essa noção, essa voz misteriosa, ser um primo do *daimonion* de Sócrates? É bem verdade que a voz de Sócrates diz somente "não", ao passo que a voz que estou sugerindo tem um vocabulário maior. Mas eu me pergunto se Sócrates não está apenas mais à frente que a maioria de nós. Ele fala com frequência de sua missão divina de se ocupar com a filosofia. Talvez depois que tivermos encontrado uma missão que seja "divina" – o que significa, entre outras coisas, além de nossa capacidade de mandar –, quando estivermos em nosso caminho, talvez então nosso demônio guardião seja necessário apenas para impedir que nos desviemos dele.

Os JURADOS VOTAM pela culpa de Sócrates por 280 a 220 votos. De maneira semelhante ao que ocorre em nosso próprio sistema, ambos os grupos têm de sugerir uma punição. A acusação propõe a morte. Em nenhum momento do julgamento Sócrates parece amedrontado com relação a seu resultado, e agora está particularmente despreocupado – chocantemente despreocupado. Seu pedido de uma "punição" para seus "crimes" (como ele não aceita estes últimos, a primeira não faz sentido) é que ele receba hospedagem e alimentação gratuitas no Pritaneu, onde os mais célebres vencedores nas Olimpíadas se hospedam. Como Sócrates faz os atenienses realmente felizes, ao passo que os vencedores das Olimpíadas lhes dão uma felicidade superficial, a "punição" estaria de acordo com o "crime".

Ao longo de todos os diálogos, Platão aparece apenas uma vez – e é aqui. (Seu nome é mencionado duas vezes, uma delas também no *Fédon*, como veremos.) Ele se levanta no tribunal e tenta suavizar o que Sócrates disse; recomenda a seu mestre que proponha uma multa, a qual seus amigos pagariam com prazer. Será que o jovem Platão está sendo tolo, rendendo-se à acusação de culpa quando não há bases para ela? Será que está tentando opor resistência ao destino? Será que retrata, na condição de autor, seu eu mais jovem como ainda tendo muito que aprender? Ou Platão é o sábio aqui, compreendendo quando o filósofo deve adotar o que um professor meu costumava chamar de "a lógica da máscara"? Será que está tentando apresentar Sócrates sob uma luz mais aceitável para a cidade e a posteridade? Nesse caso, é tarde demais – pelo menos para os atenienses. Os jurados votam em peso por sua execução.

A reação de Sócrates ao receber a pena de morte é um de meus momentos favoritos na literatura. Ele responde calmamente:

> A morte é uma de duas coisas. Ou ela é uma aniquilação, e o morto não tem nenhuma consciência de nada; ou, como nos dizem, é realmente uma mudança: uma migração da alma de um lugar para outro. Ora, se não há

consciência, mas apenas um sono sem sonhos, a morte deve ser um ganho maravilhoso ... porque todo o tempo, se a virmos dessa maneira, pode ser considerado como não mais que uma única noite. Se por outro lado ela é uma mudança daqui para algum outro lugar, e se o que nos dizem for verdadeiro, que todos os mortos estão lá, que bênção maior do que essa poderia haver, senhores? ... Vejam a situação dessa forma: o que vocês não dariam para se encontrar com Orfeu e Museu, Hesíodo e Homero? ... Acima de tudo eu gostaria de passar meu tempo ali, como o faço aqui, examinando e esquadrinhando a mente das pessoas, para descobrir quem de fato é sábio entre elas, e quem apenas pensa que é.[16]

Sua "punição" é melhor ainda que refeições gratuitas no Pritaneu.

Patriotismo filosófico

O drama do *Críton*, o terceiro ato do diálogo em quatro atos de Platão, é que um dos amigos ricos de Sócrates se oferece para fazê-lo escapar da cadeia. Sócrates – um homem que acredita ser inocente – responde à proposta de Críton de maneira típica. Vamos examinar, diz ele, e ver se escapar da prisão é uma boa coisa a fazer. Nesse caso, sair da prisão está longe de ser uma fuga de Alcatraz e não envolve nada além de pagar a um guarda para olhar para o outro lado. Críton dá a impressão de que tirar Sócrates dali é o que se espera dele. Sua principal razão para fazê-lo é que ele parecerá mau se não o fizer, pois as pessoas dirão que se importa mais com o dinheiro do que com os amigos. Ele tem mais um par de razões, inclusive aquela implausível (e que não obstante comove os leitores) de que deve fazer isso pelos filhos de Sócrates, como se a vida deles fosse melhorar com um pai de 72 anos no exílio. A resposta de Sócrates a esses argumentos é que ele deveria estar preocupado em fazer o que é certo, pois essa é a maneira de ser um bom amigo ou um bom pai. Se fugir da prisão é injusto, fazê-lo seria dar um mau exemplo. Se fugir da prisão é a coisa certa a fazer, então isso é razão suficiente.

Sobre a questão da justiça da fuga, Críton tem um argumento pertinente. Sócrates deveria fugir porque o veredicto é injusto, e um homem justo não precisa respeitar – na verdade, talvez tenha até o dever de violar – um pronunciamento injusto. Deveria ser irrelevante o fato de uma maioria de jurados atenienses ter chegado a esse veredicto. A verdade não se situa além da opinião popular? Não deveria Sócrates obedecer a seu deus e não aos homens de Atenas? O que trinta votos indecisos têm a ver com justiça?

Sócrates imagina então um diálogo mais profundo do que aquele em que se encontra, entre ele e o que ele chama de as Leis. O que ocorre é que os cidadãos têm um contrato implícito com as Leis. As Leis fornecem a Sócrates (e a nós também, pois, se Sócrates estiver certo, a forma do contrato que ele descreve seria a mesma para americanos e atenienses) todos os benefícios de se viver num sistema político: os códigos de casamento que asseguram nosso nascimento e criação, forças armadas para nos proteger, educação, códigos de saúde e assim por diante. É difícil pensar num único aspecto de nossas vidas não tocado pelas Leis. Em troca, não devemos fazer nada além de cumprir a lei: pagar nossos impostos e não violar as normas. Se não gostamos do acordo, há duas estipulações importantes no contrato: (1) temos permissão para partir, ou (2) podemos tentar mudar o sistema através de meios legais. Nossa própria presença no Estado, pelo menos após a idade legal da maioridade, fornece o que o filósofo John Locke chama de "consentimento tácito" a tal contrato. Se Sócrates não gostava de viver numa democracia em que uma pessoa pode ser acusada por impiedade, não deveria ter permanecido ali durante setenta anos.

IMAGINE UM DITADOR em um país distante cuja existência acreditássemos representar uma ameaça para nós; imagine além disso que decidíssemos depor esse ditador e instalar ali uma democracia, que acreditássemos que seria benéfica para os interesses de longo prazo de ambos os países. Digamos até que poderíamos redigir uma sólida Constituição e um conjunto de códigos legais para esse país. Depois escolher um governo e constituir polícia, juízes *et alia*. Será que as Leis existiriam agora?

Ainda nos faltaria um ingrediente absolutamente decisivo: a disposição do povo para cumprir essas leis. Os cidadãos poderiam não reconhecer a justiça de nossa divina Constituição; pelo menos alguns poderiam se rebelar, recusando-se a aceitar a autoridade das leis e as pessoas por elas instaladas no poder. Esses cidadãos teriam códigos legais, mas não teriam ordem, porque as leis não têm sentido a menos que as pessoas as cumpram. Eles teriam leis, mas não as Leis. Em certo sentido, as Leis são nossa disposição de acatar a estrutura da própria lei; sem essa disposição geral de respeitar a lei ou o costume, a única coisa que nos resta é a força bruta para criar ordem.

As Leis exigem de nós algo ainda mais forte que um contrato. Sócrates defende a ideia de que as Leis são como nossos pais, porquanto nos deram toda a nossa vida. Sim, podemos falar das Leis como uma entidade independente com a qual fazemos um contrato, assim como suponho que crianças podem falar de seus pais como autoridades que concordaram em honrar em troca de casa e comida. Mas, em ambos os casos, nossa identidade é formada por elas de maneira muito mais fundamental. É superficial acreditar em outra coisa. Há uma verdade importante, ainda que possa ser parcial, na afirmação de Alasdair MacIntyre de que "Só posso responder à questão 'O que devo fazer?' se puder responder à questão anterior 'De que história ou histórias eu me considero parte?'".[17] Sócrates entende que ele é parte da história de Atenas. Ele é também, claro, parte da história da filosofia e da história da justiça, ambas as quais têm precedência, porque Atenas, como todas as cidades, se gaba de se fundar na justiça e na humanidade. Sócrates tomou sua posição; agora seu profundo respeito pela cidade onde nasceu e foi criado o compele a aceitar as consequências desse ato.

Os ESTUDIOSOS ÀS VEZES falam sobre o "problema *Apologia-Críton*", como se Platão não soubesse exatamente o que estava fazendo. O problema aparente é que, na *Apologia*, Sócrates diz: "Homens de Atenas, eu vos respeito e vos amo, mas obedecerei ao deus e não a vós, e enquanto viver e respirar, nunca cessarei de fazer filosofia, ainda que por isso tivesse de morrer muitas vezes",[18] ao passo que no *Críton* ele afirma que devemos cumprir as leis, mesmo quando discordamos delas. Em síntese: devemos obedecer a nosso "deus" ou às leis da comunidade?

O "problema" é resolvido no que chamamos de desobediência civil, que, segundo me parece, está poderosamente encarnada em Sócrates. A desobediência civil envolve a violação de uma lei inspirada por uma devoção ao espírito no qual as leis se baseiam. Se seu senso examinado de justiça diverge fortemente das leis de sua comunidade, nossos melhores modelos de justiça recomendam que você deve violar a lei individual a que se opõe (essa é a parte da desobediência), mas respeitar a forma da lei (a parte civil). Quando a polícia vai prender Rosa Parks, ela não foge da cena. Em essência, ela diz: "Sim, vocês devem me prender, pois violei a lei, e aqueles que violam a lei estão sujeitos a punição. Mas, embora eu respeite a estrutura da lei, rejeito a justiça dessa lei particular, que meu senso examinado de justiça se recusa a reconhecer."

A verdadeira filosofia não é tirânica nem desrespeitosa em relação à comunidade – bem pelo contrário. O notável oficial confuciano Hai Rui afligiu-se certa vez quanto ao que fazer diante de um imperador Ming abusivo. Seu senso de respeito exigia obediência; seu senso de justiça exigia que ele manifestasse sua queixa. Que solução encontrou? Ele reclamou com o imperador – e levou seu caixão junto consigo.

Arriscar a eternidade

No diálogo que leva seu nome, à medida que arrola todos os amigos presentes durante as últimas horas de Sócrates, Fédon diz a Equécrates: "Platão, eu creio, estava doente."[19] É um momento tocante num diálogo cheio de belos momentos. Mas Platão não estava mesmo lá? Que tristeza, se o homem capaz de enxergar mais longe no mais expansivo espírito humano não tiver podido estar presente no momento culminante de seu mestre.

Numa das primeiras imagens do diálogo, as correntes de Sócrates acabam de ser retiradas e ele está massageando as pernas. Comenta que o prazer é uma coisa curiosa, profundamente associada à dor, seu oposto aparente, como um único animal mitológico com duas cabeças muito distintas – ou, como poderíamos dizer, duas faces da mesma moeda. É de se esperar que tirar sapatos desconfortáveis após uma ocasião formal seja mais familiar para você do que ter correntes removidas. Nesses casos, a dor prepara o caminho para o "ahh!" de prazer, assim como o prazer prepara o caminho para a dor depois que a excitação do quarto martíni arrefece. Penso nos versos apócrifos com frequência atribuídos a Dorothy Parker:

> Gosto de um martíni, dois no máximo;
> Três, você está debaixo da mesa;
> Quatro, está debaixo do anfitrião.

Muito curiosamente, se você nunca usa sapatos desconfortáveis, tem menos probabilidade de sentir verdadeiro prazer em seus pés; e, se quiser se tornar um conhecedor da dor e do arrependimento, deveria aprender a preparar um irresistível martíni.

O comentário casual de Sócrates sugere o tema de todo o diálogo: a relação de opostos – de maneira mais relevante, vida e morte. Assim como o corpo está na base do ciclo de prazer e dor, talvez a alma esteja na base do ciclo de vida e morte.

A morte aparece a princípio à consciência humana como uma alarmante interrupção de um fluxo aparentemente contínuo de vida. Hoje, após o desenvolvimento de uma ciência que vê todas as coisas como formadas de unidades de matéria sem vida, somos propensos a considerar a origem da vida como o grande mistério. Mas a origem da morte é a perplexidade central de nossas mentes primitivas. Muitos mitos ancestrais buscam resolver precisamente essa questão, e eles em geral propõem que ela surgiu por acidente – por exemplo, por se ter comido o pedaço de fruta errado. O filósofo Hans Jonas conjectura de forma inteligente que "a metafísica nasce de túmulos".[20]

Procure se lembrar da primeira e sinistra ocasião em que você olhou para um cadáver, em especial se era o corpo de alguém que você conhecia e amava. O corpo está todo ali: o mesmo rosto, os mesmos traços e membros, como sempre. Mas onde está o caráter do corpo? Onde está a pessoa que você conhecia e amava? O que quer que iluminasse aquele rosto com sua inconfundível expressão não está mais ali. Vamos chamar esse algo misterioso de "alma" – ou, em grego, a *psyche*.

Talvez a alma seja apenas a "sintonização" do corpo, para usar a linguagem do *Fédon*: ou, para falar em termos contemporâneos, a mente nada mais é que um cérebro que foi sacudido e está excitado. No momento da morte, a alma se dissolve, nas palavras do poeta romano Lucrécio, como "o doce perfume de um unguento [que] escapou no ar".[21] Ou, como diz o poeta britânico Philip Larkin de maneira um pouco mais brutal, a morte é "vazio total para sempre,/ a extinção garantida rumo à qual viajamos/ E em que ficaremos perdidos para sempre".[22] Essa visão costuma ser chamada de materialismo.

A outra visão – em geral referida como uma forma de dualismo – sustenta que a alma é, em última instância, separável do corpo. Se os materialistas afirmam que ela é uma função de um corpo minimamente saudável, como correr é função de um carro que funciona, os dualistas, em contraposição, acreditam que há uma alma dirigindo o carro e que, após a ruína final, ela talvez seja capaz de sair e se afastar. A morte, nessa visão, é uma translação da alma a partir do corpo – ou para outro corpo (reencarnação) ou para outra zona de existência (como por exemplo o Valhala ou um dos nove círculos do inferno). No *Fédon*, Sócrates defende – ou parece defender – uma versão do dualismo. A alma é imortal e seu verdadeiro lar é em outra parte.

Em todos os seus diálogos mais sobrenaturais, Platão apresenta Sócrates como um sensualista. No *Fédon*, quando se recompõe para tentar mais uma vez provar a imortalidade da alma, Sócrates começa a afagar os belos cachos de Fédon. É um momento poderoso, em parte porque é um ato realizado de maneira pura, sem um traço de tristeza. Poderíamos facilmente imaginar um prisioneiro no corredor da morte fazendo algo que o encanta e pensando: "Pobre de mim, esta é a última vez que experimentarei tal coisa!" Sócrates, ao contrário, apenas desfruta os cachos do jovem como costuma desfrutar todas as coisas do mundo: sem autopiedade, sem supervalorizar a experiência, com um gozo natural, espontâneo da própria coisa.

A impressão geral dos diálogos é de uma profunda preocupação pelo modo como vivemos agora. A prática para a morte é a prática para a vida. É verdade que Sócrates fala de como o filósofo deveria desprezar os "prazeres triviais da comida e da bebida", sem falar do sexo. Mas, dada a sensualidade de Sócrates (um homem de setenta anos que acaba de ter um filho), eu me pergunto se ele quer dizer algo diferente de abstinência monacal. Um poema de D.H. Lawrence ilustra meu palpite:

> Eles chamam toda experiência dos sentidos de *mística*, quando a experiência é considerada.
> Assim uma maçã se torna *mística* quando saboreio nela
> o verão e as neves, o rebuliço selvagem da terra
> e a insistência do sol.
> ...
> Se digo que saboreio essas coisas numa maçã, sou chamado de *místico*, o que significa um mentiroso.
> A única maneira de comer uma maçã é devorá-la como um porco
> e não saborear nada
> isso é *real*.[23]

A distinção aqui não é entre jejuar e comer, mas entre considerar e não considerar a experiência, entre saborear como a luz do sol e as gotas de chuva do universo se enredaram numa maçã, de um lado, e devorar a coisa para satisfazer um desejo passageiro, de outro – em suma, entre a vida com e sem exame. Quando nossas mentes estão focadas no universal, obtemos a mais rica experiência física; quando estamos focados no mundo transitório, obtemos apenas o tipo mais abstrato de prazer. Sócrates absorve a amizade, o vinho e a conversa porque saboreia amorosamente a solidão, a disciplina e a contemplação.

Após ouvir com atenção os argumentos de Sócrates em favor da imortalidade da alma, Símias afirma que está satisfeito intelectualmente, mas que "o assunto é tão vasto, e tenho nossa natureza humana em tão baixa conta, que não posso me impedir de ainda sentir alguns receios". Sócrates responde: "Tens toda a razão ... e, mesmo que aches nossas suposições originais convincentes, elas ainda precisam de consideração mais apurada."[24] Porém, em vez de revisar as suposições originais, Sócrates muda de assunto e começa a contar uma detalhada história sobre a natureza da vida após a morte – depois de ter acabado de admitir que a imortalidade da alma não foi completamente provada!

A maioria das visões da vida após a morte contradiz nossas verdadeiras lutas mundanas. Os valores mais elevados que elas colocam diante de nós não passam de projeções de nossos mais desprezíveis desejos e medos relacionados ao desconhecido. No paraíso almejamos, de modo irracional, o prazer separado da dor. Após o 11 de Setembro houve quem dissesse – talvez de modo questionável – que os terroristas acreditavam que fariam sexo com setenta virgens no céu. Setenta virgens no céu rapidamente se transformariam em setenta esposas no céu! Na canção popular "The Big Rock Candy Mountain", um vagabundo imagina um lugar onde os buldogues têm dentes de borracha, as cadeias nunca são trancadas, o policial coxeia sobre pernas de pau, galinhas põem ovos quentes e há lagos de uísque e fontes de limonada. Começamos a compreender que o paraíso do vagabundo é um lugar precisamente sem vagabundos, assim como o paraíso dos terroristas é um lugar sem a convicção religiosa que prezam – um lugar muito parecido com a fantasia licenciosa da América que eles estão tentando destruir. Alexander Pope resume o problema: "Irá o Céu recompensar-nos lá/ Com o mesmo lixo pelo qual loucos mortais anseiam aqui?"[25]

Apesar de alguns detalhes curiosamente estranhos, a imagem socrática da vida após a morte tem uma intricada ligação com a maneira como vivemos agora. O caráter que desenvolvemos é esclarecido em termos morais: os maus sofrem; os moralmente duvidosos devem ter a alma purgada; e os justos partem numa viagem abençoada – em essência, inferno, purgatório e céu. A ideia crucial parece ser a de que o que fazemos importa – eternamente – e pode ser encarado de uma perspectiva fora dos altos e baixos do momento transitório. Ao contrário das versões da vida após a morte dos predecessores de Sócrates, o lugar em que acabamos não é aleatório: fazemos a nossa própria cama. Em tudo o que fazemos se esconde um destino eterno: algo que excede o tempo está dissolvido em nossa experiência do tempo. A vida não é uma questão de termos nosso ego seguindo vivo na mente das pessoas, ou mesmo numa zona diversa de nossa existência corrente. A moral da história, tal como ele a narra, é que não deveríamos deixar "nada por fazer para alcançar alguma medida de bondade e sabedoria *durante a vida*"[26] – o grifo é meu.

Será que Sócrates realmente acredita no mito que contou sobre almas e a vida após a morte? Ou está apenas preenchendo com a imaginação suas ideias de viver bem aqui e agora? Sócrates responde: "É claro que nenhum homem sensato deve insistir nos fatos exatamente como os descrevi. Mas que isso ou algo muito parecido com isso é verdade ... é uma alegação adequada e uma crença que vale o risco; pois trata-se de um risco nobre."[27]

CHEGA O MOMENTO inevitável da cicuta. O veneno começa a fazer efeito, paralisando Sócrates lentamente desde os dedos dos pés até a preciosa carga do crânio. Ele deita de costas e puxa o lençol sobre o rosto – depois se ergue de repente e pronuncia suas últimas palavras: "Críton, devemos um galo a Asclépio. Cuide disso, e não se esqueça."[28] Asclépio é o deus da cura. Um galo é um agradecimento adequado por ter sido curado. A maneira mais comum de interpretar essa ordem devota e cômica é que a vida é uma doença e a morte, seu remédio, o que em parte está correto. Veneno em grego é *pharmakon*, que significa tanto veneno quanto cura: uma droga é ambas as coisas, a depender da dose. Assim como o drama completo poderia ser lido como uma comédia ou uma tragédia, assim também poderia a palavra em seu contexto ser vista como se referindo ao veneno que mata Sócrates (se ele é o seu corpo) ou o remédio que o cura (se seus argumentos são válidos, e ele é realmente sua alma).

Orígenes, um dos grandes teólogos cristãos primitivos, queixa-se de que Sócrates e companhia "abandonam aqueles importantes tópicos que Deus lhes revelou, e adotam pensamentos banais e frívolos, e oferecem um galo para Asclépio!".[29] Tenho de dizer, com grande receio, que Orígenes parece não compreender a essência do cristianismo aqui, pois a piada de Sócrates sobre dever um galo ao deus da cura me parece uma espécie de cristianismo naturalizado. Após deitar-se, presumivelmente morto, Sócrates se ergue de maneira brusca – como se ressuscitasse – para pronunciar sua divina piada, sua piedade despreocupada. Não há nada de engraçado, é claro, na morte e ressurreição de Jesus, mas a estrutura de sua morte e ressurreição é a própria estrutura da comédia, essencialmente uma rotina repetitiva. Dante, como você talvez se lembre, chama sua síntese poética da visão de mundo cristã de *Divina comédia*. Sócrates depois de morto está morto (o que quer que isso signifique!), mas Platão, doente nas derradeiras horas de seu mestre, melhora e escreve os diálogos. Certamente devemos um galo a Asclépio!

Interlúdio sobre riso e lágrimas

> A essência disso era que Sócrates os estava forçando a admitir que o mesmo homem podia ser capaz de escrever tanto comédia quanto tragédia – que o poeta trágico podia ser um comediante também.
>
> Platão

A VIDA É TRÁGICA OU CÔMICA? Nossa sorte comum é mais digna de lástima ou de risadas? Segundo a tradição, o filósofo Heráclito, que sustentava que todas as coisas estão em fogo, chorava constantemente, ao passo que o filósofo Demócrito, que defendia a absurda teoria de que todas as coisas são feitas de pequeninos pedacinhos chamados átomos, estava sempre rindo. Qual era o mais sábio?

Uma vez dei uma disciplina que me fez passar mais tempo lamentando do que rindo, um curso que minha instituição chama de Encontros em Humanidades, que estruturei em torno do tema da comédia e da tragédia. Lemos *Ájax*, de Sófocles, *Lisístrata*, de Aristófanes, *O banquete*, de Platão, e *A tempestade*, de Shakespeare; ouvimos Louis Armstrong; examinamos atentamente algumas pinturas de Katsushika Hokusai; assistimos a *Tempos modernos*, de Charles Chaplin; lemos ensaios humanitários de gente como Henri Bergson e Arthur Schopenhauer ("O prazer neste mundo, foi dito, supera a dor; ou, de qualquer maneira, há um equilíbrio entre os dois. Se o leitor deseja ver se esta afirmação é verdadeira, que compare as sensações respectivas de dois animais, um dos quais está ocupado em comer o outro").[1] Essas obras-primas caíram como pérolas diante de porcos – para tomar uma imagem emprestada do Sermão da Montanha. Quer dizer, exceto por dois alunos perspicazes, um que de vez em quando compunha e executava canções sobre os temas de ensaios que eu passava e outra chamada Shannon McBride, uma mulher de vinte e poucos anos e olhos vivos que por vezes nos levavam a pensar que ela era pura e inocente.

Certa vez, após dar à classe o ensaio de Montaigne "Sobre Demócrito e Heráclito", perguntei à queima-roupa: "A vida é trágica ou cômica?", e fiz cada aluno preparar uma resposta. Talvez a questão seja simplesmente ampla demais, ou elevada demais, mas as respostas variaram do vazio ("Às vezes é feliz, às vezes é triste") ao péssimo ("Talvez algumas pessoas tenham vidas horríveis, mas eu realmente gosto de olhar para o lado alegre"). E então Shannon se manifestou. Contou que havia se mudado para a Bósnia em 1992 porque a mãe estava trabalhando no International Rescue Committee para ajudar refugiados do conflito então recente. Com apenas onze anos ao chegar, Shannon passou os quatro anos seguintes de sua adolescência acompanhando a incrível brutalidade da guerra civil em toda a região de Sarajevo. Como a maioria das pessoas que testemunharam verdadeiro horror, ela falou num estilo clássico, sem adjetivos desnecessários, sem sentimentalismo, com serena precisão. Embora muitas lágrimas fossem derramadas na Bósnia, o riso era ligeiramente mais comum ali, observou. A vida é tão trágica que é engraçada. "Quando você está bem no meio do sofrimento, nem sempre isso parece cômico", admitiu, "mas a comédia é necessária e em geral está disponível para nós." Depois essa alma gentil e boa, de olhos vivos, citou um trechinho da conclusão de Montaigne: "Não penso que haja tanta infelicidade em nós quanto vaidade, nem tanta maldade quanto estupidez. Não somos tão cheios de mal quanto de idiotice; não somos tão vis quanto inúteis. ... Nossa própria condição é que somos tão dignos de riso quanto capazes de rir."[2] Eu deveria ter pedido que eles lessem *Estágios no caminho da vida*, de Kierkegaard: "Quanto mais sofremos, mais, creio eu, temos uma sensibilidade para o cômico. É somente pelos mais profundos sofrimentos que adquirimos verdadeira autoridade no uso do cômico, uma autoridade que com uma palavra transforma, como que por encanto, a criatura sensata que chamamos de homem numa caricatura."[3]

Cerca de um ano depois de nossa aula, topei com Shannon no restaurante local onde ela trabalhava como garçonete. Como muitos de meus alunos, ela trabalhara ao longo de todo o curso. Além disso, precisava sustentar a filha e o irmão. Quando perguntei como estava passando, ela me disse em seu estilo seco que havia recebido recentemente um diagnóstico de câncer. Quando expressei minha preocupação, ela sorriu muito de leve: "Vi coisa pior na vida, vou me arranjar."

Fico feliz de informar que seu câncer foi tratado com sucesso. Shannon agora pretende fazer um curso de pós-graduação em psicologia. Da última vez que conversamos, eu lhe perguntei o que pensava daqueles anos em que tivera de fazer malabarismo com a faculdade, o câncer, o trabalho, a família. Ela me fitou com seus olhos vivos e disse: "Eu simplesmente passei por aquilo na época. Agora olho para trás e penso: 'Ó, meu Deus, isso aconteceu *comigo*!'" E nós dois rimos.

OS POETAS QUE CONTAVAM histórias no tempo de Platão eram trágicos ou cômicos. As tragédias são histórias com finais infelizes; a reação apropriada para elas é piedade e medo, expressos fisiologicamente por lágrimas. As comédias, ao contrário, são histórias que culminam numa celebração; o estado emocional apropriado para elas é associado ao riso. Os quatro diálogos que culminam com a morte de Sócrates no *Fédon* constituem uma comédia ou uma tragédia? Deixem-me lembrar a trama a vocês: um bom homem, processado por um crime que não cometeu, é obrigado a se envenenar. Sem dúvida uma comédia.

Estranhamente, os amigos de Sócrates a interpretam como uma tragédia. Eles começam a chorar quando o prisioneiro bebe a cicuta com toda a calma, até a última gota. Sócrates os recrimina por interpretar o drama de maneira equivocada. No *Críton*, ele declara maravilhosamente que Meleto e Ânito podem matá-lo, mas não podem lhe fazer mal. Entre os poucos princípios sustentados pelo homem que sabe que nada sabe está a ideia de que ninguém pode nos causar dano, exceto nós mesmos. Viver uma vida boa é a única coisa de que a alma precisa: o resto é incidental. Ele sempre soube – como seus amigos também deviam saber – que iria morrer. Viveu bem até o fim. Se já houve um final feliz, ei-lo aqui.

O TEMA MAIS CONSTANTE dos diálogos de Platão é o caráter de Sócrates, que transcende alegremente todos os debates sobre a filosofia platônica. Não se passa um ano sem que eu tenha um aluno cristão que escreva sobre como Sócrates é um cristão secreto, um aluno muçulmano que escreva sobre como Sócrates é um muçulmano, um ateu que afirme que ele é um ateu, um liberal que enfatize o liberalismo de seu caráter e um conservador que fareje seu conservadorismo. E eles estão todos certos. E estão todos errados. Certos porque cada um se prendeu a uma parte de seu caráter; errados porque não foram capazes de ver o todo. *C'est la vie*. Mas estão todos perdoavelmente errados nesse aspecto, porque ninguém exceto Platão parece compreender esse caráter em sua plenitude.

Sócrates é um idealista e um realista; um amante do sobrenatural, que aprecia este mundo mais do que qualquer *bon vivant*; um defensor da liberdade de expressão e da censura; um homem sociável ao extremo e um monge; um anarquista que defende a lei; igualmente à vontade com escravos, sofistas, poetas, políticos, generais, soldados, crianças e prostitutas; um grande bebedor e um asceta; um racionalista e um poeta; o mais orgulhoso homem que já existiu, e o mais humilde; o mais aparentemente contraditório, e no entanto alguém cujas contradições se reconciliam num conjunto crível. Não posso pensar em nenhum traço de seu caráter que não contenha um pouco de seu oposto. Se você não vê algo de si mesmo em Sócrates, é porque não olhou direito, embora na maior parte das vezes nosso caráter seja mais bem encarnado por seus ineptos interlocutores. Não muito tempo atrás, um estudioso das letras publicou um livro em que afirmava que Shakespeare, o mestre tanto da tragédia quanto da comédia, retratou todos os aspectos da natureza humana nos muitos personagens de suas peças. Platão, poderíamos alardear, fez o mesmo, mas para tanto precisou de apenas um personagem. Platão conseguiu escrever uma história que, como a própria vida, podia ser considerada uma tragédia ou uma comédia, dependendo do enfoque que recebia. E encontrou uma maneira de sintetizar a natureza humana num personagem de sabedoria. A sabedoria de Sócrates não é simplesmente a consciência de sua ignorância: é sua capacidade de viver nossa plena humanidade sem os grilhões das meias verdades.

PARTE 2

O que é felicidade?

> O que está em questão não é nada insignificante: como deveríamos viver a vida.
>
> Platão

Declaro-me culpado de ter perguntado a meus alunos: se um médico lhe dissesse hoje que com toda probabilidade só lhe resta um ano de vida, como você passaria o seu tempo? A melhor resposta que recebi até hoje – melhor no sentido de mais reveladora e divertida – veio de Dan Wickenkamp, um de meus alunos favoritos.

Dan chamou-me atenção desde o primeiro momento em que o vi. Ele é um homem grande, alto e forte, com a cabeça raspada, em algum lugar entre o bonito e o fantasmagórico, sinistro e paternal. Acho que tinha servido nas Forças Armadas e trabalhado no ramo da construção. Foi quando ele começou a falar comigo um dia depois da aula que vi pela primeira vez as centelhas de inteligência e curiosidade por trás de sua fachada imponente. Eu tinha mencionado um caso bizarro de Oliver Sacks, a Sherazade da neurobiologia, e ele me perguntou – com real intensidade – onde eu o lera. Eu lhe disse para dar uma olhada em *O homem que confundiu sua mulher com um chapéu*, e que *Um antropólogo em Marte* era também um livro espetacular. Na segunda-feira seguinte ele voltou a me encurralar depois da aula e perguntou o que deveria ler sobre neurobiologia. Repeti que deveria ler *O homem que confundiu sua mulher com um chapéu* ou *Um antropólogo em Marte*. Ele balançou a cabeça com impaciência. Tinha lido os dois livros durante o fim de semana. Queria saber o que mais deveria ler.

Uma vez levei para Dan e a turma fotocópias de "Aubade", de Philip Larkin, na esperança de que o poema desse voz ao lado mais sombrio do materialismo de Epicuro – "Trabalho o dia todo e fico semiembriagado à noite./ Ao acordar às quatro para a escuridão sem som, os olhos arregalo"* – um poema que, pensava eu, falaria por si mesmo. Depois que o lemos em voz alta, perguntei à turma, que tinha boa química e era animada, o que achavam. De repente o melhor e o pior fraquejaram; a intensidade apaixonada da turma desapareceu; o resto foi silêncio. Fiz uma consideração final sobre o poema e passei adiante rapidamente, achando a coisa toda um grande fiasco.

Quatro anos mais tarde, alguém bateu à porta da minha sala: era Dan, querendo pôr as notícias em dia. Ele tinha se tornado quiroprático, viajara por toda a Austrália, apaixonara-se, casara. "Sabe aquele poema que você nos deu? 'Aubade'?", disse. Eu vinha reprimindo a lembrança, mas ela me voltou na mesma hora, e me preparei para o que quer que Dan tivesse para dizer em seguida. "Aquele poema realmente me desconcertou quando você o distribuiu, por exemplo por que 'carteiros são como médicos'?", disse-me ele, "mas alguns versos me impressionaram, e percebi que você achava que ele tinha algo a dizer. Por isso colei-o em meu espelho, e, nos últimos quatro anos, sempre que fazia a barba eu o lia e pensava a respeito. Nesse meio-tempo li mais coisas de Larkin, e isso me levou a W.H. Auden, e ele me levou a todo tipo de coisa, inclusive o filósofo Rosenstock-Huessy. Agora acho que estou pronto para falar sobre o poema." O que nunca fizemos.

Quando, quatro anos antes, Dan respondeu à pergunta de como passaria seus últimos dias, sua voz tinha o rosnado barítono brincalhão que o caracterizava em seus momentos mais inspirados. "Os primeiros nove meses", disse ele, "seriam só orgia: eu ia usar todas as drogas que quisesses, fazer tanta loucura de sexo quanto possível, me fartar com grandes bifes sangrentos, me empanturrar de chocolate, saltar de paraquedas, dirigir carros velozes, fumar; depois, quando saísse da ressaca, passaria meus três últimos meses doando todo meu tempo e dinheiro à caridade. Eu me converteria ao cristianismo e pediria perdão, por via das dúvidas." Eu não consideraria alguém com a vivacidade de Dan incapaz de viver em tão grande estilo em face da morte iminente. Ele passaria o dia todo se

---

* "I work all day and get half-drunk at night./ Waking at four to soundless dark, I stare." (N.T.)

embebedando e depois se salvaria pela metade à noite! A resposta de Dan, que desencadeou na turma a gargalhada da verdade revelada, cristaliza a compreensão de Platão do problema da felicidade humana.

Na *República*, os irmãos de Platão provocam Sócrates com um dos grandes mitos: a história de Giges e o anel. Um terremoto abre uma fenda no solo. Giges, um honesto pastor a serviço do rei da Lídia, encontra dentro da fenda um grande cadáver usando um anel, o qual ele tira. Brincando com o anel, Giges descobre que, girando o aro para dentro, pode se tornar invisível, e girando-o de volta pode se tornar visível novamente. Platão deixa alguns passos intermediários da história para nós imaginarmos. É difícil não visualizar o pastor olhando cobiçosamente beldades nuas, furtando bagatelas, pregando peças etc. De qualquer modo, Giges acaba usando seu poder para seduzir a rainha, matar o rei e tornar-se ele próprio rei. A beleza de tudo isso é que ele nunca precisa abrir mão de sua reputação de homem decente. Pode fazer todas as travessuras que quiser sob o manto da invisibilidade, mas segundo todas as aparências é apenas um pastor de sorte que alcançou o sucesso por seu próprio esforço. Não é essa a melhor de todas as vidas, a circunstância mais feliz que poderíamos imaginar: ser capaz de chegar aonde quisermos sem jamais ter de pagar qualquer preço que não queiramos?

Ao refletir, compreendemos que a história mágica de Giges, como muitos dos mitos pretensamente fantásticos de Platão, é mais naturalista do que um filme neorrealista italiano, mais realista do que os reality shows da TV – sobretudo em nosso tempo. O computador e a TV *são* janelas mágicas que nos permitem ver qualquer coisa que desejemos, enquanto nos escondemos invisivelmente atrás de suas telas brilhantes. O que são a maioria dos talk shows, senão uma oportunidade de saborear discussões domésticas privadas que não temos nenhum direito de ver? Pregamos peças e furtamos bagatelas quando ninguém está olhando. A pornografia foi o motor secreto da fotografia, da TV e agora dos computadores. Quando suas beldades voluptuosas se viram para nos olhar nos olhos, elas não veem absolutamente nada. Não faz muito tempo, um poderoso membro do governo americano falou, com perturbadora honestidade, de ter que "trabalhar o lado escuro". Ficamos tão invisíveis que por vezes não sabemos do que somos capazes. Giges é feliz? Responda-me você.

Uma lição que Sócrates extrai da história do anel mágico é que nossas almas são complicadas. Podemos querer coisas conflitantes ao mesmo tempo, inclusive bem e mal. Ele identifica três partes da alma em particular – apetite, espírito e razão –, que podem ser simbolizadas pelo intestino, o coração e a cabeça. O intestino quer consumir coisas e teme ser privado ou ferido. O coração quer reconhecimento, honra, louvor e sucesso, e teme seus opostos. A cabeça anseia por verdade e bondade, unicamente por si mesmas. Em suma, nosso intestino quer os primeiros nove meses de Dan (provavelmente cerca de três quartos de nossa psicologia são dedicados à busca de prazer); nesse ínterim nossa cabeça, uma parte menor, deseja a bondade simbolizada pelos três últimos meses de Dan, voltados para a caridade. Enquanto isso, nosso coração vacila entre uma coisa e outra; nossa força de vontade por vezes impõe as exigências da razão, mas quase sempre nos motiva a perseguir prazeres efêmeros e a buscar aprovação em vez do genuíno merecimento de aprovação. Quando nossa alma está em desequilíbrio, o que acontece com muita frequência, nossa razão torna-se sobretudo uma maneira de racionalizar e criar estratégias, enquanto nossos apetites tiranizam nossas vidas.

Segundo Sócrates, a maioria de nós concebe uma felicidade da parte, mas jamais imagina uma felicidade do todo. Precisamos responder à questão de como passar nosso tempo de alguma forma que não diga respeito à satisfação de um intestino ou um coração ou um cérebro – ou qualquer outro órgão do corpo, aliás. A verdadeira felicidade pertence ao ser humano completo, à alma inteira.

A questão central da filosofia na esteira de Sócrates é como podemos nos tornar virtuoses do ser humano, harmonizando as partes conflitantes de nossa alma, uma disciplina que Platão vê como basicamente similar à harmonização de vozes conflitantes da política. A linda palavra grega que costumamos traduzir como felicidade é *eudaimonia* (com nosso amigo "daimon" no centro), e significa algo como estar nas boas graças do divino, bem-estar em todos os estilos de vida, ter um bom espírito. Aristóteles, o grande discípulo de Platão, chegava a se perguntar se uma vida seria suficiente. Talvez, antes que possamos considerar você uma pessoa feliz, devamos ver como seus filhos agirão depois que você morrer, porque sua vida se propaga na deles.

3. O requintado materialismo de Epicuro

> Reze por paz, graça e alimento espiritual,
> Peça sabedoria e orientação, pois todas estas coisas são boas,
> Mas não se esqueça das batatas.*
>
> J.T. Pettee

Fornecemos abundante respaldo para o achado de Platão de que a vida numa democracia é regida pelo intestino. "Consumismo" é o nome comum para nossa aflição; o aspecto intestinal de nossa psiquê quer comer, excretar e comer de novo. De certa maneira ele adquiriu um toque de Midas que transforma tudo em artigos consumíveis. Passamos por estilos de vestuário, móveis, arte, política – devorando-os, entediando-nos e depois procurando freneticamente a próxima novidade. Ansiamos por escândalos, dramas, notícias – e, depois de devorá-los, queixamo-nos de uma dor de barriga, purgamo-nos, e quase de imediato ansiamos por mais. Consumimos canções, programas de TV, filmes, celebridades; a própria definição de cultura popular parece ser "diversão não destinada a durar mais que um copo de iogurte". Se nos é dado o dinheiro/poder, consumimos carros, casas, iates, arranha-céus, a própria Terra. O filósofo contemporâneo Michael Sandel, em seu livro *O que o dinheiro não compra*, fala de ricos lobistas que pagam pessoas pobres para guardar seus lugares na fila para audiências no Congresso, alunos de escola primária sendo pagos para ler livros, e – o que é horripilante – uma

---

* Tradução livre de *"Pray for peace and grace and spiritual food,/ For wisdom and guidance, for all these are good/ But don't forget the potatoes"*, do sermão "Prayer and potatoes". (N.T.)

mãe solteira em apuros que ganhou dinheiro para a educação do filho fazendo uma tatuagem permanente, na testa, do endereço na web de um cassino on-line. Lamento informar que certo grupo transmutou até poesia e filosofia em artigos de consumo: disciplinas com demasiada frequência dominadas por *"rock stars"* das coisas do espírito. Como o compositor de blues W.C. Handy observou quase um século atrás: "De leite sem leite a sedas sem seda, estamos nos acostumando a almas sem alma."[1]

Uma reação à nossa insanidade, provavelmente inseparável dela, é a busca de certa espécie de religião, um tipo de "espiritualidade" terapêutica. Particularmente populares sob esse aspecto são várias formas ocidentalizadas de budismo e taoismo, que pregam o abandono do desejo e a atenção plena ao momento. Não é um pouco irônico testemunhar retiros "budistas" para funcionários de corporações, ou gente rica pagando por meia hora de nirvana antes de retornar às suas agitadas atividades? Os monoteístas ocidentais também cruzaram com a psicoterapia para gerar sua justa cota de bastardos. Temos uma complexa medicação do espírito, mais ou menos como quando um viciado em estimulantes precisa tomar um tranquilizante para conseguir algum descanso. Muitas pessoas, é claro, pulam o "ópio do povo" e vão direto para as próprias drogas.

É nesse contexto que aqueles que propõem formas mais severas de religião criticam a modernidade e oferecem suas hierarquias espirituais como alternativa. Apesar de todas as suas diferenças, crentes ortodoxos em Deus concordam que o materialismo é um problema central que solapa o bem-estar da alma. O que me parece infinitamente curioso e maravilhosamente promissor é que Epicuro oferece uma crítica igualmente profunda do modo como vivemos e nos dá uma alternativa que não se afasta da rica e fascinante realidade do universo material.

EPICURO (c.342-270 a.C.) nasceu na ilha grega de Samos, sete anos após a morte de Platão. Quando jovem ele conseguiu chegar a Atenas, mas um ano depois foi banido com outros 12 mil cidadãos pobres por Antípatro. Migrou para a cidade de Cólofon e ali estudou filosofia materialista, retornando a Atenas em 307 a.C. Durante o resto de sua vida, morou e ensinou numa casa de campo com um luxuriante jardim, fugindo da vida política e cultivando uma forma requintada e humana de felicidade. Sua encantadora comunidade era abrilhantada por sua mulher, seu irmão e alguns amigos queridos, tanto homens quanto mulheres. "É possível", como expressou delicadamente um dos autores anônimos da renomada *Encyclopaedia Britannica* (11ª edição), "que a relação entre os sexos não fosse inteiramente platônica, como se costuma dizer. Por outro lado, porém, quase não há dúvida de que as histórias de licenciosidade difundidas por adversários são desprovidas de fundamento."[2]

Epicuro morreu em decorrência de cálculos renais, os quais, *mirabile dictu*, ele parece ter suportado com dignidade. Em seu leito de morte, ele escreveu para um amigo: "Neste dia verdadeiramente feliz de minha vida, pois estou a ponto de morrer, escrevo-lhe isto. A doença em minha vesícula e estômago está seguindo o seu curso, nada lhe faltando de sua severidade natural: mas contra tudo isso há a alegria em meu coração ao lembrar minhas conversas com você."[3] Seu último desejo e seu testamento estipulavam que seu aniversário deveria ser celebrado todos os anos após sua morte, um fato que me parece interessante em razão do quanto ele estava comprometido com a ideia de que a morte é o sono sem sonhos de Sócrates – e portanto não deveria nos preocupar de maneira alguma. Um dos discípulos modernos de Epicuro, Jeremy Bentham, o utilitarista britânico do século XIX, estipulou em seu testamento que, enquanto seu corpo deveria promover o bem geral, sendo usado para a ciência, sua cabeça deveria ser cuidadosamente preservada em cima de suas roupas recheadas com palha; o autoícone resultante disso deveria depois ser levado para reuniões do College Council para ser registrado como "presente, mas sem voto". Como você pode imaginar, a cabeça foi furtada e maltratada tantas vezes por estudantes que acabou sendo trancada para sempre. Hoje, uma cabeça de cera preside às reuniões. Isso é quase suficiente para fazer de alguém um dualista.

O termo "epicurista", para aqueles de fora do círculo filosófico, sugere um amante de comida requintada e bom vinho, admiravelmente encarnado por alguém como Yves Mirande, dramaturgo francês do século XX que amava a vida, imortalizado por seu amigo A.J. Liebling em sua obra-prima, as memórias *Between Meals*. Eis uma anedota sobre o heroísmo de Mirande:

> No restaurante na rue Saint-Augustin, M. Mirande deslumbrava os mais jovens, franceses e americanos, devorando um almoço constituído por presunto de Bayonne cru com figos frescos, uma salsicha quente, tiras de lúcio filetadas num substancioso molho nantua rosé, uma perna de carneiro guarnecida com anchovas, alcachofras sobre um pedestal de foie gras e quatro ou cinco tipos de queijo, com uma boa garrafa de Bordeaux e uma de champanhe, após o que ele pediria o Armagnac e lembraria madame de ter prontas para o jantar as cotovias e hortulanas que lhe prometera, com algumas lagostas e um rodovalho – e, evidentemente, um belo ensopado feito com o *marcassin*, ou javali jovem, que o amante da atriz principal em sua atual produção enviara de sua propriedade na Sologne. "E a propósito", ouvi-o dizer certa vez, "há vários dias não temos nenhuma galinhola, ou trufas assadas nas cinzas, e a adega está se tornando uma desgraça – mais nada de 1934 e quase nada de 1937. Semana passada tive de oferecer a meu editor uma garrafa boa demais para ele, simplesmente porque não havia nada entre o insultuoso e o superlativo."[4]

Mas Mirande, na verdade, não é um bom epicurista pelos padrões da escola filosófica, pois "a vida prazerosa não é um contínuo beber, dançar e fazer sexo; nem o desfrute de peixe ou outras iguarias de uma mesa extravagante", como diz Epicuro.[5] A vida prazerosa envolve o cálculo lúcido do que produzirá de fato um prazer estável, autêntico. Com demasiada frequência agimos como a criança que quer tomar sorvete em todas as refeições do dia. O sabor do sorvete é certamente agradável, mas a experiência de tomar sorvete não termina com as sensações de derretimento experimentadas pela língua; e quando consideramos todos os efeitos de sustentar-se à base de sorvete compreendemos que a proposta da criança falha em seus próprios termos: não é uma experiência prazerosa. Embora eu tenha certeza de que Liebling iria preferir o que diz Blake – "a estrada do excesso conduz ao palácio da sabedoria" – à moderação de Epicuro, ele ainda assim narra fielmente o colapso do corpo de Mirande, os efeitos prolongados de suas assombrosas refeições, as dores que se propagam muito depois que todos os seus prazeres originais desapareceram.[6]

Mas compreendemos mal Epicuro se supomos que ele está dizendo: "Seria maravilhoso se pudéssemos comer como Mirande sem sofrer quaisquer efeitos adversos, mas dada a nossa fisiologia isso é impossível; portanto temos de praticar a moderação." Sua ideia real é que o mais profundo prazer advém da satisfação de nossos desejos com o alimento mais básico. Eu mesmo sou em certa medida um cozinheiro, longe de indiferente a uma mesa luxuosa, mas minha experiência gustativa favorita é sempre o primeiro morango da estação colhido em meu quintal. Cada um tem seu formatinho único, todos bem vermelhos exceto pela ocasional mancha esbranquiçada, sementes douradas, um chapéu de um verde suave. O débil odor me enche a boca d'água, e minhas gengivas doem. Eu o jogo na boca e saboreio no coágulo doce o que os franceses chamam de *terroir*, o espírito de sua origem terrena. A carne morna traz à mente tanto a luz do sol quanto a chuva. Minha imaginação me domina, e acredito estar experimentando toda a construção do ano anterior. Um é suficiente. Deixo meus filhos e os coelhos devorarem o resto.

A dieta preferida de Epicuro era pão de cevada, água da fonte e verduras frescas. Uma dieta que se apoie no mais básico da vida é fácil de obter e promove nossa saúde; e "bolos de cevada e água proporcionam o mais elevado prazer quando alguém necessitado os consome". Presunto de Bayonne cru regado com Veuve Clicquot tem seu lugar, pois "a frugalidade também tem um limite, e o homem que desconsidera isso se assemelha àquele que peca pelo excesso", mas luxos deveriam continuar sendo luxos, o adorno ocasional de uma dieta saudável.[7] O banquete ocasional de Epicuro, conta-se, era uma fatia de queijo da Cíntia com meia taça de vinho.

O princípio fundamental do epicurismo, talvez o mais sensato em toda a filosofia, é: prazer bom; dor ruim. Em certo sentido, toda a sua filosofia equivale à aplicação rigorosa, razoável, dessa verdade elementar, que até recém-nascidos parecem ter deduzido. Epicuro não vê nenhuma outra maneira de dar sentido ao conceito de bondade, "e tampouco, de minha parte, sou capaz de encontrar qualquer coisa que possa entender como boa se retiro dela os prazeres fornecidos pelo gosto, aqueles que vêm de ouvir música, aqueles que vêm da visão de figuras em movimento ou outros prazeres produzidos por qualquer dos sentidos na pessoa completa".[8] Isto é, não podemos imaginar a existência incorpórea do céu sem visualizar asas de aves gigantescas, sexo com virgens e cantatas de Bach; ou do inferno sem instrumentos de tortura.

Mas o princípio do prazer-bom-dor-ruim é imensamente complicado pela estrutura de nossos desejos. Epicuro identifica três tipos de desejo: 1) desejos naturais e necessários, que sustentam nossa saúde e asseguram nossa tranquilidade mental (como nossa fome de alimento e nosso desejo de companhia); 2) desejos naturais e desnecessários, que são extensões de nossos desejos naturais (como nosso desejo de comer alcachofras sobre um pedestal de foie gras, ou de tomar Coca-Cola); e 3) desejos antinaturais e desnecessários (como nossos anseios por dinheiro, fama ou poder). O grande problema é que nossos desejos tendem a deslizar da primeira categoria para as outras duas. Nosso desejo natural do leite da mãe torna-se um forte anseio por sorvete. A disciplina do epicurismo é conter e depois erradicar nossos desejos demasiado grandes, para retornar aos desejos básicos, nutritivos, que de fato asseguram nossa felicidade. Como disse Thoreau certa vez, "Simplifique, simplifique", embora com base nessa lógica ele devesse ter dito apenas: "Simplifique."[9]

Uma maneira fácil de distinguir um desejo bom de um desejo mau, segundo Epicuro, é perguntar se ele é limitado ou ilimitado. Desejos limitados são do tipo bom e realmente nos proporcionam felicidade; não precisamos de mais nada após termos alcançado o objeto desse desejo. A água sacia de fato a nossa sede, e depois que bebemos bastante não queremos mais. Batatas fritas, portanto, nunca nos dão verdadeira felicidade: sempre gostaríamos de mais uma, às vezes mesmo depois que começamos a nos sentir enjoados. Mas a ideia precisa ser expandida além da comida. Um bom par de sapatos deveria nos satisfazer enquanto ele resiste. Mas, quando começamos a querer múltiplos pares de sapatos, estamos tomando um caminho pavimentado com batatas fritas, em que nenhuma quantidade de calçados será suficiente.

Quase todos nós estamos nesse barco. "Precisamos" de nossa xícara matinal de café. "Precisamos" do carro. "Precisamos" da internet. No entanto, refletindo um pouco todos nós sabemos que na verdade não precisamos. O que precisamos, em termos estritos, é daquilo que nutre e deleita o corpo e a mente. É claro que pessoas que não são viciadas em cafeína e vão a pé para o trabalho e passam seu tempo em outros lugares que não a internet não são desqualificadas para uma vida feliz.

Não é nenhum segredo que vivemos numa sociedade que nutre um profundo interesse por desejos ilimitados, uma sociedade do *mais*. Se Epicuro estiver certo, a maior parte das sociedades são sociedades do mais, porque o problema está incorporado na estrutura do desejo humano. Mas não há dúvida de que nós elevamos o problema a novos patamares, pois todo o nosso poder tecnológico e perícia econômica foram utilizados para desencadeá-lo, para manipular nossos desejos do berço ao túmulo. É interessante que, embora os anúncios algumas vezes apenas nos deem informação sobre uma liquidação ou produto, a maioria deles tenha uma mensagem metafísica. "Você sabe quando é real." "Obedeça a sua sede." "Viva melhor." "Apenas faça." "Coca-Cola é isso aí." O arrepiante slogan de um mecanismo de busca na web é: "Buscamos o que você pensa." Anúncios tentam remodelar o modo como percebemos a realidade porque sua natureza é nos fazer querer algo de que não precisamos – e em geral nem mesmo queremos.

Mas há uma ironia na crítica epicurista de nossa sociedade. Somos, de fato, maus consumidores. Não somos suficientemente materialistas. Apenas consumidores idiotas se abarrotam de coisas que os deixam enjoados, gordos e infelizes. Apenas materialistas idiotas enchem suas vidas com lixo descartável. Um consumidor sensato aprecia justo o que o estômago e o cérebro podem concordar que é extremamente agradável durante uma vida inteira. Um verdadeiro materialista valoriza as coisas e se esforça para encontrar as melhores. O autêntico consumista materialista encontra uma maneira razoável de entender os desejos do corpo e se esquiva do desejo que se estende muito além de qualquer coisa que o universo físico pode fornecer.

Nem sequer valorizamos o dinheiro de maneira apropriada. Deveríamos considerá-lo como nada mais que um meio de troca, necessário apenas na medida em que nos ajuda a obter as coisas de que precisamos. Nós que temos de possuir e usar pelo menos um cartão de crédito para participar da economia ficamos chocados diante do fato de que a maior parte da história humana atacou a usura, a cobrança de juros sobre empréstimos. Mas o desejo de ver o dinheiro como algo além de uma forma conveniente de troca é muito poderoso e – se nossas tradições contiverem alguma sabedoria – nocivo para formas saudáveis de vida. Tem-se falado muito recentemente sobre o mercado de derivativos, no qual investidores podem apostar no próprio mercado. Mas em certo sentido o dinheiro é o mercado original de derivativos. Assim que ele se torna um objeto de desejo e não um simples instrumento para a satisfação de um desejo, ingressamos num mundo abstrato de valor que nunca satisfará realmente nossas psiquês. Se a ideia de 1 milhão de dólares caídos do céu o empolga, você não é um verdadeiro materialista, é um abstracionista, mais encantado com fantasias do que com realidades. Você deveria tratar a ideia de ganhar 1 milhão de dólares como a de ganhar 1 milhão de tubos de pasta de dente. A resposta sensata é: "Eu não preciso realmente de 1 milhão de tubos de pasta de dente (ou de 1 milhão de dólares); preciso apenas do suficiente para escovar os dentes (ou satisfazer meus verdadeiros desejos), ou talvez alguns tubos sobressalentes. O resto é um grande estorvo."

A forma mais profunda de nosso desejo patológico por *mais* aparece em nossa relação com a morte. Segundo os epicuristas, a imortalidade é um mau desejo, qualquer que seja a forma que tome, quer seja o desejo de um céu interminável ou a versão materialista da imortalidade da alma: viver o mais longamente possível – como diz Woody Allen, "Não quero alcançar a imortalidade através de minhas obras. Quero alcançá-la não morrendo". Ou, como Studs Terkel costumava brincar, "Quem quer chegar aos noventa?! Todo mundo que tem 89". Mas o fato de a vida ser limitada é exatamente o que a torna boa. Quando vivemos de crédito, desperdiçamos todas as nossas riquezas. Os desejos naturais de Epicuro não são aqueles necessários à sobrevivência. Sim, desejos naturais sustentam nossos corpos ao longo do tempo, mas o desejo de simplesmente sobreviver, segundo Epicuro, é pura tolice. Suas palavras são maravilhosas: "Alguns homens, ao longo de toda a vida, juntam meios de vida, pois não veem que o ar inalado por todos nós ao nascer é um ar de morte."[10] Abraçar a vida com seu prazer racional é aceitar que ela termina.

Como materialista, Epicuro afirma que a morte não é nada para nós – literalmente, nada –, e portanto não deveria ser perturbadora. Lembre-se de como era antes de você nascer: aquele foi de alguma maneira um tempo difícil para você? Você não deveria estar mais receoso da morte do que saudoso dos dias que precederam seu nascimento. "Enquanto somos, a morte não é; depois que ela chega, não somos." Por que temer algo que você não presenciará? Deram-lhe uma garrafa do mais maravilhoso vinho. Aprecie-o pelo que é. Não há necessidade de exigir um estoque interminável em sua adega, nem de se afligir com o fato de que ela um dia desaparecerá. Sobretudo porque você morrerá precisamente no momento em que consumir a borra. Não terá nem que encarar a ressaca.

COMO MATERIALISTAS, não só no sentido moral, mas também no sentido metafísico da palavra, os epicuristas estão comprometidos com a ideia de que o mundo nada mais é do que átomos, o vazio e os princípios criativos do movimento, que eles chamam maravilhosamente de "a guinada". Tudo, em suma, é produto do acaso, uma ideia muitas vezes criticada em nossa sociedade por certos fiéis religiosos que afirmam que o mundo – ou pelo menos certas características irredutivelmente complexas dele, como o globo ocular ou o flagelo – apresenta uma concepção tão portentosa que deve ter sido projetado por uma vasta inteligência, a saber, Deus. Esses crentes entendem que se o mundo fosse apenas o produto do acaso seria desprovido de significado e valor, que um materialismo ateu seca nossas fontes de gratidão pelas intricadas belezas da existência.

Eu me pergunto, porém, se o materialismo ateu e a teologia tradicional não convergem no mesmo ponto básico. Segundo os teólogos cristãos, Deus cria *ex nihilo*; em outras palavras, Seu ato de criação é um ato de graça. Ele cria rinocerontes mais ou menos como uma criança desenha unicórnios: as criaturas do mundo dotadas de chifres são resultado de sua transbordante criatividade. Deveríamos nos sentir gratos, afirmam os fiéis religiosos, porque cada momento é puro lucro inesperado, um dom de Deus. Mas o epicurista também saúda o mundo como o resultado de uma sorte inconcebivelmente maravilhosa. Imagine, um punhado de átomos dando guinadas aleatórias por todo o universo produziu do lado de fora de minha janela – no momento em que escrevo – um tordo entoando notas que de certa forma colidem contra os engenhos do meu ouvido e me fazem lembrar de alguma maneira do som de água pingando na pedra. O material desse universo sem propósito produziu milagrosamente a mim e a você, seres dotados de propósito, sem falar em toda uma coleção de seres estranhos como o rinoceronte. "O segredo da alegria e da serenidade epicuristas", como diz Pierre Hadot, "é viver cada instante como se ele fosse o último, mas também como se fosse o primeiro."[11]

Outro temor comum que fiéis religiosos alimentam em relação ao materialismo é que ele solapa a moralidade. Epicuro afirma o exato oposto: a busca rigorosa do prazer leva diretamente à vida de um moralista. Por que não deveríamos dizer mentiras? Simples: mentir nos torna infelizes. Dizer a verdade, como exercício, pode por vezes doer, a princípio, mas sempre faz com que nos sintamos melhor de maneira geral. A imoralidade é mais uma forma de raciocínio infantil: agimos mal para nos safar de alguma situação difícil, mas o erro simplesmente multiplica nossas situações difíceis. Na verdade, justiça e prazer reforçam-se um ao outro: quanto mais agradável é nossa vida, menor é a nossa propensão a causar dano a outros; e quanto melhor procedemos com o outro, mais agradável é a nossa vida. Carlo Petrini, o fundador do Slow Food, um movimento epicurista de nossos dias, descobriu pouco a pouco a mesma ideia: "Acabei por compreender que aqueles que sofrem por outros causam mais dano à humanidade do que aqueles que se divertem. O prazer é uma maneira de ser um só consigo mesmo e com os outros."[12] Essa ideia é expressa de maneira nobre por Wendell Berry, o defensor de pequenas granjas e prazeres humanos: "Os valores morais, práticos, espirituais, estéticos, econômicos e ecológicos estão todos relacionados em última instância com a mesma questão da vida e da saúde. Para o homem virtuoso, por exemplo, questões práticas e espirituais são idênticas; apenas corrompendo-se pode-se ver alguma diferença."[13]

O que precisamos na vida, segundo Epicuro, é relativamente simples. Precisamos de companhia humana. Não tanto os breves êxtases de heroína e as longas ressacas do amor romântico, mas as alegrias estáveis da amizade ou, pelo menos, de relações familiares e românticas temperadas com amizade. "De todos os meios que a sabedoria conhece para assegurar a felicidade durante toda a vida", declara Epicuro, "o mais importante, de longe, é a aquisição de amigos."[14] Precisamos de um bom trabalho para encontrar sentido e assegurar nosso sustento básico. Um trabalho ideal seria a agricultura de subsistência, que faz ambas as coisas simultaneamente. Mas qualquer trabalho (por acaso conheço um) que seja satisfatório e não perturbe nossa tranquilidade basta. Precisamos de comida e bebida, roupas simples, os prazeres da conversa – idealmente sobre filosofia. Um teto sobre nossas cabeças seria ótimo, embora nos climas adequados as estrelas bastem. Evite a política, que é uma grande dor de cabeça, mas, se for morar com muitas pessoas, trabalhe para ter boas regras que promovam o bem-estar de todos, pois "a vida justa é inseparável da vida agradável".[15] Ter essas coisas, nenhuma das quais é muito difícil de obter, é ser podre de rico. "Graças sejam dadas à abençoada Natureza", reza Epicuro, "porque ela tornou o necessário fácil de ser alcançado e o que não é fácil, desnecessário."[16]

Tenho de admitir que agora é um pouco mais difícil alcançar o ideal epicurista do que em seu tempo, ou mesmo sessenta anos atrás. O que Epicuro chama de "riqueza natural" – pão, amizade, cultura humana, água – é supostamente fácil de obter. Mas se você esquadrinhar os corredores do supermercado à procura de calorias baratas, o que gritará por você não serão as frutas e os legumes, mas – em decorrência do que poderíamos ironicamente chamar de "livre mercado" – as batatas fritas. Além disso, se você estiver procurando essas calorias baratas por uma questão de dificuldades econômicas, é também provável que seu emprego noturno e os empregos diurno e vespertino de sua mulher diminuam as chances de vocês dois se sentarem para repartir o pão com aqueles que amam. Por vezes pode parecer que apenas da classe média alta para cima há dinheiro e tempo para desfrutar uma refeição dos produtos simples da natureza com amigos e a família.

Apesar de nossa vida comum mercantilizada, confio na sabedoria de Epicuro. Mesmo em Atenas, ele aconselhava as pessoas a se desligarem do alvoroço da "vida política" – o que somos mais propensos a chamar de "a cultura dominante". Não se trata daquilo que aqueles que nos cercam valorizam ou propagam. Trata-se de nossa atitude. Devemos trabalhar para inverter a tendência do desejo, reconcentrando-nos no que importa e vivendo vidas sadias; e em última análise não é preciso muito dinheiro para fazer isso. Se de fato ingressamos na política, deveria ser para tornar as leis um pouco menos loucas e um pouco mais condizentes com o verdadeiro bem-estar de nossos concidadãos. Com frequência tenho alunos que labutam abaixo do nível da pobreza, assim como por vezes tenho alunos com recursos decentes. Em minha experiência, nenhum dos dois grupos leva uma vantagem consideravelmente maior quando se trata de encontrar a vida boa.

TIVE A GRANDE SORTE de conhecer Simone Delay e trabalhar para ela. De origem francesa, Simone ensinou língua e literatura francesas na Universidade de Iowa durante muitos anos, aposentou-se, mudou-se para uma casinha no campo e abriu um restaurante peculiar com o nome epicurista Simone's Plain and Simple [Puro e Simples da Simone]. Atualmente, ela reduziu a frequência com que abre a casa (aos setenta anos, tornou-se obcecada por fotografias radicais ao ar livre); mas, quando funcionava a pleno vapor, o restaurante abria do final de março até novembro nas noites de sexta-feira, sábado e às vezes na segunda-feira; era preciso reservar todo o seu "restaurante" – trata-se da casa dela – para uma festa de entre oito e vinte pessoas, em geral com meses de antecedência. Eu tinha comido lá umas duas vezes e Simone e eu havíamos nos dado muito bem. Quando ela descobriu que eu tinha um forte interesse por culinária francesa e era capaz de preparar rapidamente *gougères* e um *lapin à la moutarde*, perguntou se estaria disponível para ajudá-la de vez em quando.

O lugar é muito especial, um restaurante francês numa estrada de cascalho, um bistrô no meio do nada (quero dizer, numa região montanhosa e agrícola a vários quilômetros de Kalona). Ela construiu um forno de alvenaria – com a inscrição *"Vive le Pain!"* – no qual um flamejante fogo de madeira rija assa seus requintados pães e pizzas. Em noites cálidas, os convivas jantam em sua enorme varanda protegida por telas, contemplando campos de flores silvestres. Como o nome do restaurante sugere, não há nada de particularmente extravagante na comida, embora convivas cujo conceito de luxo é batata gratinada possam discordar. Ela prepara as massas, carnes assadas, *bâtards*, legumes temperados e doces de sua França natal usando, quando possível, ingredientes de sua vasta horta. Simone concorda com Rousseau que só com muito custo conseguimos ter más frutas e maus legumes à nossa mesa durante o ano todo. Não desdenha completamente a *nouvelle cuisine*; na verdade, prefere Alice Waters a Auguste Escoffier. Mas não gosta de tentativas em voga de misturar e complicar sabores. O que ela busca é o sabor mais rico dos ingredientes de mais alta qualidade, insistindo no que os italianos chamam de *insaporire* – a depuração do sabor, a extração dos sabores mais profundos dos alimentos, o que envolve cozimento cuidadoso e uso da quantidade mínima, porém perfeita, de temperos. Puro e simples. A essência de um jantar, insiste Simone, está apenas parcialmente relacionada à comida. O importante, na verdade, é fornecer os elementos essenciais necessários para trazer à tona a interação do grupo, a depuração do sabor da própria cultura humana. Como disse Epicuro com admirável pureza e simplicidade: "Antes de comer e beber alguma coisa, considere com quem você a come e bebe: pois comer sem um amigo é a vida de um leão ou um lobo."[17]

Depois que preparo um jantar no restaurante de Simone, sinto-me exaurido. O trabalho não consiste apenas em preparar vários pratos para vinte pessoas, o que por si só já pode significar um dia inteiro de atividade exaustiva, em particular depois de dar aulas. Quem quer que trabalhe lá, inclusive a agora septuagenária Simone, deve fazer de tudo: pôr e servir mesas, lavar pratos, arrancar ervas daninhas, colher legumes e alimentar o forno de alvenaria, além de coisas vergonhosamente incomuns, como matar e depenar pombos (neste caso, para a maravilhosa torta que os marroquinos chamam de *bisteeya*).

Assim, lá estava eu certa noite, após um longo dia de trabalho, a sobremesa servida, e nada para fazer além de lavar pratos. Meu corpo, cansado e satisfeito, estava registrando o que eu havia realizado. Eu reservara um pouco de massa para fazer uma pizza para mim, e acabara de fazê-la escorregar da pá de madeira para a luz agonizante do forno. O sol havia quase acabado de se pôr, e o gigantesco céu de Iowa estava cheio de tons cor-de-rosa e púrpura que se intensificavam – uma versão mais dramática das cores no forno de alvenaria. A casa de Simone fica no alto de um morro, e contemplei quilômetros e quilômetros de campos ondulantes, onde um milhão de vaga-lumes piscavam em suas insólitas constelações. Tudo à minha volta era o silêncio da zona rural – um silêncio feito de zumbidos de insetos e farfalhar de plantas, embora eu também pudesse ouvir da varanda de Simone a fala e os tinidos da civilização.

A natureza não se opõe à cultura, apenas à má cultura. Naquele momento, natureza e cultura se mesclavam lindamente: o aroma de fogo e pão (preparado, como o de Epicuro, com cevada), a harmonia de grilos e risos humanos, a amizade de Simone a poucos passos de distância de minha solidão nativa. Senti-me em posse de uma quantidade quase embaraçosa de riqueza natural. Mas não tive nenhum desejo de gritar: *"Verweile doch,/ Du bist so schön"* (Fica mais um tempo,/ És tão lindo – Goethe), embora estivesse cheio até a borda com a passagem do tempo.[18] Eu estava contente por ter feito o que tinha feito; estava ansioso para dormir; e estava satisfeitíssimo com alguns minutos de vaga-lumes e a perspectiva da pizza. Além disso, a meia taça de vinho que Simone me servira estava começando a agir.

Será que eu poderia ter feito coisa melhor por mim mesmo?

4. A misteriosa liberdade do estoico

> Dai-me uma alma para a qual o tédio seja nada,
> não conhecendo nenhuma queixa, resmungo ou suspiro,
> e não permitais que eu dê demasiada atenção
> a essa criatura dominadora chamada o "Eu".
> Senhor, dotai-me com senso de humor,
> dai-me a graça de compreender pilhérias,
> que eu possa conhecer a alegria que a vida encerra
> e seja capaz de concedê-la aos demais.*
>
> Thomas More

NÃO VOU ZOMBAR – é fácil demais – do hábito de fantasiarmos nossos desejos grosseiros na roupagem da religião, de estudantes rezando antes dos exames etc. Mas por vezes nossas orações são da maior profundidade. O torque da realidade pode se tornar tão intenso que a inclinação a rezar é quase irresistível. Ao ouvir que uma criança amada está em coma, até o mais duro ateu pode vacilar e arriscar uma súplica para o Alto. Se minha alma encontrar Deus na vida após a morte e Ele me disser que, de fato, todos os atrozes males da vida são peças essenciais num grande quebra-cabeça de bondade, creio que ainda assim eu rezaria para que eles não acontecessem. Quando Alfonso, no século XII, proclama "Se eu tivesse aconselhado Deus na criação, muitas coisas teriam sido mais bem ordenadas",[1] trata-se de piedade ou heresia?

---

* Tradução livre dos seguintes versos: "*Grant me a soul to which dullness is naught,/ knowing no complaint, grumble or sigh,/ and do not permit me to give too much thought/ to that domineering creature called the 'I'./ My Lord, endow me with a sense of humor,/ give me the grace of understanding jest,/ that I might know the joy that life harbors/ and were able to grant it to the rest*". (N.T.)

Ter nossas preces atendidas é uma ideia intuitiva de felicidade, e somos sem dúvida infelizes quando as coisas não correm como gostaríamos. No entanto, os estoicos, que conceberam a mais influente ideia de felicidade, sustentam que ela é o exato oposto disso. Epicteto resume a essência do estoicismo numa única ordem: "Não peça que as coisas aconteçam como você deseja: deseje que elas aconteçam como acontecem, e sua vida transcorrerá suavemente."² Felicidade não é ter nossos desejos assegurados, e liberdade não é fazer o que queremos. A única prece, no que diz respeito a nossa felicidade e nossa liberdade, é: seja feita a Vossa vontade.

EM ALGUM MOMENTO perto do fim do século IV a.C., Zenão de Cítio arrastou-se até Atenas depois que seu navio naufragou. Ele topou com uma livraria, começou a ler sobre Sócrates e sentiu-se tão inspirado que perguntou onde poderia encontrar um exemplo vivo de um homem tão maravilhoso. O livreiro o encaminhou para Crates, o Cínico, um alegre filósofo que vivia em abjeta pobreza. Zenão prontamente tornou-se seu discípulo. Certo dia Crates deu a Zenão uma tigela de lentilhas fumegantes e lhe disse para levá-la de um lado para o outro, o que o discípulo fez obedientemente. De repente, Crates bateu na tigela com seu cajado, entornando toda a sopa sobre Zenão, que começou a fugir, embaraçado. Crates gritou: "Por que fugir, meu pequeno fenício? Nada de mau lhe aconteceu!" Zenão teve uma iluminação imediata, e o estoicismo nasceu. "Fiz uma próspera viagem", escreveu ele ironicamente, "quando sofri um naufrágio."³

Como Zenão começou a ensinar no *stoa poikilê*, o "pórtico pintado" de Atenas, as doutrinas associadas a ele foram chamadas de *estoicismo*, "porticismo". O estoicismo rapidamente se tornou a filosofia mais popular em meio ao mundo helenístico instruído, e no tempo do Império Romano havia se espalhado por todas as camadas da sociedade. Os textos sobreviventes dessa filosofia datam do período romano tardio e incluem as *Meditações*, a obra-prima do imperador Marco Aurélio; ensaios e cartas de Sêneca, o grande dramaturgo, financista e tutor de Nero; e os *Discursos*, a obra-prima do escravo Epicteto, o mais eloquente e direto expositor do ideal estoico.

Podemos controlar nossa raiva, excitação, tristeza, ansiedade, pesar, inveja, piedade e assim por diante? Emoções boas e más não nos dominam e carregam? Digamos que você ande até o local onde deixou seu carro e descubra que ele foi roubado. Se eu lhe dissesse "Pare agora de se sentir contrariado; você está no controle de suas emoções", é provável que você respondesse "Não posso evitar a maneira como me sinto neste instante; meu carro acaba de ser roubado", mesmo que não dissesse exatamente isto. Mas os estoicos sustentam que suas emoções nessa situação, e em situações muito piores, estão de fato sob seu total controle, porque, nas palavras de Shakespeare, "as coisas, em si mesmas, não são boas nem más; é o pensamento que as faz assim", ou, como diz Epicteto, "Não são as próprias coisas que perturbam as pessoas, mas os julgamentos sobre essas coisas".[4]

Nossas emoções, afirmam os estoicos, dependem de nossas crenças. A contrariedade que você sente por ter seu carro roubado depende da ideia de que esse roubo transtorna seus planos e ofende seu senso de justiça. Mas se você odiar seu carro e for um autêntico anarquista, ou mesmo se tiver um ótimo seguro, sua reação ao carro roubado será diferente. O exemplo máximo de Epicteto é Sócrates: "A morte ... não é nada terrível, ou teria parecido assim a Sócrates."[5] Como a maioria de nós tem a ideia de que a morte é terrível, ela nos provoca emoções negativas sempre que somos forçados a encará-la. Mas a opinião sincera de Sócrates é que a morte é uma necessidade da vida, de modo algum intrinsecamente má, na verdade uma bênção; por isso ele está alegre como sempre diante de sua sentença, respondendo basicamente: "Vocês não me sentenciaram à morte; a própria vida o fez. Tudo que vocês fizeram foi me dar uma data."

"Algumas coisas dependem de nós, e outras não", como diz Epicteto no início do *Manual*, a destilação de seus *Discursos*.[6] Como nossas crenças dependem de nós, podemos chegar a ter nossas emoções sob controle. Nós determinamos os nossos planos. Podemos eliminar nossas ideias irracionais. Temos o músculo mental, mesmo que ele tenha se tornado flácido por falta de uso, para governar nossa maneira de pensar. De modo que, eliminando as ideias que geram emoções negativas, somos capazes de estar permanentemente felizes, se assim quisermos. Para usar uma imagem de Platão, nossas emoções são cavalos fortes, e nossa razão é o cocheiro.

Embora poucos cocheiros exerçam a disciplina necessária para dominar os cavalos, é possível canalizar sua energia da maneira apropriada e conseguir que façam exatamente o que pedimos.

Tudo o mais, como quer que tentemos influenciá-lo, em última instância está fora de nossas mãos. Podemos *tentar* influenciar nossa reputação, nossas posses, nosso trabalho, nossa família, nosso mundo, nosso corpo. Mas não *controlamos*, em última análise, o que acontece com eles. Os planos mais bem-traçados muitas vezes naufragam; e, quando isso acontece, ficamos infelizes se tivermos depositado neles as nossas esperanças. A vida se esforça ao máximo para nos tornar estoicos, derramando café todo dia em nossas camisas favoritas, nos dando torcicolos, soprando os ventos da política numa direção desfavorável, às vezes até nos deixando sem chão e tirando de nós pessoas que amamos. Aliás, após uma palestra em que usei a história do carro roubado como um exemplo útil do que os estoicos acreditam que não nos deveria perturbar, andei em direção ao meu carro... e ele havia sido roubado. (Deixo por sua conta imaginar a medida do meu estoicismo.) No entanto, ainda saímos de casa a cada manhã com a corajosa e estúpida esperança de que seremos capazes de organizar as vicissitudes infinitamente vastas do universo para que se ajustem a nossos caprichos e projetos extravagantes, a despeito de tudo que aconteceu ontem. Desta vez as coisas serão diferentes!

A grande metáfora estoica, que remonta ao filósofo grego Crisipo, é que somos como cães amarrados a uma poderosa biga. Quando a biga começa a se mover, temos duas escolhas: trotar ou sermos arrastados. De uma maneira ou de outra, vamos para o mesmo lugar. Exatamente o mesmo lugar. Depois que seu carro foi roubado, você pode chutar o meio-fio, praguejar, e em geral ser arrastado, mas isso não vai trazer o seu carro de volta magicamente, tanto quanto um poodle rebelde não vai mudar o curso de uma carreta. Não nos foi dado ditar o destino final de nossas vidas. Não, foi-nos dado apenas ser infelizes ou felizes. Essa é toda a história da humanidade: todos esses cães atrás de carruagens, alguns trotando, tagarelando felizes; outros sendo arrastados, latindo e rosnando até que por fim se cansam disso e começam a trotar. Depois, quando o veículo vira, alguns trotadores passam a se arrastar miseravelmente, e outros que se arrastavam se erguem e subitamente trotam felizes por algum tempo.

O segredo da felicidade é nos decidirmos a trotar: pormos nossos pensamentos de acordo com a "natureza", para usar a palavra que os estoicos empregam. A natureza, por vezes também chamada de Deus, ou Destino ou vontade de Deus, significa mais do que o que existe nos parques nacionais. Ela é a maneira como tudo se passa. Quando uma caneca se quebra, isso é a natureza, pois objetos de cerâmica são frágeis e com frequência levam batidas. Quando você se envolve num acidente de carro, isso também é a natureza, pois é inevitável que seres humanos voando por aí em alta velocidade em grandes veículos de metal ocasionalmente colidam uns com os outros. A natureza, em outras palavras, é algo que não é difícil sondar nem prever. Na verdade, posso fazer inúmeras profecias à maneira de Nostradamus sobre sua relação com a natureza: um prato seu vai quebrar; seu time vai perder; você vai ficar doente em algum momento este ano; alguém de quem você gosta vai morrer; seu carro vai precisar de conserto; alguma coisa que você espera vai se realizar; alguma coisa que você teme também – ah, e não há esperança, você vai morrer, embora a data exata seja um pouco vaga.

Por que, então, ficamos infelizes e até chocados quando essas profecias se concretizam? Não é absurdo se irritar quando você é derrubado, se você se candidatou a jogar futebol americano? Imagine um artilheiro sacudindo a poeira e se queixando de que não é justo que, entre todas as pessoas, logo ele tenha sido derrubado. Ser derrubado – e até ferido – é sem dúvida uma parte do jogo, assim como ter um copo significa ter algo que poderia muito bem se estilhaçar, e assim como ter uma vida significa lidar com náusea, doença e morte. Como no futebol americano, é ótimo fazer o possível para evitar ser derrubado pelo câncer, mas se ele lhe passar uma rasteira, você deve aceitá-lo como parte do jogo que está jogando.

Você poderia protestar que, ao contrário do jogador de futebol, você não se candidatou ao jogo. É verdade, mas Epicteto observa: "Lembre-se de que a porta está aberta. Não seja mais covarde que crianças. Assim como elas dizem 'Não vou mais jogar' quando o jogo não mais as agrada, você também deveria simplesmente dizer 'Não vou mais jogar' quando as coisas lhe parecem assim, e em seguida se afastar; mas, se você fica, pare de se queixar."⁷ Ninguém o obriga a jogar futebol americano, dirigir em vias expressas ou colecionar objetos quebráveis. Se você não estiver disposto a jogar um jogo tão duro quanto a vida, em que até crianças morrem de câncer, deveria ficar agradecido por ter opções. Seus pais podem ter feito a sua inscrição, mas você está livre para se retirar.

A contemplação do suicídio pode ser macabra, mas na verdade é exatamente o contrário. Nada pode ser mais libertador do que dizer: "Hoje eu não vou me matar; vou enfrentar o mundo com todo o seu poder." Podemos realmente dizer "sim" até nos darmos conta de que podemos dizer "não"? Seguir vivendo com a clara possibilidade do suicídio na mente é abraçar a vida com real entusiasmo. Penso nos maravilhosos versos de Victor Hugo:

> Quanto a mim, não espero que Deus se mantenha sempre sob controle,
> Cabe suportar alguns excessos
> De tão grande poeta, e não se zangar
> Se aquele que colore a flor do pêssego
> E curva o arco-íris sobre o oceano que ele doma
> Nos dá um beija-flor num dia e no outro um mastodonte!
> É de seu feitio ter algum mau gosto,
> E acrescentar mal a desgostos e vermes a esgotos,
> E fazer tudo numa escala assombrosa,
> E ser Rabelais e Michelangelo combinados.
> É Deus: quanto a mim eu o aceito.⁸

É a isso que você está se candidatando. Simplesmente aceite-o. Ou não. Fique à vontade se quiser ser arrastado.

NINGUÉM ESTÁ DIZENDO que da noite para o dia você pode controlar sua maneira de pensar. Ao despender grande parte de nossas energias tentando controlar o que não depende de nós, em geral deixamos nossos músculos mentais atrofiaram. Os estoicos, como a maior parte dos filósofos antigos, compreendem como é difícil levar a cabo o projeto de mudar sua vida, mesmo que você esteja convencido de uma meta. Como afirma Tom Sawyer, mesmo tendo ouvido o melhor pregador no domingo é difícil para a maioria de nós permanecer salvos além da terça-feira. Se você acredita que o estoicismo é uma filosofia pela qual vale a pena viver, deve treinar como um atleta que se prepara para o grande torneio, ainda que, como diz Epicteto, "agora seja hora da competição e os Jogos Olímpicos tenham chegado".[9] Eis aqui algumas técnicas para o estoico em treinamento.

Estude

Quando possível, faça amizade com verdadeiros filósofos e dedique tempo a conversar sobre como alcançar o que é melhor na vida. Lembre-se: um filósofo não é necessariamente alguém diplomado em filosofia, mas alguém que deixa de lado o blá-blá-blá e persegue, em palavras e atos, o que de fato importa.

Na falta de conversa filosófica, encontre tempo todos os dias para ler filósofos que têm em mente sua felicidade, aqueles interessados em levá-lo a ver o mundo como ele é e não como você gostaria que fosse. Os diálogos socráticos de Platão são imbatíveis porque não nos dizem a verdade simplesmente – são exercícios para tentarmos ver nós mesmos a verdade; além disso, eles nos dão o modelo supremo do sábio estoico no caráter de Sócrates. Depois, é claro, há os próprios estoicos. Eu recomendaria começar com Epicteto, que é o mais claro e de certa maneira o mais firme: "Se você quer que seus filhos, sua mulher e seus amigos vivam para sempre, você é estúpido."[10] Depois dessa revigorante dose de estoicismo, volte sua atenção para Sêneca, mais suave, que diz algumas coisas tranquilizadoras, como "Há uma moderação saudável no vinho, assim como na liberdade. Acredita-se que Sólon e Arcesilau eram dados ao vinho; e Catão foi reprovado por sua embriaguez. Mais facilmente se fará honesto esse crime do que Catão desonroso."[11]

Medite pela manhã

Uma das mais importantes disciplinas estoicas envolve a contemplação regular do que o amedronta. Envolva-se toda manhã no que Sêneca chama de *praemeditatio*: imagine as coisas que você teme que aconteçam em algum momento no dia que se inicia – sua caneta favorita se quebra, seu carro é roubado, você é despedido do seu emprego, uma pessoa amada é diagnosticada com câncer e assim por diante. Pois essas coisas são partes reais dos jogos que você está escolhendo jogar se decidir sair da cama. Marco Aurélio aconselha: "Diga a si mesmo de manhã cedo: hoje encontrarei um ingrato, um arrogante, um trapaceiro, um invejoso. Tudo isso lhes advém da ignorância do bem e do mal."[12]

Talvez você esteja pensando: "Se ser feliz implica passar o café da manhã imaginando seu melhor amigo morrendo de câncer, não, muito obrigado." Mas visualizar o que tememos não é simplesmente pensar sobre coisas ruins para que não nos surpreendam quando acontecerem, e tampouco acredito que essa seja a receita para um humor soturno. Se de manhã você imaginar em vívidos detalhes a morte de seu amigo, e à tarde você se encontrar com ele, como vai se sentir e agir? Não sentiria uma espécie de gratidão? Não estaria menos propenso a desperdiçar o tempo que passarão juntos? Compare isso com o modo como você se sentiria sem a prática estoica. Longe de nos deprimir, a confrontação de nossos medos tende a nos tornar mais gratos por tudo que nos é dado. É quando você dá o seu amigo como certo, supondo que têm um tempo infinito para desfrutar juntos, que você vive mal e é incapaz de enfrentar a morte, a sua própria ou a dos outros.

A propósito, se o seu amigo morrer, os estoicos não estão pedindo que responda: "Isso não é nada grave: eu sempre soube que iria acontecer." Como diz Sêneca, "a natureza requer de nós alguma dor, embora mais do que isso seja resultado de vaidade. Mas nunca lhes pedirei de maneira alguma que não se entristeçam".[13] Sofrer é algo complexo. Grande parte de nosso sofrimento com a morte de alguém é egoísta, um sentimento de "não mereço isso; quero mais tempo com meu amigo; a vida é tão injusta".

Imagine se eu lhe emprestasse um livro e dissesse: "Pode ir ficando com ele, mas vou precisar tê-lo de volta em algum momento." Se nos encontramos três semanas depois e eu lhe digo que preciso que me devolva o livro, não seria absurdo você se agarrar a ele e lamentar "Não mereço isso; quero mais tempo com ele e esperava que fosse ser assim; por que está sendo tão injusto?"? Como os estoicos ressaltam, essa é precisamente a situação em que estamos com todas as pessoas e todas as coisas que amamos: elas nos foram emprestadas por um período de tempo indeterminado. Cabe-nos mimá-las enquanto temos tempo e sermos gratos quando chega a hora de abrir mão delas. Qualquer dor que reste após a vaidade ter sido extirpada é admirável e boa. Só depois que progredimos de forma significativa em direção ao ideal estoico é que podemos realmente prestar homenagem a alguém que nos deixou e sentir o pesar natural que é simbolizado em nossos rituais de despedida. Sofrer por nós mesmos quando outra pessoa morre não é nada de que devamos nos orgulhar.

Comece com pouco

Ser capaz de aceitar com graça a morte de um ente querido é difícil – concordo. Os estoicos raramente afirmavam serem capazes de fazê-lo. Assim como genuínos cristãos se esforçam para ser como Jesus, os estoicos se esforçam para ser como o sábio estoico. (Quando em dúvida, diz Epicteto, pergunte a si mesmo: "O que Sócrates faria?") Mas assim como a maioria dos cristãos está longe de ser capaz de assumir a cruz, assim também poucos estoicos estão plenamente realizados em seu estoicismo. O conselho prático subsequente é que o estoico iniciante deveria começar com pouco. Você ainda não é capaz de erguer as coisas pesadas, mas podemos trabalhar com pesos leves, que, de todo modo, em geral são a única coisa que temos de enfrentar. O que atormenta nossos dias raramente é o roubo e a morte; o mais das vezes é uma caneca quebrada, o comentário mordaz de um parente – coisas que todos nós temos força mental o bastante para aceitar, se nos esforçarmos. Quando a caneca quebrar, diga: "É só uma caneca:

eu sabia que ela não duraria para sempre." Diga a si mesmo antes de visitar seus parentes que não permitirá que eles controlem as suas emoções; prepare-se para transcender todas as mesquinharias.

Preste atenção

Desligue o piloto automático e preste atenção ao que está fazendo e por quê. Precisamos sempre lembrar que estamos nos candidatando à vida que estamos levando. Onde for possível, candidate-se ao que é verdadeiramente significativo. Mas procure descobrir o significado de *qualquer* atividade de que participar. Lembre-se de que tudo à sua volta é a majestade da natureza e o mistério da humanidade, e de que você tem o poder de se controlar em todas as áreas da vida. Trate os momentos difíceis como boas oportunidades de progredir. Como diz Marco Aurélio nas *Meditações*: "Em toda parte e em todos os momentos, depende de você aceitar piamente a sua condição presente e conduzir-se com justiça para com as pessoas presentes, e ter cuidado com as suas ideias presentes, de modo que nada se imiscua nelas sem exame."[14]

Tenha senso de humor

Não fique magoado ou ofendido quando as pessoas agem mal, ou aborrecido quando as coisas não são como você quer. Em vez disso, ria da divergência entre nossas ideias humanas e o modo como a realidade se desenrola. Aliás, você deveria rir também quando as coisas – milagre dos milagres – acontecem como você quer. Epicteto diz: "Se [um filósofo] é elogiado, ele ri consigo mesmo da pessoa que o elogia."[15] O verdadeiro sábio estoico está provavelmente acima da necessidade de humor, pois em seu caso não haveria divergência entre a maneira como as coisas se passam e a vontade dele. Mas, até alcançarmos essas alturas elevadas, o riso é uma boa maneira de transcender tudo o que nos constrange.

Meu orientador, o dr. Donald Philip Verene, ensinou-me a encarar a vida como um incessante circo, em que colegas e até completos estranhos atuam como aberrações e palhaços, de graça. Como diz Sêneca:

> Deveríamos tratar todas as coisas como pouco importantes e suportá-las com tolerância: é mais civilizado rir da vida do que lamentá-la. Tenha em mente também que merece mais da raça humana aquele que ri dela do que aquele que se lastima por causa dela; pois um lhe concede uma moderada perspectiva de esperança, ao passo que o outro lamenta estupidamente em razão de coisas que não pode ter esperança de ver corrigidas. E no fim das contas não refrear o riso assinala um espírito maior do que não refrear as lágrimas, pois o riso expressa o mais suave de nossos sentimentos, e considera que nada é grande ou sério ou mesmo péssimo em todos os paramentos de nossa existência.[16]

Recapitule à noite

No fim do dia, examine o que você realizou e não realizou. Sêneca recomenda perguntar: "Que indisposição sua foi curada hoje? A que pontos fracos você resistiu? Onde você pode melhorar?"[17] Isso não é diferente do que os bons lojistas fazem de tempos em tempos, se perguntando onde poderiam ter feito melhor, como poderiam cortar custos ou aumentar a produtividade. Se você de alguma maneira falhou, está causando dano a si mesmo. O objetivo é o oposto da culpa religiosa, que os estoicos considerariam uma desculpa tola: simplesmente mude o que está fazendo ou, se descobrir que está comprometido com o que está fazendo, mude sua meta. O objetivo da recapitulação noturna é fazer uma reflexão honesta sobre aquilo em que você acredita, e em última análise o autoaperfeiçoamento.

Após o exame, a famosa prece da serenidade de Reinhold Niebuhr poderia vir a calhar, pelo menos a parte que diz: "Deus, dá-nos a graça de aceitar com serenidade as coisas que não podem ser mudadas, coragem para mudar as que devem ser mudadas e sabedoria para distinguir umas das outras."¹⁸ Ou você poderia pensar em fazer a prece que Epicteto recomenda com tanto entusiasmo:

> Conduzi-me, Zeus, e vós também, Destino,
> Para onde quer que eu esteja por vós designado.
> Seguirei sem hesitação.
> E ainda que eu não deseje,
> Porque sou mau, seguirei de qualquer maneira.¹⁹

Essencialmente a prece do cão para a biga.

A QUEIXA MAIS COMUM sobre o estoicismo é que ele parece exigir uma relação completamente passiva com a vida. Precisamos nos indispor com o que acontece, dizem eles, para tornar o mundo um lugar melhor. Não deveríamos ficar parados enquanto o mundo desmorona, dando de ombros, "Ah bem, o que eu posso fazer em relação a isso?". A versão mais veemente dessa crítica foi feita por um corpulento aluno meu chamado Robert, um praticante de luta livre que não tinha falado em classe até chegarmos aos estoicos. Ele levantou a mão e declarou que é absolutamente crucial para ele jamais tolerar suas derrotas, porque sua raiva de si mesmo e dos lutadores que o derrotam é necessária para seu autoaperfeiçoamento. Perdedores é que aceitam a derrota.

A ideia de Robert é similar à de Aristóteles, que descreve a raiva como um "desejo acompanhado de dor, de uma manifesta vingança por uma manifesta desfeita nas mãos de homens que não têm nenhum motivo para desrespeitar a pessoa ou seus amigos ... Ela deve sempre ser acompanhada de algum prazer – aquele que surge da expectativa da vingança."²⁰ Contanto que seja apropriadamente dirigida, a raiva é saudável e útil, segundo Robert e Aristóteles.

Devo logo dizer que os grandes estoicos foram tudo menos passivos em suas vidas. Sêneca, o mais suave de todos eles, foi tutor do imperador, senador, um dos maiores dramaturgos de Roma e um financista que fez fortuna. Será que palavras como "passivo" ou "indolente" seriam apropriadas para descrever Marco Aurélio, que governou vigorosamente todo um império, comandou um vasto exército e presidiu o que o magistral historiador Edward Gibbon descreve como "o período na história do mundo em que as condições da raça humana foram mais felizes e prósperas"?[21]

Os estoicos acreditam que os lutadores deveriam trabalhar para fazer o melhor possível ao lutar – e todos nós somos lutadores. Como diz o imperador: "A arte de viver se assemelha mais à luta que à dança", ou "Um lutador na mais nobre luta, indomável pelas paixões".[22] Ou como Epicteto expressa: "São as dificuldades que mostram o que os homens são. Assim, quando lhe sobrevier uma dificuldade, lembre-se de que Deus, como um treinador físico, o emparelhou com um jovem vigoroso."[23] De toda forma, quando você escolhe ser um lutador, está escolhendo envolver-se num esporte de ganhar e perder. É desperdício de energia, afirmam os estoicos, ficar irritado com a própria derrota. Se sua derrota resultou de perder peso depressa demais, cometer um erro tolo, não dar tudo que podia na luta ou não ter se preparado, você deveria decidir se aprimorar. Se, ao contrário, você lutou o melhor que podia e ainda assim perdeu, que razão há para ficar contrariado? Se, para você, participar da luta depende da vitória, os estoicos afirmam que você está sendo infantil. A raiva, se quisermos chamá-la assim, é apropriada quando dirigida a algo que você pode mudar – isto é, o que você está disposto a fazer; mas, depois que perdeu, a única opção que lhe resta é aceitar o fato ou ser arrastado.

Qualquer coisa válida de ser feita também é válida de fracassarmos nela. Na verdade, o teste que deveríamos usar para reconhecer o que os estoicos chamam de nosso dever é perguntar a respeito de qualquer esforço: será que isso é válido de ser feito mesmo que nosso máximo empenho para fazê-lo venha a resultar em fracasso? Em caso positivo, é isso que você está destinado a fazer nesta vida. Se sua participação numa atividade depende de ser bem-sucedido, ela não é o seu destino. Você não deveria ir para a luta pensando: "Vou fazer isso para ser um campeão nacional." Deveria perguntar a si mesmo: "Valeria a pena dedicar a isso todos os meus esforços, ainda que eu perca minha luta mais importante?" (Por acaso sou um ex-lutador, e um velho fã de luta livre; por isso Robert e eu entramos numa longa discussão depois da aula sobre a famosa derrota de nosso herói Dan Gable na competição final de seu último ano no College, a única que havia sofrido até então. Robert afirmou que foi a recusa de Gable a aceitar a derrota que o levou à sua ilustre carreira como atleta olímpico e técnico.) Em vez de lutar por uma medalha de ouro, os estoicos recomendam que lutemos para sermos o melhor que pudermos. (Talvez eu não devesse revelar o segredo, mas acho que o lutador estoico é o que tem maior probabilidade de levar o ouro.)

Se seguimos a lógica do estoicismo até sua conclusão natural, chegamos à surpreendente ideia de que um ser humano poderia ser feliz mesmo enquanto está sendo torturado. Nossos corpos, afinal de contas, não dependem de nós. O sábio estoico – reconhecidamente raro – deveria ser capaz de dizer: "Você pode torturar meu corpo, mas não pode me fazer mal. Somente eu posso fazer mal a mim mesmo." À primeira vista, a ideia de que a felicidade é compatível com a tortura parece a muitas pessoas um fator decisivo para não embarcar no estoicismo. Se felicidade é tortura, talvez devamos nos aferrar às nossas vidas "infelizes".

As verdadeiras vítimas de tortura provavelmente são as que veem o estoicismo com mais simpatia. Há um maravilhoso ensaio intitulado "Courage Under Fire: Testing Epictetus's Doctrines in a Laboratory of Human Behavior", da autoria de James Bond Stockdale (provavelmente mais conhecido como o companheiro de chapa de Ross Perot nas eleições presidenciais de 1992, aquele que vagou sem propósito durante o debate entre os vice-presidentes, matutando: "Por que estou aqui?"). O ensaio é em grande parte sobre a experiência de Stockdale como um piloto de caça que em sua segunda missão foi derrubado no Vietnã do Norte. Ele desceu de paraquedas no território inimigo e passou seis anos num campo de prisioneiros, dois dos quais com grilhões nas pernas e quatro em confinamento solitário. Foi brutalmente torturado quinze vezes. Ao ser libertado, não era um homem destruído. Na verdade, ele cita Aleksandr Soljenítsjn com simpatia: "Abençoada sejas, prisão, por ter sido parte de minha vida."[24] Ele atribui isso à sorte de ter estudado a filosofia de Epicteto no curso "Filosofia 6: Os problemas do bem e do mal", com o professor Philip Rhinelander, na Stanford University.

A *misteriosa liberdade do estoico*   103

Stockdale comenta com sua própria experiência a famosa ideia de Epicteto do que não depende de nós:

> Para iniciantes, tomemos "sua posição na sociedade". Enquanto caio na direção daquela cidadezinha em minha breve viagem de paraquedas, estou prestes a aprender como meu controle sobre minha posição na sociedade é desprezível. Ela não depende inteiramente de mim. Vou passar agora mesmo da situação de líder de mais de cem pilotos e mil homens e, Deus sabe, todo tipo de status simbólico e boa vontade, à de um objeto de desprezo. Serei conhecido como um "criminoso". Mas isso não é metade da revelação que é compreender a sua própria fragilidade – que você pode ser reduzido por vento e chuva e gelo e água do mar ou homens a um trapo desamparado e soluçante – incapaz sequer de controlar seu próprio intestino – numa questão de minutos. E, mais do que isso, você vai enfrentar fragilidades que nunca antes se permitiu acreditar que poderia ter – como que, agitado ao ser amarrado com cordas apertadas como torniquetes, com cuidado, por um profissional, mãos para trás, o corpo dobrado e jogado para a frente e para baixo em direção aos tornozelos imobilizados em alças presas a uma barra de ferro, depois de meros minutos, com o ataque da ansiedade, sabendo que a circulação da parte superior do seu corpo foi interrompida e sentindo a dor induzida cada vez maior e a crescente aproximação da claustrofobia, você pode ser levado a deixar escapar respostas, por vezes respostas corretas, para perguntas sobre qualquer coisa que eles queiram saber.[25]

Não é que o estoico Stockdale fosse capaz de assobiar alegremente enquanto lhe quebravam os ossos, mas ele de fato descobriu que era capaz de treinar a si próprio para manter a dignidade mesmo nos mais sombrios buracos de depravação humana, sussurrando para si mesmo: "Controle o medo, controle a culpa, controle o medo, controle a culpa." A tortura do corpo é apenas a maneira mais eficiente de quebrar a alma. Na solitária após ser torturado, "o que nós [Stockdale e seus colegas prisioneiros] realmente contemplávamos era o que até o mais despreocupado americano via como sua traição de si mesmo e de tudo o que representava. Foi ali que aprendi o que 'Dano Estoico' significava. Um ombro quebrado, um osso quebrado em minhas costas, uma perna quebrada duas vezes não eram nada em comparação a isso."²⁶

Na condição de oficial superior, o almirante Stockdale era responsável por todos os soldados americanos no campo. Ele eliminou as ordens habituais (por exemplo, não dizer nada além de "nome, posto, coluna e data de nascimento"), emitindo em vez disso a ordem BACK US, um acrônimo que significava "não se curve [Bow] em público; evite a presunção [Air]; não admita nenhum crime [Crimes]; nunca lhes diga adeus [Kiss goodbye]. 'US' podia ser interpretado como Estados Unidos, mas na verdade significava 'unidade [Unity] acima de si mesmo [Self]'."²⁷

Após quatro anos em confinamento solitário, o almirante Stockdale foi pego com um bilhete incriminador (ele já havia promovido um motim para libertar seus colegas prisioneiros dos grilhões nas pernas – não precisamos mais falar da passividade estoica). Sua experiência lhe ensinara que a tortura extrema acabaria extraindo dele qualquer informação que possuía. Assim, como "até uma criança sabe quando parar de brincar", ele tirou proveito de um momento sozinho numa sala de interrogatório para quebrar uma janela e cortar os pulsos com um caco de vidro. Como sua esposa naquela mesma semana estivera em Paris reclamando tratamento humano para prisioneiros, os norte-vietnamitas temeram as consequências internacionais de deixá-lo morrer. Chamaram um médico e salvaram-no na última hora. Quando Stockdale voltou com suas ataduras para a cela, um colega prisioneiro indicou-lhe de maneira discreta que havia um bilhete num esconderijo, o qual ele apanhou disfarçadamente e leu mais tarde naquela noite. Seu amigo tinha escrito com fezes de rato numa folha de papel higiênico o último verso de "Invictus", o poema de Ernest Henley:

Não importa quão estreito é o portão,
Quanta punição o pergaminho carrega,
Eu sou o senhor do meu destino:
Eu sou o capitão da minha alma.*

---

* "It matters not how strait is the gate,/ How charged with punishment the scroll,/ I am the master of my fate:/ I am the captain of my soul." (N.T.)

O QUE É FELICIDADE? Não é, segundo os estoicos, um humor alegre. Podemos evitar a tortura, o câncer e a morte prematura. Podemos buscar riquezas, a embriaguez e a amizade. Mas a verdadeira felicidade é algo mais profundo do que ter a sorte de gozar de um belo estado de coisas. É a dignidade de dominar a abençoada dádiva da mente. É a tranquilidade. É uma capacidade de resistir sob as mais difíceis circunstâncias. É a sensação profundamente satisfatória de fazer o que deveríamos estar fazendo. O herói de Stockdale, Epicteto, chama isso de liberdade.

As reflexões de Epicteto sobre a liberdade são especialmente comoventes, pois no início de sua adolescência, no século I, ele foi escravizado e transportado para Roma. Seu senhor o maltratou horrivelmente, em certo momento destroçando sua rótula por diversão e deixando-o aleijado para sempre. Em Roma, Epicteto foi vendido a baixo preço para Epafrodito, secretário do próprio Nero – o imperador que se ocupava representando, conduzindo bigas, tocando música, entregando-se à devassidão, incendiando Roma, fazendo os cristãos de bodes expiatórios e assassinando membros da própria família. Curiosamente, o senhor de Epicteto foi aquele que pôs fim ao reinado de Nero, ajudando o covarde imperador a cortar a própria garganta. Epafrodito, depois de se atrapalhar em seu próprio suicídio, foi banido e por fim executado. Epicteto foi perdido na confusão, e usou sua recém-conquistada liberdade para assistir a palestras sobre estoicismo, tornando-se aprendiz do estoico Musônio Rufo. Após dez anos de estudo, tornou-se digno do nome filósofo.

É portanto com a experiência de ter sido torturado e vendido, e de ter gozado da liberdade de estudar filosofia, que ele considera a verdadeira natureza da liberdade. O coxo Epicteto afirma que a única pessoa capaz de subjugar você é... você. Isso acontece o tempo todo. Nós nos subjugamos a uma caneca quando ela quebra, dando nossas emoções a troco de nada por alguns gramas de cerâmica. Subjugamo-nos a motoristas que nos fecham no trânsito, colegas que nos alfinetam, parentes, ruídos aleatórios, alunos atrasados, nuvens passageiras, um romano cruel. É mais uma técnica estoica dizer, quando as coisas nos perturbam: "Decidi agora vender minha alma a esta caneca quebrada, este ruído aleatório, este idiota." Há uma fábula de Hegel conhecida como a dialética do senhor e do escravo. Ela culmina com a compreensão pelo escravo de que a única coisa que o senhor é capaz de fazer é distribuir ordens a todos à sua volta. O escravo é capaz de fazer todas as outras coisas. Assim que compreende isso, ele deixa de ser um escravo. Marx gostava muito dessa história.

Um grande poeta turco do século XX chamado Nazim Hikmet passou anos na prisão por suas atividades políticas marxistas. Um breve poema que ele escreveu, na forma de uma carta para sua mulher, expressa de forma cristalina o conceito de liberdade de Epicteto:

> Eles nos fizeram prisioneiros,
> eles nos trancaram:
> eu dentro das paredes,
> tu do lado de fora.
> Mas isso não é nada.
> O pior
> é quando as pessoas – sabendo ou não –
> carregam a prisão dentro de si mesmas...
> A maioria das pessoas está nessa posição,
> honestas, trabalhadoras, gente boa
> que deveria ser amada tanto quanto eu te amo...[28]

Interlúdio sobre vinho e bicicletas

> Não se fica bêbado com os rótulos das garrafas.
>
> Paul Valéry

UMA POSIÇÃO DEFENSIVA sobre a felicidade é proposta por Sexto Empírico, para quem o verdadeiro impedimento à felicidade humana é a própria filosofia. É nossa ideia sobre a felicidade que nos impede de sermos felizes algum dia! É tentar que nos impede de ter sucesso! Numa série de livros cujos títulos se iniciam todos com a palavra "contra", Sexto Empírico se ocupa de refutar toda pretensão possível ao conhecimento, na esperança de que acabemos nos cansando de filosofar e retornemos à música irrefletida da vida comum, em que podemos ser felizes sem luta e esforço.

Não precisamos ir tão longe para nos perguntar se alguma teoria da felicidade é completa. Alguns pensadores romanos – mais notoriamente Cícero – adotam a posição do ecletismo, pegando um pouco do melhor de todas as escolas filosóficas. Do ceticismo eles tomam a ideia de que nenhuma teoria é definitiva; do epicurismo, a ideia de que, sob condições favoráveis, deveríamos perseguir uma medida razoável de prazer; do estoicismo, a ideia de que condições favoráveis não duram para sempre, e deveríamos nos preparar para manter nossa dignidade. Em suma, epicurismo quando você pode, estoicismo quando deve e um pouco de ceticismo sempre.

Quer o ecletismo seja coerente ou não, penso que ele mantém o espírito das escolas que combina. Epicurismo e estoicismo destinam-se a ser úteis ferramentas mentais para a condução de uma vida significativa, satisfatória. Se não funcionarem, não os use. Não deveríamos nos preocupar em ser estoicos, deveríamos nos preocupar em viver bem. A filosofia é uma prática em primeiro lugar e uma teoria em segundo. Na antiga tradição grega, não se trata tanto de estar certo, mas de ser feliz. Alfred North Whitehead provavelmente tem razão – e decerto é interessante – ao dizer: "Importa mais que uma proposição seja interessante do que verdadeira. ... Mas é claro que uma proposição verdadeira tem maior probabilidade de ser interessante do que uma falsa."[1] Para os antigos – para você e para mim também –, o que torna uma proposição interessante é sua capacidade de estimular o espírito, de melhorar nossas vidas.

A MAIS INQUESTIONÁVEL conclusão indutiva – que temos de morrer – é verdadeira e legitimamente perturbadora se nos damos conta de que não estamos vivendo de acordo com nossos valores. Será que a vida boa é algo que está mais adiante no caminho, algo em que vamos começar a trabalhar *manãna*? Ou será que é a vida que encontramos e com a qual estamos comprometidos agora mesmo?

Certa vez, eu estava discutindo respostas sobre como os alunos iriam passar seu último ano de vida. Notei uma piscadela nos olhos de Kimberly Gress, outra de minhas excelentes alunas "não tradicionais", com cabelo ligeiramente grisalho cortado bem curto, embora ainda relativamente jovem e em excelente forma física. Algumas semanas mais tarde, depois da aula, ela se aproximou de mim, porque eu havia mencionado que tinha um fraco por vinho. Ela também era uma espécie de *connaisseur*, e nossa conversa revelou que tínhamos avaliações semelhantes sobre as garrafas que tínhamos em comum.

Conversar sobre vinho é quase tão bom quanto tomá-lo e tem um efeito similar sobre a língua. Por isso perguntei por que ela tinha piscado quando eu perguntara o que as pessoas fariam se lhes fosse dado um ano para viver. Com um meio sorriso, ela me disse que estivera praticamente nessa situação. Alguns anos antes, ela fora diagnosticada com miastenia grave, uma doença neuromuscular muito rara – "o caso mais agressivo já visto", segundo os médicos. Eles lhe disseram que não havia muito que pudessem fazer.

Kimberly finalmente se decidiu, explicou ela, a tomar o problema nas próprias mãos, procurando práticas alternativas à ingestão dos remédios prescritos pelos médicos. Acima de tudo, ela voltou a se concentrar no que achava mais bonito na vida. Ela gostava de vinho; assim, adquiriu o hábito de saborear alguns copos à noite. Gostava de andar de bicicleta; assim, lançou-se no mundo do ciclismo. Tinha desejo de aprender mais – e nunca tinha terminado a faculdade; assim, decidiu voltar à escola e estudar todos os assuntos que lhe agradassem. Para ela, epicurismo e estoicismo eram simplesmente a lógica de viver. Você busca o que lhe traz verdadeiro prazer. Faz tudo que pode para melhorar seu corpo, mas aceita as limitações finais da existência carnal. Você se compromete com o que ama. Persegue o conhecimento para se aprofundar. Ela citou Descartes para mim – "Penso, logo existo" – como se para dizer "Como eu ouço o que as pessoas têm a dizer e tento compreender o mundo à minha vida volta, levo uma existência significativa".

Após suas aulas comigo, Kimberly se mudou para Boulder a fim de andar de bicicleta nas Montanhas Rochosas, auxiliar o US Women's Cycling Development Program, estudar mais ("acho que talvez eu vá ser uma estudante não tradicional para sempre"), beber vinho, assistir regularmente às apresentações da orquestra sinfônica e trabalhar no Boulder Center for Sports Medicine. Ela descobriu uma maneira de ter um corpo sadio e uma mente sã, de ganhar a vida fazendo algo em que acredita, de adornar seus dias e noites com música, filosofia e vinho. Em certo sentido, nada de extraordinário. No entanto, uma vida como a dela me parece miraculosa: uma demonstração de raríssima sanidade da alma.

Há em Kimberly uma calma sobrenatural. Quando conversei com ela pela última vez, ela me disse que precisara tirar uma licença do emprego porque estava se submetendo a sessões de quimioterapia. "Se pensarmos que eu estava sendo tratada como doente terminal no verão passado", ela piscou, "eu diria que as coisas parecem estar melhorando – não que algum dia tenham parecido ruins. Em pouco tempo vou estar correndo em minha bicicleta de novo, com certeza!" O único sinal que já vi de sua miastenia grave é a maneira como ela fala, movendo só um lado da boca, e ela tem um sorriso interessante – algo entre a esfinge e a Mona Lisa, como se soubesse de alguma coisa que todos os outros deveriam saber, mas não sabem.

PARTE 3

O conhecimento de Deus é possível?

> Nós vos agradecemos, Pai, por essas estranhas mentes que nos seduzem contra vós.*
>
> EMILY DICKINSON

VOCÊ NÃO FICA INDIGNADO com a simonia? Que tipo de políticas você apoia para controlá-la? É, por exemplo, um proponente do Segundo Conselho Plenário de Baltimore?

Mudando de assunto, você tem alguma opinião sobre o sistema nacional americano de assistência médica? Alguma vez já ficou desgostoso com uma conta hospitalar? Tem alguma opinião sobre medicina socializada? Está ciente de que o governo americano aprovou recentemente algumas leis relacionadas à assistência médica?

O que eu quero dizer é que, numa era em que as coisas espirituais são o foco central da sociedade, a assistência médica é deixada aos charlatões, e o grande debate diz respeito ao papel que o dinheiro deveria desempenhar na vida religiosa (simonia, diga-se de passagem, é o pecado de pagar por coisas espirituais; era uma grande preocupação da Idade Média); já em nossa era, a situação está invertida: a vida espiritual costuma ser deixada aos charlatões, e debatemos se as pessoas têm direito à assistência médica. Assim, meus alunos mais velhos criados dentro de uma tradição religiosa são mais propensos a ser investigadores do que os de dezoito anos criados

---

* Tradução livre de *"We thank thee, Father, for these strange minds that enamor us against thee"*. (N.T.)

sem religião. Os ateus, pelo menos nos estágios iniciais da vida, têm mais facilidade em conciliar sua fé de que não há Deus com nossa sociedade de democracia, consumo, tecnologia e ciência.

Fiquei tão encantado com a franqueza de um desses investigadores que anotei algumas de suas reflexões em meu diário. "Lembro-me de ir a festas", disse-me Crystal certa vez, "e ver adolescentes da minha turma fazendo coisas tanto imorais quanto contrárias a uma concepção cristã. Depois eu os via na igreja pregando exatamente contra as coisas que faziam nas festas. Eu também detestava a tática de intimidação que usavam para fazer as pessoas aceitarem Jesus. Eles contavam as histórias mais dolorosas, e depois, se isso não funcionasse, usavam descrições do Inferno. Eles perguntavam: 'Para onde você iria se morresse agora?' E eu simplesmente não conseguia mais suportar isso!" A encantadora tese de uma de suas dissertações foi: "A religião consiste em tradições e cerimônias inúteis que você pratica por precaução, caso haja um Deus."

Se você passou por sua formação religiosa sem suportar hipocrisias, caricaturas de bondade e maldade e táticas de intimidação em tudo opostas à mensagem de seu profeta, considere-se sortudo. Lamentavelmente, não conheço nenhuma grande instituição, seja qual for a sua posição sobre o sobrenatural, que não cometa exatamente os mesmos pecados. Mas, por razões que é divertido imaginar, hoje em dia pessoas como Crystal acham que podem viver perfeitamente bem sem "cerimônias e tradições inúteis", sentindo-se confusas apenas quando se casam ou alguém morre.

Ainda assim, é difícil até para o mais ardoroso ateu não se perguntar se não há alguma verdade na religião. Uma pessoa suficientemente distraída, de boa aparência, com dezoito anos e no burburinho e alarido da juventude, pode muitas vezes dançar acima do espanto e do terror que estão nas raízes da religião. Mas torna-se cada vez mais difícil fazer isso à medida que a idade nos força a confrontar a estranheza do tempo, a fragilidade do corpo, a grandeza do universo e o sorvedouro do buraco negro da morte. Além disso, durante quase toda a nossa história, nós, seres humanos, vivemos tendo algum relacionamento formal com a divindade. Há um poema de Czesław Miłosz ("Ou-ou") em que ele diz:

Se um pobre e degenerado animal
Pôde chegar tão longe em suas fantasias
E povoou o ar com seres radiantes,
Abismos rochosos com multidões de demônios,
As consequências disso devem mesmo ser sérias.
Deveríamos partir e proclamar sem cessar
E lembrar as pessoas a cada passo do que somos:
Que nossa capacidade para nos iludirmos não tem limites
E que qualquer um que acredite em alguma coisa está errado.[1]

Um grande "se". Será que aqueles que se livraram de se incomodar com o divino terão corrigido vários milênios de ilusão em massa? Ou será possível, como sugere Miłosz, que eles tenham dado um passo fatal na direção errada? O que a tradição da filosofia tem a dizer a Crystal sobre encontrar Deus?

5. O êxtase sem nome

> Objetou-se contra ele que ele nunca havia experimentado o amor. Depois do que ele se ergueu, deixou a sociedade e fez questão de não retornar a ela até considerar que havia corrigido o defeito. "Agora", observou ao entrar, "agora estou em condições de continuar a discussão."
>
> Robert Louis Stevenson

Antes daquele momento fatídico no parquinho, a crença no Papai Noel é a maior das certezas. Todas as pessoas no mundo – assim parece à criança crédula – falam das renas e do mistério dos presentes. Além disso, novas evidências aparecem em milhares de casas toda manhã de Natal: surgem presentes embrulhados em papel desconhecido, o leite foi bebido, os biscoitos estão mordiscados, chegou uma carta com uma caligrafia curiosa, há marcas de casco em açúcar. Não é que as crianças avaliaram os dados disponíveis e chegaram à crença: o Papai Noel é simplesmente uma característica do mundo, como computadores e o sol. O que acontece quando o crédulo é informado por um amiguinho de que o Papai Noel não existe? Certa vez, quando fiz essa pergunta à minha classe, um aluno grandalhão com uma amargura de congelar o riso respondeu: "Eu deixei o babaca com o olho roxo e fui suspenso."

Depois que o babaca no parquinho dá a notícia, o crédulo não deixa de acreditar, mas desenvolve uma relação problemática com o Papai Noel. Como é possível que um colega de classe aparentemente sensato pense qualquer outra coisa senão o óbvio? O que está acontecendo de verdade?

Dar uma surra no garoto faz algum sentido: melhor simplesmente silenciar o problema. Mas inevitavelmente o crédulo em crise precisa pensar num método para descobrir a verdade, o que em geral envolve perguntar à mamãe ou ao papai, a fonte das verdades eternas, embora eu suponha que uma criança mais empreendedora poderia instalar uma câmera escondida na árvore de Natal. De qualquer maneira, a verdade deve surgir. Quando pergunto a meus alunos se vale a pena para os pais perpetuar o mito do Papai Noel, quase todos aqueles que um dia acreditaram nele acham que sim, e os que nunca acreditaram acham que não. Mamãe e papai continuam sendo a fonte das verdades eternas.

A experiência do Papai-Noel-não-existe leva ao que poderíamos chamar de uma crise epistemológica: uma crise na ordem do conhecimento. Apesar do nome incomum, crises epistemológicas são comuns feito capim. Elas ocorrem sempre que percebemos que o que consideramos natural não é o que outra pessoa toma por natural. Nosso primeiro pensamento é em geral que a outra pessoa deve ser algum selvagem – e talvez precise ser dominada fisicamente. Mas, se tivermos um mínimo de sensibilidade, acabamos por compreender que da perspectiva do outro somos nós os esquisitos. Como o civilizado poeta romano Ovídio foi obrigado a admitir no exílio: "Aqui sou eu o bárbaro."[1]

Meu exemplo favorito de crise epistemológica, narrado por Voltaire, diz respeito a um certo Simon Morin que, acreditando ser Jesus Cristo, foi jogado num hospício, onde encontrou outra pessoa que pensava ser Jesus. "Simon Morin ficou tão impressionado com a loucura de seu companheiro", diz Voltaire, "que admitiu a sua, e pareceu, por algum tempo, ter recobrado a razão."[2]

Quando jovem, Abu Hamid al-Ghazali experimentou sua própria crise epistemológica quando lhe ocorreu que "os filhos dos cristãos sempre cresciam abraçando o cristianismo, os filhos dos judeus sempre cresciam aderindo ao judaísmo e os filhos dos muçulmanos sempre cresciam seguindo a religião do islã".[3] O problema não é diferente daquele de Simon Morin ou do perturbado crédulo no Papai Noel! Surgem particularmente duas dificuldades. Primeiro, nossas crenças não são de fato nossas; como diz al-Ghazali, estamos amarrados por um "conformismo servil", pelo qual nossas crenças dependem do lado da rua em que nascemos. Segundo, alguém deve estar errado, e talvez sejamos nós. A salvação de nossa alma pode depender de considerarmos Jesus como o filho de Deus, um profeta de Deus ou uma perigosa distração.

É comum que as pessoas reconheçam seu conformismo servil, deem de ombros e continuem fixadas em suas crenças, como marmotas que veem a própria sombra e se enfiam de volta em seus buracos. Como Voltaire observa sobre Morin: "Algum tempo depois [de encontrar o outro 'Jesus'] ele voltou a mergulhar em sua tolice anterior e começou a dogmatizar."[4] Mas a paixão de al-Ghazali pela verdade não o deixaria ficar com uma relação infantil com sua religião. Sua notável autobiografia espiritual, *al-Munqidh min al-Dalal*, "A libertação do erro", fala de sua "audácia ao se elevar da planície do conformismo servil à região montanhosa da investigação independente".[5] Ela narra a jornada de seus magos para encontrar a verdade suprema.

Al-Ghazali nasceu por volta de 1011 no distrito de Tus – no que é hoje o norte do Irã. Perdeu o pai ainda menino. Tendo recebido por testamento uma dotação para sua futura educação, al-Ghazali fez excelente uso da herança, estudando com importantes teólogos em Nishapur e produzindo, quando jovem, compêndios sobre lei islâmica e teologia que até hoje estão em uso, segundo sei. Após seus estudos formais, tornou-se um conselheiro do vizir do rei seljúcida Malique Xá. Aos 34 anos, ocupava o mais elevado cargo educacional no Califado Abássida, reitor do madraçal em Bagdá. Ali, não demorou a produzir duas obras da máxima importância, *As intenções dos filósofos*, em que introduziu cuidadosamente as teorias dos grandes aristotélicos muçulmanos (como al-Farabi e Avicena), e depois *A incoerência dos filósofos*, em que as demoliu.

Nessa altura, al-Ghazali estava no topo do mundo. Conhecia a lei islâmica de cabo a rabo; havia publicado obras duradouras de teologia e jurisprudência; era respeitado e reverenciado; era ouvido por políticos importantes. Mas, no meio do caminho da vida, ele se viu perdido na *selva oscura* de Dante, e teve uma espécie de colapso. Ocorreu-lhe que, embora soubesse mais do que ninguém sobre a forma exterior do islã, não compreendia do que ele tratava verdadeiramente. Um muçulmano modelo segundo todas as aparências, ele encontrou em si mesmo as coisas que todos nós encontramos quando nos damos ao trabalho de olhar: ambição, desejo sexual, vaidade, ansiedade, tédio. Durante os seis meses seguintes, foi puxado em duas direções: a inércia de um estilo de vida humano manteve-o preso a seu trabalho, sua família, seu sofrimento; mas outra parte dele ansiava por mudar sua vida completamente. Por fim, ele reuniu coragem e insensatez para iniciar a viagem que narra em *A libertação do erro*.

LEMBRANDO-SE DE SUA PERTURBADORA observação de que nossos pais determinam nossas crenças, ele decide buscar um fundamento sólido para a verdade. "O que procuro é o conhecimento do verdadeiro significado das coisas", diz al-Ghazali para si mesmo, "portanto devo investigar qual é exatamente o verdadeiro significado do conhecimento."[6] Como a criança a quem foi dito que o Papai Noel não existe, ele se dá conta de que precisa de um método para determinar o que de fato está acontecendo. A estratégia que concebe é inverter nossa atitude normal. Em geral aceitamos o que nos dizem até que nos apresentem uma prova esmagadora do contrário. Nosso processo de pensamento regular assemelha-se a nosso sistema judicial: inocente até prova em contrário. Mas, para os propósitos de al-Ghazali, esse processo implica um excesso de leniência; ele praticamente assegura que nunca avançaremos muito além do conformismo servil. Al-Ghazali, buscando certeza completa, emprega o princípio oposto. Ele tentará duvidar das fontes de suas crenças, e, se uma dúvida se prender a elas, mesmo pequena, as deixará de lado até ser capaz de descobrir seu fundamento seguro. Culpado até provar-se inocente.

Existe alguma crença indubitavelmente inocente? Alguma coisa nesta vida é completamente segura? Além da morte e dos impostos, meus alunos costumam sugerir os mesmos candidatos à certeza que al-Ghazali considera. Primeiro, há certezas do tipo "meu livro está sobre a carteira", que al-Ghazali chama de dados dos sentidos. Segundo, há as belezas da matemática e da lógica, como "$2 + 2 = 4$" e "todos os homens não casados são solteiros", que al-Ghazali chama de verdades evidentes por si mesmas. As primeiras são certificadas pela experiência imediata; as segundas fluem das estruturas da razão e da linguagem. Ambas as variedades de verdade *parecem* certas, mas al-Ghazali aplica cuidadosamente seu método a elas para ver se são tão firmes quanto parecem. Será que estamos construindo sobre alicerces sólidos quando construímos sobre nossos sentidos e nossa razão?

Alguma dúvida se prende aos dados dos sentidos? Depois de refletir, al-Ghazali conclui que sim, e oferece dois exemplos corroborativos para mostrar como. Primeiro, os sentidos nos dizem que a sombra de uma árvore está imóvel, quando na verdade ela se move lentamente com o ângulo dos raios de sol. Segundo, os sentidos nos dizem que as estrelas são relativamente pequenas, mas depois de cuidadosos cálculos geométricos compreendemos que na realidade elas são enormes. A conclusão que ele extrai desses exemplos é que os dados dos sentidos não são inteiramente confiáveis.

Em ambos os casos, poderíamos afirmar que a dúvida que se prende a dados sensoriais surge apenas quando estes são usados de maneira descuidada. Um uso cuidadoso dos sentidos não iria, nos dois casos, conduzir à verdade certa? Ainda que careçam de certa medida de rigor filosófico, os exemplos que ele dá para corroborar sua conclusão contêm uma espécie de verdade poética. Primeiro, nossos sentidos nos mostram um mundo em constante movimento. Nada jamais permanece imóvel. A árvore, que parece estável exceto pela ocasional lufada de ar, está de fato num constante estado de fluxo: suas folhas estão mudando de cor, mais um anel está se materializando em seu tronco, seus galhos estão se estendendo em direção ao sol. Como podemos então compreender alguma coisa se ela muda enquanto a percebemos? Tudo é uma sombra em movimento – de uma árvore que nunca observamos completamente! Segundo, nossos sentidos são calibrados conforme nossa escala humana. Mesmo dentro das dimensões percebidas pelos sentidos há inacreditáveis camadas de turbulenta complexidade, que jamais contemplaríamos não fossem microscópios cada vez mais poderosos. Além disso, é possível que o cosmo seja ainda mais complexo do que aquilo que poderá algum dia ser observado apenas pelos sentidos. De uma perspectiva diferente (a de uma abelha, de um marciano, de um anjo, de Deus), provavelmente nos falta algum órgão de percepção decisivo. Existe uma teoria seriamente considerada por físicos contemporâneos de que o universo é mantido coeso com cordas vibrantes, objetos unidimensionais que têm comprimento, mas não altura nem profundidade. Não sei quanto a você, mas minha frágil mente já tem dificuldade o bastante para imaginar objetos tridimensionais!

Mas o que dizer das verdades evidentes por si mesmas, como $2 + 2 = 4$? Alguma dúvida se prende a elas? Para responder isso, vamos recapitular. Começamos confiando nos julgamentos de nossos pais, mas descobrimos que eles podem ser enganosos. Os sentidos pareciam ser uma fonte mais certa de verdade – "Só acredito vendo", gostamos de dizer; mas, investigando, revelou-se que nossos sentidos também podem ser enganosos –, ou pelo menos não inteiramente acessíveis. Assim como o "juiz dos sentidos" corrigiu o "juiz da autoridade" quando você viu por uma fresta da porta seus pais escrevendo um bilhete do Papai Noel, o "juiz da razão" corrigiu o juiz dos sentidos quando a questão eram coisas como o tamanho das estrelas ou o número de dimensões em que alguma coisa pode existir. Agora o candidato a ser inspecionado é a própria razão. Podemos confiar nas formulações quintessenciais da pura razão, que parecem fora de qualquer dúvida? Será a razão o juiz supremo? Nesse ponto, al-Ghazali pergunta a si mesmo se não poderia haver um juiz mais elevado que o juiz da razão, um juiz que, se aparecesse, poderia corrigir até os pronunciamentos da razão. O simples fato de não podermos imaginar que aparência teria esse juiz mais elevado não implica necessariamente que ele não poderia existir. Se há vida após a morte, imagine sua alma alada perguntando a Deus: "Eu sempre me perguntei se minha confiança em $2 + 2 = 4$ estava acima de qualquer censura. Eu estava certo pelo menos com relação aos elementos básicos da matemática? O que minha própria razão terrena me dizia sobre aritmética era uma verdade sólida, básica, de Vossa criação?" Não seria possível que o sr. Insondável respondesse com uma risadinha: "Bem, entendo por que você haveria de pensar isso, dada a estrutura da sua mente. Mas, na verdade, você precisa de uma matemática que vá muito além das verdades da sua aritmética para estruturar um universo, assim como um cientista humano precisa de uma verdade que vá muito além da ideia de que as estrelas são menores do que a lua para fazer astronomia exata"? Com sorte, você e Deus teriam também outros assuntos para discutir.

É em nome da mais rigorosa colaboração dos sentidos e da razão – a saber, a ciência – que muitas pessoas rejeitam agora a religião. A forma mais pura dessa rejeição é expressa pela pergunta: "Como você pode acreditar em Deus se nunca o viu?" Mas, se al-Ghazali estiver certo, nossos sentidos não merecem crédito para nos revelar a totalidade do universo. Mesmo com a razão mais calibrada com o maior cuidado, a mente humana não desvenda necessariamente a verdade suprema. É pelo menos possível que a história encerre mais coisas que aquilo que nossos olhos ou nossa mente alcançam. Imagine um viajante dotado de visão descobrindo uma ilha isolada de pessoas cegas. Elas ficariam perplexas com as descrições feitas pelo viajante dos matizes dos cocos e da beleza da luz do sol batendo na água, mas estariam enganadas se supusessem que centelhas e a cor marrom eram completas mentiras.

Ao mesmo tempo, como elas podem confiar nas histórias mirabolantes do viajante dotado de um sentido além dos quatro usuais? Como podemos confiar nos religiosos com suas ideias estarrecedoras de anjos e a trindade? Tudo que al-Ghazali demonstrou foi que nossas faculdades humanas são limitadas. Ele está longe de puxar a cortina sobre a realidade e testemunhar o mecanismo supremo. Trabalhou enormemente para chegar a uma página inicial da história socrática: a única coisa que ele sabe nessa altura é que não sabe nada. A religião está construída sobre a autoridade, que poderia estar errada. A ciência está construída sobre os sentidos, que poderiam estar errados. Como inicia a sua busca movido por um ardente desejo de certeza, al-Ghazali se vê agora em completo desespero. A única coisa que ele quer pode ser a única coisa que por definição não pode ter. Ele descreve seu reconhecimento da ignorância humana como uma "doença misteriosa", e torna-se um "cético com relação aos fatos, mas", tem o cuidado de acrescentar para seu público, "não à enunciação e à doutrina".[7]

Apesar disso, ele segue adiante heroicamente no caminho socrático e decide questionar aqueles que reivindicam a verdade: vários grupos religiosos e escolas filosóficas. Talvez, em seu escrutínio do conhecimento humano, tenha negligenciado um passo crucial; talvez haja alguma seita por aí que de fato conheça o segredo. Mas o que ele descobre, de maneira não surpreendente para discípulos de Sócrates, é que aqueles que afirmam possuir sabedoria estão se enganando. Grupos religiosos e filosóficos devem começar com uma fé cega em alguma fonte inquestionável de verdade. Para grupos religiosos, ela tende a ser a autoridade de alguma combinação de um livro, uma instituição e um líder. Escolas filosóficas, mesmo quando afirmam estar livres dos erros da religião, também começam com fé cega em alguma combinação de razão e dos sentidos. Nesse sentido, a religião, que enfatiza a fé, é mais honesta que as teorias da filosofia, que afirmam ser certas por si mesmas.

Depois de aceitar que prazer e dor são os guias supremos para a ação, ou que o exame rigoroso dos dados dos sentidos é o único caminho seguro para a verdade, ou que "as coisas não são boas nem más e é o pensamento que as faz assim", ou que a palavra de Deus está no Corão, ou na Bíblia, ou no Livro de Mórmon, você pode construir uma religião ou filosofia coerente. Mas por que aceitar um ponto de partida em vez de outro? É assim que al-Ghazali caracteriza profundamente a moral da história: "Deveríamos ser extremamente diligentes em perseguir a verdade até chegarmos por fim a perseguir o que não pode ser perseguido."[8] O problema é que as pessoas que buscam a verdade tomam o caminho fácil e investem em alguma fonte não questionada de verdade, quando deveriam ir até os próprios limites de sua busca. Assim como Sócrates, al-Ghazali compreende que os sábios não são tão sábios afinal de contas.

Por fim, al-Ghazali topa com um tipo muito diferente de grupo: os sufistas. Enquanto todas as outras religiões e seitas filosóficas exploradas por ele, quando indagadas sobre sua verdade central, respondem com um credo ou suas principais doutrinas, os sufis lhe dizem que, embora tenham um dogma que poderiam expor, seu princípio orientador é que aqueles que buscam devem experimentar a verdade por si mesmos. Se al-Ghazali quiser encontrar certeza, jamais bastará que seja simplesmente apresentado a uma doutrina, da qual sua mente poderia sempre duvidar. Ele deve entrar num estado de certeza.

Ele deve experimentar – à falta de uma palavra melhor – Deus. Imagine um jovem que queira saber mais sobre a embriaguez e a quem são dados panfletos das Mothers Against Drunk Driving (MADD), explicações fisiológicas de vários cientistas, material promocional da Budweiser e alguns poemas de Charles Bukowski. Por fim alguém o puxa de lado e diz: "Quer saber sobre a embriaguez? Aqui está uma garrafa de bourbon: comece a beber." Os sufis dizem que, se al-Ghazali quer encontrar certeza, deve ficar ébrio de Deus. Deixe-me tranquilizar os abstêmios religiosos informando-os de que a analogia com a embriaguez é do próprio al-Ghazali. Outra analogia que ele emprega para descrever a experiência de Deus, uma de minhas favoritas, é o sexo; ele imagina "um menino pequeno ou uma pessoa impotente" perguntando "Qual é a maneira de conhecer o prazer do intercurso sexual, e de perceber a essência de sua realidade?". Descrevê-lo, afirma al-Ghazali com razão, não será suficiente; é melhor, diz ele, "esperar com paciência".[9]

O sufismo é uma variedade islâmica do que os estudiosos da religião chamam de misticismo. Ele pode ser distinguido da religião institucional, que se refere aos tipos de islã, cristianismo e judaísmo que a maioria de nós conhece. No coração da religião institucional está a ideia de que Deus foi diretamente revelado – mas a outros: um profeta, os discípulos, Moisés. As instituições da religião – leituras do texto sagrado, preces, rituais e assim por diante – existem para conectar todos os outros, indiretamente, ao divino. Igrejas, mesquitas e templos são como agências do correio aonde as pessoas vão para trocar cartas com Deus. Formas místicas de religião, por outro lado, afirmam que é possível a você e a mim transcender essa relação a longa distância e encontrar Deus face a face.

Durante cerca de seis meses al-Ghazali mostra-se hesitante: "De manhã eu tinha um sincero desejo de buscar as coisas da vida após a morte; mas à noite as hostes da paixão atacavam esse desejo e o arrefeciam."[10] Mas por fim ele reconhece suficiente desespero em si mesmo para aceitar os sufis pelo que oferecem. Abandona família, fortuna, fama e conforto e passa dez anos submetendo-se à disciplina sufista de purificação da alma em preparação para Deus. Essa disciplina, por vezes chamada de ascetismo, é necessária para nos reorientar a partir de nossa maneira normal de estar no mundo, porque é improvável que venhamos a experimentar Deus na mercearia.

Para encurtar a história, finalmente al-Ghazali experimenta Deus, e na experiência mística de Deus ele encontra uma certeza à qual nenhuma dúvida se prende, uma certeza existencial e não intelectual. Ele descobre o que andou buscando: o fundamento supremo de tudo. Uma busca que começara elevando-se acima da religião encerra-se ficando perdida nela.

AL-GHAZALI, DEVO DIZER, não usa a expressão "experiência mística" de maneira alguma; sob grande pressão, ele chama isso de "o estado de êxtase" ou "experiência de fruição". Mesmo a palavra "estado" poderia ser enganosa. Como ele diz numa passagem maravilhosa:

> Depois o "estado" [do sufista] ascende da visão de formas e semelhanças para estágios acima do estreito âmbito das palavras: assim, se alguém tenta expressá-los, suas palavras contêm evidente erro, do qual ele não pode se defender. Mas, falando de modo geral, chega-se por fim a uma proximidade com Deus que um grupo quase concebe como "possessão", e outro como "união", e outro ainda como "abrangência": mas tudo isso está errado... Na verdade, alguém tomado intimamente por esse estado não deve ir além de dizer "Havia o que havia daquilo de que eu não falo:/ Portanto tenha-o em boa conta, e não peça nenhuma explicação!"[11]

Embora o "estado" vá além da linguagem, algumas coisas tornam-se inegavelmente claras para al-Ghazali: primeiro, Deus é real; segundo, em nosso ponto mais recôndito estamos conectados com Deus (em outras palavras, a alma é imortal); e terceiro, Deus quer alguma coisa de nós, a saber, que sejamos bons e façamos o bem. Essas são, evidentemente, as verdades comuns da religião das quais o muçulmano al-Ghazali sabia o tempo todo. Mas agora ele as conhece a partir de dentro, como se a criança pobre com o rosto colado na vitrine da padaria finalmente recebesse um aceno para entrar e comer os doces.

É interessante que al-Ghazali não especifique nada de suas práticas místicas. Quem tem um conhecimento mínimo do sufismo tende a pensar em danças rodopiantes de dervixes: girar num círculo até entrarmos em contato com a infinita vertigem chamada Deus. A ideia de experimentar o divino, sobretudo em nossa era pós-psicodélica, evoca uma espécie de "perturbação dos sentidos", para usar a expressão do poeta Rimbaud, que abre "as portas da percepção", para usar a de William Blake. Mas mesmo quando verdadeiros místicos de fato usam drogas alucinógenas, eles o fazem sob a cuidadosa orientação dos mitos e rituais de uma tradição religiosa. Ted Hughes, o grande homem de letras britânico, afirma: "A jornada [de místicos tradicionais] era empreendida como parte de um ritual elaboradamente mitologizado. Era a mitologia que consolidava o mundo interior, dava forma humana às suas experiências e as conectava com a vida cotidiana. Sem essa preparação, uma droga transporta seu usuário para uma prisão no mundo interior, tão passiva, isolada e despropositada quanto o olho da câmera de que ele escapou."[12] É verdade que al-Ghazali alude a certa quantidade de efeitos psicodélicos na prática sufi: "Mesmo quando acordados, os sufis veem os anjos e os espíritos dos profetas e ouvem vozes vindo deles."[13] Mas seu "estado de êxtase" parece algo muito diferente da percepção de uma imagem positiva de Deus: o místico "ascende da visão de formas e semelhanças a estágios acima do âmbito estreito das palavras".

Minha impressão é de que Deus, para al-Ghazali, não é uma coisa – como uma noite agradável ou canção favorita – a que possamos nos prender, nem simplesmente o alpendre da experiência. Somente depois que desiste do que sua sociedade lhe diz, do que seus sentidos lhe dizem, do que sua razão lhe diz, até do que a religião lhe diz, quando não sobra absolutamente nada, é que ele é preenchido com a plenitude de Deus – ou esvaziado com o vazio de Deus. Sim, Deus está acima dos níveis de realidade acessíveis à nossa razão e aos nossos sentidos, mas ele não é, como nossas mentes infantis tendem a imaginar, apenas Alguém maior, mais poderoso – um "Nobodaddy", para usar o esplêndido nome de Blake para nossa falsa imagem de Deus. Deus está acima, mas é também o todo, algo como uma pirâmide de taças de champanhe numa cerimônia de casamento, onde o champanhe flui de uma garrafa acima delas e no entanto rola com efervescência através de cada fileira. Penso que al-Ghazali, que explora amorosamente os "99 belos nomes de Deus", apreciaria este texto serpenteante do poeta John Donne:

> Meu Deus, meu Deus, sois um Deus direto, não posso dizer um Deus literal, um Deus que seria compreendido literalmente e segundo o sentido evidente de tudo que dizeis? Mas sois também (Senhor, penso isto para vossa glória, e não deixeis nenhum mau intérprete profano abusar disto para vossa diminuição) um Deus figurativo, metafórico; um Deus em cujas palavras há tamanha elevação de imagens, tais viagens, tais peregrinações em busca de remotas e preciosas metáforas, tamanhas extensões, tamanhas amplitudes, tais cortinas de alegorias, tais terceiros céus de hipérboles, tão harmoniosas elocuções, expressões tão recolhidas e tão reservadas, persuasões tão convincentes, mandamentos tão persuasivos, tais forças mesmo em vosso leite, e tais coisas em vossas palavras, que enquanto todos os autores profanos parecem da estirpe da serpente que se arrasta, vós sois a Pomba que voa.[14]

A disciplina sufi envolve a superação de todas as paixões que nos alienam da divindade do todo dinâmico. Uma das paixões mais profundamente alienantes é a necessidade de uma crença, a necessidade de se prender a alguma pretensão à verdade. É somente depois de ter abandonado essas pretensões que al-Ghazali é capaz de acessar a raiz suprema de todas as verdades. É somente depois que ele retorna ao puro desejo pela própria verdade, evitando todas as suas satisfações temporárias, que lhe é permitido ter seu desejo realizado. Simone Weil usa o mito esquimó da origem da luz para ilustrar a ideia: "Na escuridão eterna, o corvo, incapaz de encontrar qualquer alimento, ansiou por luz, e a Terra foi iluminada."[15] Em última análise, a real prática mística de al-Ghazali nos encara de frente. É o processo filosófico que ele próprio descreve que fertiliza o solo com ceticismo e desespero, semeia-o com o estudo de escolas religiosas e filosóficas, rega-o com a prática sufista e frutifica na descoberta de Deus pela alma. Seu alucinógeno é o pensamento filosófico.

É BEM VERDADE QUE, ao discutir a imersão no divino, estamos envolvidos com um problema que excede nossa capacidade. Construamos portanto uma analogia de dimensões um pouco mais humanas. Como diz al-Ghazali: "Talvez sua aspiração não se eleve o suficiente para estas palavras, e fique aquém de seu cume. Nesse caso, tome para si mesmo palavras mais próximas de seu entendimento e mais condizentes com sua fraqueza."[16] Comparemos a jornada de al-Ghazali, sua "libertação do erro", com o processo de enamoramento – uma analogia usada com frequência pelos próprios místicos, a qual vai tão longe que é difícil não se perguntar se não seria mais que uma analogia.

Primeiro, imagine dois tipos de pessoas que nunca se enamoraram. O primeiro tipo são os românticos, que acreditam ser possível apaixonar-se perdidamente. Em nossa analogia eles são como as pessoas religiosas que nunca experimentaram Deus. O segundo tipo são os céticos do amor, que pensam que o amor nada mais é que desejo sexual glorificado e a história fantástica dos hormônios. Eles são como os ateus.

Por vezes há uma variedade especial de romântico, um romântico sonhador, que realmente quer se apaixonar, que procura o amor em toda parte. Este é análogo ao filósofo, em nosso caso al-Ghazali (que é um filósofo – um amante da verdade – pela definição tradicional; o próprio al-Ghazali tende a falar de filosofia – *falsafa* – como escolas de pensamento racional derivadas de fontes gregas). Mas, tenho certeza de que você sabe, querer se apaixonar é uma maneira segura de não se apaixonar. Evidentemente, ocorre que muitos românticos e filósofos se enganam, convencendo-se de outra coisa. Mas quem busca o amor verdadeiro recusa tudo que não seja o amor verdadeiro e, incapaz de encontrar tal amado, acaba entrando em desespero. Dessa mesma forma, al-Ghazali é incapaz de encontrar a certeza que deseja profundamente, apesar de lhe serem dados todos os tipos de bem-apessoados candidatos à verdade.

A boa notícia é que, depois de ter abandonado toda esperança, você tem uma chance razoavelmente boa de topar com sua alma gêmea no metrô. "Na eterna escuridão, o corvo, incapaz de encontrar qualquer alimento, ansiou por luz, e a Terra foi iluminada." Em certo sentido, todas as pessoas têm a oportunidade de se enamorar, tanto crentes quanto ateus. Se Deus ou o Amor querem se tornar manifestos, eles têm o poder de derrubar qualquer um de seu cavalo. Quando você de fato se apaixona, você sabe disso, seja você quem for. Nenhuma dúvida se prende à experiência, para usar o teste decisivo de al-Ghazali. Se um amigo cético diz: "Pare de se enganar, você é apenas um animal no cio!", você pode apenas sorrir e cantar a velha canção "It Could Happen to You". Da mesma maneira, para aquelas raras almas verdadeiramente na graça de Deus, nenhuma dúvida se prende à sua ligação com o divino. Ao contrário do crente comum (ou do ateu), elas não se agarram a qualquer prova que possam encontrar para sustentar sua crença.

Assim, seja como for que isso ocorra, digamos que você se apaixonou. Você quer dizer a seu amado exatamente como se sente, por isso diz: "Eu te amo tanto, tanto, tanto. Meu amor é mais profundo que o profundo azul do mar, mais elevado que as estrelas do céu, maior do que... Deus, estou parecendo estúpido! Simplesmente não consigo pôr a experiência em palavras! Você vai ter que simplesmente tê-la em boa conta, minha querida, e não pedir nenhuma explicação!" O próprio al-Ghazali aconselha, de maneira sensata: "A fala de amantes intoxicados deveria ser escondida e não espalhada por toda parte."[17] O problema é que a experiência do amor é diferente de todas as experiências que você está acostumado a nomear. Seu amor se estende para sempre, e no entanto de alguma maneira ele está bem ali, em seus braços. E é nessa situação que se encontra al-Ghazali após a culminação de sua prática mística. Ele é incapaz de pôr em palavras uma experiência que rompe os limites da linguagem.

Talvez por ser um ser humano, você não consegue inteiramente deixar de tentar pôr sua experiência em palavras; por isso abre um livro de poemas e encontra versos como "Conversando contigo esqueço todo o tempo", de John Milton, ou estes de Alfred Tennyson:

> Mudasse com tua mudança mística, e sentisse meu sangue
> Arder com a paixão que devagar ruborizou toda
> Tua presença e teus portais, enquanto eu jazesse,

> Boca, testa, pálpebras, tornando-se orvalhadas e mornas
> Com beijos mais balsâmicos que botões entreabertos
> De abril, e pudesse ouvir os lábios que beijavam
> Sussurrando eu não sabia o que de arrebatado e doce,
> Como aquela estranha canção que ouvi Apolo cantar
> Enquanto Ílion como uma neblina se elevava em torres.

Ou de William Shakespeare, "Posso dar-te/ Sem medida, que muito mais me sobra:/ ambos são infinitos",* ou de Emily Dickinson,

> Remando no Éden,
> Ah, o mar!
> Pudesse eu apenas atracar – Esta noite –
> Em ti.[18]

E você pensa: "Como eles estão certos! É exatamente isso que eu estava tentando dizer."

Da mesma maneira, al-Ghazali abre o Corão, lê suas palavras de novo e diz: "Como ele está certo!" O "conformista servil" aceita um livro como sagrado porque uma autoridade diz que ele é sagrado. O místico o aceita porque realmente é sagrado. O Corão diz de uma maneira inspirada as mesmas verdades que se tornaram manifestas na experiência mística de al-Ghazali, exatamente como Shakespeare e companhia dão moradas e nomes locais a paixões que de outro modo parecem completamente além da linguagem. Não só Maomé teve a mesma experiência de Deus que al-Ghazali, como foi abençoado com a capacidade de expressá-la em linguagem humana. É uma bênção tão grande que só é possível falar dela como o resultado de pura inspiração, ditada pelo anjo Gabriel.

Assim como os poetas só podem falar de amor empregando metáforas, ritmo e imagens, assim também um texto sagrado só pode expressar

---

* Em tradução de Carlos Alberto Nunes, *Romeu e Julieta*, Ato II, Cena II, Rio de Janeiro, Agir, 2008. (N.T.)

Deus por meios "indiretos". Eu coloquei "indiretos" entre aspas porque penso na poesia como linguagem em seu sentido ativo, e não como uma maneira meramente decorativa de dizer o que poderia ser dito em termos simples. A poesia é tão direta quanto possível, precisamente porque contém um pouco de sinuosidade. Quando consideramos que a linguagem pode ser ou "literal" ou "apenas metafórica", estamos completamente equivocados quanto à maneira como as palavras funcionam, em especial num texto sagrado. Quando o Corão diz (numa passagem que al-Ghazali amava) que "Deus é a luz dos céus e da terra; a imagem de Sua luz é a de um nicho no qual há uma lâmpada, a lâmpada está num copo, o copo como se fosse uma estrela brilhante iluminada a partir de uma árvore abençoada, uma azeitona que não é nem do Oriente nem do Ocidente, cujo óleo quase iria reluzir, mesmo que nenhum fogo o tocasse", o secretário de Gabriel está tomando o cuidado de não nos confinar no literalismo ou na pura metáfora.[19] Somos confrontados com um paradoxo que é um convite para a mais recôndita experiência do universo. Somos confrontados com um poema sagrado.

E posso estender ainda mais minha analogia entre a experiência mística e o enamoramento: o momento final envolve recorrer à prática ritual para sustentar em nossas vidas falíveis a verdade infinita que nos foi confiada. No caso do amor, isso tende a significar casamento. Quando todo o seu desejo pulsa pela pessoa bem-amada, você não precisa de um compromisso para permanecer fiel. Você não precisa dele, mas efetua-o mesmo assim, como uma forma de expressar a torrente infinita de seu afeto. O casamento é uma maneira de levar sua experiência de amor a sério, pois quando amamos verdadeiramente todo o nosso ser jura amar para sempre. O casamento é o compromisso público com aquela promessa interior e também uma instituição que nos ajuda a permanecer fiéis um ao outro ao longo do tempo. No caso do misticismo, pelo menos para al-Ghazali, esse momento final envolve o retorno à sua tradição religiosa, pois somente dentro de uma tradição religiosa nossas frágeis personalidades podem sustentar a fidelidade à experiência de Deus.

Durante dez anos al-Ghazali vive na solidão, praticando diligentemente o sufismo. Ele se purifica. Vive na presença de Deus. É feliz no sentido mais rigoroso do termo. Mas algo na divindade de sua nova vida o estimula a retornar ao ensino, à sua família, ao lugar infeliz que chamamos de mundo. É seu destino, ele compreende, usar tudo o que descobriu sobre si mesmo para ajudar os fracos de fé. Ele passa a se ver como um cientista que procurou durante toda a vida a cura para uma doença. Agora que encontrou essa cura, deve cessar de ser um cientista e começar a trabalhar como médico junto aos aflitos. No limiar do sufismo ele se demorou por medo de se submeter a Deus, agora ele se demora diante da perspectiva de retornar aos confortos dúbios da vida cotidiana. Por fim, Deus age e, por meio das ordens de um sultão, exige que ele retorne a seu antigo cargo. Assim, al-Ghazali volta a lecionar. Como em todas as verdadeiras viagens, seu retorno não é simplesmente um movimento em círculo até o ponto de partida, mas uma espiral para adiante. Agora ele ensina movido pela humildade, e não para sua própria glória. Pelo amor a seus alunos e à verdade e não por amor-próprio. Ele se intitula um "médico de corações".

Na profunda solidão de seu próprio coração esse cardiologista sagrado encontrou alguma coisa de todo mundo: o fiel submisso, o cético, o filósofo racional, o investigador sem entusiasmo, o místico embriagado de Deus e por fim o sábio. Agora ele é capaz de diagnosticar precisamente do que as pessoas sofrem e prescrever um tratamento. No fiel submisso capaz de experiências mais profundas ele deve induzir uma crise epistemológica. O cético deve ser levado ao desespero que conduz a Deus. Ao filósofo racional deve ser mostrado como a racionalidade subverte até a si mesma. O investigador sem entusiasmo deve ser lembrado de tudo que está em jogo em sua investigação. Até os místicos embriagados de Deus precisam de educação, pois são propensos a se esquecer das necessidades de ritual e religião, borrando lentamente sua experiência de Deus com a própria vaidade. Talvez a missão e a realização centrais de al-Ghazali sejam sua reconciliação da religião mística com a institucional. Ele lembra cada um da necessidade do outro. Infunde a letra com o espírito. Preserva o espírito com a letra. Talvez essas sejam as duas tarefas mais elevadas da cultura humana.

Num comentário sobre o misticismo, T.S. Eliot se gaba: "Você pode chamar isso de comunhão com o Divino, ou de uma cristalização temporária da mente. Até que seja capaz de nos ensinar a reproduzir fenômenos como esse à vontade, a ciência não pode afirmar tê-los explicado."[20] Tenha cuidado com esses comentários! Ocorre que um certo dr. Michael Persinger, da Universidade Laurentian, recentemente equipou com bobinas eletromagnéticas um capacete amarelo de *snowmobile* que pode induzir em quem o utiliza uma experiência muito peculiar. O dr. Persinger aciona um interruptor e o capacete estimula certo lobo do cérebro de tal maneira que seus usuários são levados a sentir que há uma outra presença na sala, uma presença que alguns identificam como Deus. Com base nesse experimento, alguns ateus sentem agora confirmada sua suspeita de que a religião é loucura: ela consiste, para ser preciso, nas alucinações das pessoas que sofrem de epilepsia do lobo temporal.

Certamente, nossa avaliação do pensamento de al-Ghazali depende em grande parte da credibilidade da experiência mística. Admitimos de imediato que assim como al-Ghazali, mil anos atrás, subestimava a capacidade da ciência, nós que cultivamos bebês em tubos de ensaio somos demasiado propensos a duvidar que exista alguma coisa além dela. Estimular experiências místicas em laboratório não refuta Deus mais do que abrir uma janela refuta o ar fresco. Os místicos sempre souberam que o corpo precisa sofrer certa alteração para ser aberto para o divino. Assim, o fato de que certa estimulação do cérebro se correlaciona com a experiência de Deus está longe de ser uma surpresa. Além disso, os místicos sabem que ter uma simples experiência de Deus não é suficiente para estabelecer uma relação significativa com Ele. "Estarmos preparados é o que importa", como afirma Shakespeare;* ou, nas palavras do comediante, "*Timing* é o que importa". O contexto da experiência importa. Alguns dos participantes da pesquisa do dr. Persinger relatam que suas experiências teriam transformado suas vidas se eles não soubessem que elas eram o produto de um capacete amarelo de *snowmobile* dotado de fios.

---

* Em tradução de Carlos Alberto Nunes. *Rei Lear*, Ato V, Cena II, Rio de Janeiro, Agir, 2008. (N.T.)

A ciência no capacete amarelo nunca será capaz de penetrar no que *vem a ser* estar vivo. Você não pode compreender o todo em termos da parte. Sem dúvida é fato que experiências de si mesmo e do outro têm uma base biológica. Mas isso nem de longe significa que você e eu não existimos. Não afirmo ser capaz de falar com conhecimento de causa sobre Deus, mas meu *daimon* se rebela contra falar sobre o divino puramente em termos de excitação neural, e contra proclamar o amor puramente em termos de hormônios. Fazê-lo é deixar o sentido escapar. Emily Dickinson, ao refletir sobre sua própria experiência mística na presença de um feixe de luz invernal que serpenteia pela janela do segundo andar, afirma:

Sublime ferida isso nos causa.
Não há cicatriz –
Exceto diferença interna –
Onde os significados estão.[21]

Se você precisar insistir que "onde vivem os significados" é no cérebro, então admita além disso que todo o misterioso cosmo serpenteia dentro de seus fios esponjosos: tragédias e comédias muito mais horríveis e hilariantes que qualquer coisa em Shakespeare, períodos de tédio e ansiedade piores que qualquer coisa na TV, supernovas e cegonhas e mosquitos e polvos e Himalaias e grandes nuvens de matéria escura passando por nós enquanto falamos. Repita, à maneira de Blake: "Segurar o infinito na palma da mão." Repita, à maneira de Emily: "O cérebro é apenas o peso de Deus."

Suspeito que a maioria de nós tem ao menos uma experiência mística escondida em algum lugar nesses fios enrolados. Visto que, como al-Ghazali observa com razão, a experiência excede as bordas da linguagem normal, não somos capazes de falar sobre ela. Além disso, mencioná-la ameaça nos alienar da vida cotidiana. Felizmente, os poetas não se embaraçam assim. Quase todos aludem a seus estados de êxtase, em que por um instante se encontram com um pé no eterno.

Um dos meus relatos favoritos, por causa de sua descoberta do mais exaltado no mais humilde, vem do poeta e libretista austríaco Hugo von Hofmannsthal:

> Outra noite, encontrei debaixo de uma nogueira um regador cheio pela metade que um jovem jardineiro esquecera ali, e esse regador, com a água dentro dele, escondido pela sombra da árvore, com uma barata-d'água remando de uma margem à outra daquela água escura: essa combinação de trivialidade me expõe a tamanha presença do infinito, atravessando-me desde as raízes do cabelo até a base dos calcanhares, que me sinto como que explodindo em palavras que, se eu as tivesse encontrado, teriam desconcertado aqueles querubins em que não acredito.[22]

Poucos de nós, especialmente os poetas, possuímos os meios para levar até o fim o que essas experiências pressagiam, muito menos para nos cultivar como al-Ghazali durante dez anos como um monge sufista empobrecido, para nos abrir às versões mais profundas delas. Mas na sua presença sentimos de fato que o universo *diz respeito* a alguma coisa; que a realidade é imensa e maravilhosa e terrível; que quem somos está conectado a essa realidade; e que sua magnificência nos exige alguma coisa.

Tive meus momentos de querer desconcertar os querubins. Uma vez, quando eu tinha nove anos, estava no recreio brincando de Rei da Montanha num enorme monte de neve. Eu tinha me juntado à minha colega Pam para depor aquele garoto atarracado que, depois de ter escalado com dificuldade até o topo, era quase inamovível. Ele nos jogava para baixo como bonecos de pano. Quando eu estava subindo às tontas depois de um tombo feio, uma pá de neve escorrendo pelo cachecol, senti-me ofuscado pelo brilho do sol do meio-dia, cujas faíscas produziam manchas rodopiantes na minha visão. Naquele momento, Pam foi violenta e inadvertidamente jogada em meus braços, e eu a abracei, tentando salvá-la do perigo. Seu macacão de neve fofo afundou contra meu casacão encharcado, e rolamos aos trambolhões para trás. Embora possamos ter levado apenas uma fração de segundo para cair de novo na neve firme, o tempo parou; senti alguma coisa florescendo rapidamente lá do fundo de mim: uma sensação incômoda, como se eu fosse rebentar. Sem dúvida uma parte dela era uma estonteante afeição por Pam, uma afeição sobre a qual minha mente de nove anos não tinha nenhuma pista. Eu era uma peça de um quebra-cabeça segurando a peça de quebra-cabeça em que me encaixava. Tudo, era essa a minha poderosa impressão, tudo estava sendo criado pela primeira vez, ali mesmo: macacões de neve, manchas cegas, cachos louros, o prédio de tijolos vermelhos da nossa escola, o rei. Tudo estava repleto de uma fragilidade preciosa, especialmente Pam. Batemos no chão duro. Ela tardou em meu abraço enquanto, ainda grogues, acordávamos. Em seguida, ela se ergueu de repente e saiu zanzando em seu macacão de neve atrás do rei. Eu devo ter acabado fazendo o mesmo, arrastando nuvens de glória.

O que é a filosofia ou a religião – ou a vida humana, ademais – senão a tentativa de se relacionar com a imensidão significativa revelada em experiências como essa sem soar ou agir como um completo idiota, na melhor das hipóteses com um toque de estilo?

Certa tarde, quando eu estava na pós-graduação, lendo os poetas e filósofos que me ajudaram a encontrar palavras, ainda que gaguejantes e inexatas, para essas experiências estranhas, recebi pelo correio uma carta de minha mãe. Ela continha um recorte do obituário de Pam. Seu carro havia batido num trecho de gelo, e ela deslizara na direção de um caminhão que se aproximava. Seu irmão vinha dirigindo logo atrás dela e assim foi o primeiro a parar diante da cena. Em retrospecto, eu me dei conta de que seu último doloroso instante também estava incorporado naquela fração mística de um segundo na neve em que a segurei nos braços.

6. Em pesadelos começa a racionalidade

> A metade de nossos dias passamos na sombra da terra, e o irmão da morte cobra uma terça parte de nossas vidas.
>
> Sir Thomas Browne

É ESTRANHO TER CHEGADO até aqui sem falar sobre sonhos. Tive minhas oportunidades. Sócrates tem um sonho fascinante na noite anterior à sua execução; os estoicos recomendam um cuidadoso exame de seus sonhos toda manhã para ver se você está fazendo progresso; e al-Ghazali tem coisas maravilhosas a dizer sobre o que bruxuleia na mente durante as noites árabes. Jorge Luis Borges conta a história de um homem que se propõe a escrever um livro que inclua tudo do universo. No fim da vida, quando está burilando as últimas linhas, ele levanta os olhos para o céu noturno para agradecer por sua miraculosa realização – e se dá conta de que se esqueceu da lua! "*Siempre se pierde lo esencial*", conclui Borges.[1]

Nenhuma pessoa lúcida deveria se esquecer de que passamos mais de um terço de nossas vidas com o sono, aquele irmão da morte, que acompanha nossas mentes em alguns reinos bastante bizarros. A *magnum opus* de Immanuel Kant, *Crítica da razão pura*, jamais analisa o sonho. Mas que crítica da pura razão seria mais poderosa do que um pesadelo? "Há muita coisa mais no céu e na terra, Horácio, do que sonha a nossa pobre filosofia",* diz Hamlet; e uma das coisas raramente sonhadas, mesmo

---

* Em tradução de Carlos Alberto Nunes. *Hamlet*, Ato I, Cena V, Rio de Janeiro, Agir, 2008. (N.T.)

nos sistemas filosóficos mais elaborados, são os sonhos. Há uma famosa água-forte de Goya intitulada *O sono da razão produz monstros*. Mas uma das ironias da história da filosofia ocidental é que o movimento que chamamos de racionalismo, que amadurece em nossa era moderna de ciência, democracia e tecnologia, nasceu de pesadelos. O sonho de monstros produz razão.

RENÉ DESCARTES – nascido em 31 de março de 1596 numa cidade chamada La Haye (hoje chamada Descartes) – era uma criança doente que na opinião dos médicos jamais chegaria à maturidade. Ele adquiriu o hábito de dormir até tarde. Quando finalmente acordava, gostava de continuar deitado na cama e deixar seus pensamentos vagarem. Aos dez anos, foi para um novo colégio jesuíta em La Flèche, em Anjou, e aprendeu toda espécie de coisas que mais tarde desdenhou como mera retórica e discussão inútil, embora sempre admirasse o rigor com que os assuntos estúpidos eram examinados. Formou-se e foi estudar direito. Aos 22 anos, decidiu não buscar nenhum conhecimento além do que podia encontrar em si mesmo ou no livro do mundo. Na casa dos vinte, passou seus anos vagabundeando pela Europa, visitando cortes, misturando-se tanto com camponeses quanto com aristocratas, cortejando beldades e por fim alistando-se num exército.

Durante algum tempo, René Descartes foi um soldado cavalheiro no que a posteridade iria chamar de Guerra dos Trinta Anos, um conflito comparável à Primeira Guerra Mundial em suas obscuras causas e horrendas consequências. Na raiz da guerra estava a disputa entre protestantes e católicos pelo controle do Sacro Império Romano (que, como Voltaire gracejou certa vez, não era nem sacro, nem romano, nem um império), mas a política de poder estilhaçou a maior parte da Europa em numerosas facções de alianças dúbias. Regiões não dizimadas por exércitos em busca de comida sofriam com doenças, fome e a pobreza gerada pelo enorme custo da guerra.

No verão de 1619, Descartes visitou Frankfurt para assistir à coroação de Fernando II. Sem nenhuma pressa de voltar para o caos da guerra, ele esperou o inverno para assumir seu posto no exército de Maximiliano da Baviera. Por causa do mau tempo, ficou detido durante grande parte de novembro numa cabana perto de uma cidadezinha às margens do Danúbio. Livre de quaisquer responsabilidades, mas privado de conversas inteligentes, postava-se junto de uma estufa, onde, como diz, "dispunha de todo o tempo para me entreter com meus próprios pensamentos".[2] Após um desses dias de reflexão, cochilou e teve três sonhos sucessivos – três pesadelos, na verdade – que mudaram a história do mundo de maneira mais significativa que a coroação de qualquer rei.

No primeiro sonho, ele está andando por uma rua e tem a impressão de que vários fantasmas terríveis se aproximam dele. Amedrontado, cruza a rua. De repente a metade direita de seu corpo se sente paralisada, e ele se envergonha de continuar andando. Um vento violento o faz rodopiar muitas vezes sobre o pé esquerdo. Quando para, ele vê um colégio mais adiante na rua e se dirige à capela desse colégio para rezar, em busca de algum alívio. Depois de passar por um estranho, percebe que conhece a pessoa e deveria voltar para cumprimentá-la. Outro estranho dirige-se a ele pelo nome e lhe entrega um melão, dizendo-lhe para dá-lo ao conhecido que está esperando. Em seguida Descartes é atacado por turbilhões, tão intensos que o fazem acordar sobressaltado. Grogue, ele acredita que um demônio mau está tentando enganá-lo. Rola na cama, como se isso fosse ajudá-lo.

Logo Descartes está se agitando e se revirando, incapaz de voltar a adormecer, pensando obsessivamente, como todos os insones, sobre os males da vida e do mundo. Após umas duas horas ele volta a adormecer e, dormindo, ouve um forte trovão. Acorda, embora não fique claro se de fato acorda ou apenas sonha que o faz, pois vê um jorro de luz espalhando centelhas por todo o quarto, como se o trovão o tivesse engolfado em fogo. Reunindo todo o seu poder filosófico, acalma-se pouco a pouco e mergulha imperceptivelmente num terceiro sonho.

Um dicionário desconhecido, atraente, jaz sobre a mesa. Antes que ele possa consultá-lo, o dicionário desaparece. Surge outro livro, uma antologia intitulada *Corpus poetarum* (Coleção de poetas). Abrindo-a ao acaso, ele depara com o verso *"Quod vitae sectabor iter?"* (Que caminho na vida devo seguir?). Um estranho se aproxima e lhe entrega um verso que começa com *"Est et non"* (É e não é), declarando ser ele um excelente poema. "Já o conheço", diz Descartes orgulhosamente. "Na verdade, ele pode ser encontrado nesse livro aqui." Começa então a folhear as páginas do *Corpus poetarum* para prová-lo. Incapaz de encontrar *"Est et non"*, anuncia que conhece um poema ainda melhor que começa com *"Quod vitae sectabor iter?"*. A essa altura folheando freneticamente, ele nota alguns maravilhosos retratos gravados no livro. Antes que possa encontrar o poema, o livro e o estranho desaparecem. Descartes se dá conta de que está num sonho e começa a interpretá-lo enquanto ainda dorme.

Ele imagina que o dicionário representa as ciências, ao passo que a antologia de poetas representa a sabedoria. De maneira semelhante, o poema que começa com *"Est et non"* trata de verdade e falsidade, ao passo que *"Quod vitae sectabor iter?"* é sobre ética e o seu destino. Em seguida ele acorda e continua a interpretar o sonho sem interrupção. O melão ele julga representar "os encantos da solidão". E o que representam os retratos gravados? Quando, no dia seguinte, ele se encontra com um pintor italiano, Descartes imagina que sua consciência imersa em sonho podia ter vislumbrado um símbolo de seu futuro imediato. Os fantasmas e o turbilhão do primeiro sonho, concluiu ele, são obra de um demônio mau que tenta empurrá-lo na direção para a qual já rumava – isto é, a direção errada. O trovão e a chuva de centelhas simbolizam o espírito da verdade, que o possui e o carrega para a ciência e a sabedoria simbolizadas no terceiro sonho.

Na esteira de seus sonhos, Descartes sente, em essência, que logo à margem de sua consciência está o próprio conhecimento absoluto, como todo um novo idioma na ponta da língua. Que caminho na vida deve ele seguir? Seu destino é desembrulhar os presentes que seus três pesadelos lhe entregaram. Ele deve encontrar no livro da vida a verdadeira compreensão do que é e do que não é. O livro não desapareceu por completo, apenas derreteu-se em sua mente, onde ele pode recobrar sua divina sabedoria com um pouco de esforço intelectual. Ele procrastina a tarefa por vinte anos.

Nesse ínterim, Descartes renuncia à vida militar, visita o santuário da Virgem em Loretto (por precaução, caso o primeiro sonho estivesse realmente tentando levá-lo a rezar) e dá contribuições capitais para a geometria, a óptica, a meteorologia e o estudo dos arco-íris. Por fim, ele sente que não pode procrastinar mais e reserva uma semana para reconstruir o conhecimento humano sobre os fundamentos básicos escondidos logo abaixo de sua consciência. Dorme até mais tarde e depois medita até noite avançada durante seis dias consecutivos, precisamente o tempo de que Deus precisou para criar todas as coisas. Para cada noite compõe uma das meditações reunidas em sua obra-prima *Meditações sobre filosofia primeira*. O cenário assemelha-se ao de seus sonhos originais: um fogo, uma vela, solidão. Durante uma semana ele não tira o pijama.

NA PRIMEIRA NOITE, Descartes examina minuciosamente suas crenças e compreende como são vacilantes. A maior parte do que ele toma por verdade lhe parece sê-lo com base na autoridade de outros, ainda que autoridades com frequência estejam erradas e em desacordo umas com as outras. "Eu pensei, também, como o mesmo homem, com a mesma mente, se criado desde a infância em meio a franceses ou alemães, desenvolve-se de maneira diferente do que o faria se tivesse sempre vivido entre os chineses ou canibais."[3] Mesmo os rigores da educação parecem não se elevar acima do conflito de autoridade. Refletindo sobre sua própria educação na história da filosofia e em teologia, Descartes declara: "Descobri que não se pode imaginar nada que seja estranho demais ou incrível demais para ter sido dito por algum filósofo", certamente sabendo que algum filósofo – Cícero em *De Divinatione* – já tinha dito isso também.[4] Durante toda a sua vida deram-lhe crença após crença, e ele entornara acriticamente essa argamassa na estrutura de sua mente, como um pedreiro bêbado. Ele compreende que, se quiser construir uma estrutura permanente de conhecimento, deve primeiro demolir a estrutura de opinião preexistente. Deve destruir suas crenças por completo e começar de novo, dessa vez construindo sobre um alicerce absolutamente firme e seguindo um plano infalível.

O método que Descartes formula para encontrar esse alicerce firme é praticamente idêntico ao de al-Ghazali. (Toda a primeira meditação segue a lógica do sufista tão de perto que estudiosos foram levados a pensar em plágio. Minha opinião pessoal é que não só grandes mentes pensam de maneira semelhante, *todas* as mentes pensam de maneira semelhante, embora por algum mistério cheguem com frequência a conclusões diferentes.) O plano de Descartes é pôr de lado qualquer crença que seja passível da menor dúvida, até que possa estar completamente certo de que ela é verdadeira. Culpada até que se prove inocente. Em vez de proceder como o pedreiro bêbado que entorna qualquer crença de qualquer maneira, com o malho da dúvida sóbria ele vai demolir todos os conteúdos de sua mente até encontrar uma crença que não possa ser quebrada, uma crença tão inabalavelmente sólida que possa servir como alicerce para todas as crenças verdadeiras. Ele não precisa avançar crença por crença; se puder derrubar as vigas de sustentação, isso bastará para pôr abaixo todas as crenças assentadas sobre elas.

Ocorre-lhe que a viga de sustentação de quase todas as nossas crenças são os sentidos. A primeira dúvida silenciosa (a dúvida na primeira meditação se integra numa espécie de crescendo intelectual) é que os sentidos por vezes nos enganam: por exemplo, vemos na estrada uma poça d'água que se revela na verdade uma miragem. Esses exemplos se mostram suficientes para que al-Ghazali rejeite os sentidos por completo como fonte de verdade segura. Mas Descartes pergunta a si mesmo se os sentidos, embora sem dúvida possam estar errados sobre coisas distantes, são enganados com relação ao que é mais intimamente experimentado – por exemplo, que ele está de pijama junto do fogo, segurando um pedaço de papel. Sacudindo as mãos diante de seu rosto, ele pergunta de maneira exasperada: "Como eu poderia negar que possuo estas mãos?"

O motivo da dúvida começa a ficar mais ruidoso. E quanto aos loucos? Descartes, numa lista digna de pesadelo, fala de loucos que acreditam ser reis, ou pobres, ou estarem vestidos de púrpura quando estão nus; loucos que acreditam que suas próprias cabeças são torrões de argila, que seus corpos são inteiramente compostos de vidro, ou que eles não são sequer seres humanos em absoluto, mas sim abóboras em forma humana. Não seria possível que suas mãos tenham sido amputadas, e sua mente delirante, enevoada por vapores de bile negra (para usar sua antiquada compreensão da loucura), o estivesse enganando, induzindo-o a acreditar em outra coisa? Nesse ponto às vezes pergunto a um aluno distraído: "Você pode ter certeza de que não é uma abóbora?" A exploração da mente, mesmo a mente geometricamente sadia de Descartes, conduz muito depressa ao limiar da loucura. O próprio Descartes se recusa a seguir adiante nesse caminho, embora, no outro extremo da modernidade, dois de seus maiores críticos-discípulos o façam: Nietzsche e Freud.

Embora a insanidade esteja fora de questão, Descartes raciocina que mesmo as mentes mais saudáveis passam boa parte de seu tempo em sonhos tão bizarros que fazem a abóbora parecer relativamente normal. É algo forçado, mas não além da esfera do possível, que o soldado cavalheiro tenha de fato perdido as mãos em batalha e agora esteja tendo um sonho recorrente em que sacode os dedos diante dos olhos como se para demonstrar a existência deles. Como sabemos, Descartes é mais do que capaz de ter sonhos extremamente vívidos, até de acreditar que acordou dentro de um sonho. Como está tentando demolir quaisquer crenças que não sejam absolutamente seguras, ele decide empreender um experimento mental: no intuito de descobrir algo de certo, vai supor que está sonhando neste momento.

Procedendo com precisão musical, Descartes raciocina que pode duvidar de todas as informações específicas dos sentidos (que suas mãos existem etc.) e de qualquer ciência construída com base nessa informação. Imagine uma física baseada em sonho: ela teria de explicar o fato de que às vezes sou capaz de voar com uma lufada de vento! Mas ocorre a Descartes, com seu espírito matemático, que há algumas crenças indubitáveis mesmo num sonho: a saber, a verdade da matemática, que não depende de nenhum estado de coisas existente. Seja qual for o número de mãos que ele realmente tenha, $1 + 1 = 2$. Mesmo que este pedaço de papel seja inteiramente feito da matéria dos sonhos, um retângulo tem quatro lados retos que se encontram em quatro ângulos de noventa graus. Seriam as verdades da matemática, que são logicamente anteriores a qualquer experiência dada, o fundamento absolutamente seguro que ele está buscando? Seria necessário um engano muito maior que um sonho humano para lançar dúvida sobre a matemática. Seria preciso uma trapaça de proporções divinas...

Então, imagina ele, por que não começar a brincar com a ideia de Deus? Será possível, pergunta-se Descartes numa passagem que iria complicar sua situação junto às autoridades religiosas pelo resto da vida, que Deus não seja como estamos acostumados a pensar sobre Ele? Será possível, em particular, que Ele seja de fato todo-poderoso e onisciente, mas não todo-bondade? Poderia Deus ser um trapaceiro onipotente? Aliás, a possibilidade não parece tão forçada. Mas mesmo que seja bastante improvável que estejamos sendo sujeitados a um engano divinamente poderoso, Descartes estipulou que ele deve estar completamente certo. Meditando junto ao fogo bruxuleante, ele compreende que não pode ter absoluta certeza de que um "gênio maligno", como chama seu demônio hipotético, não esteja encarregado de cada uma de suas percepções do cosmo.

Assim, para os propósitos de descobrir a absoluta verdade que seus sonhos haviam prometido, Descartes supõe a existência de um Deus todo-poderoso, onisciente e enganador. Sob esse novo e aperfeiçoado experimento mental, não só as verdades dos sentidos são postas em dúvida, mas também as verdades da matemática, aparentemente mais sólidas. Será possível que, mesmo ao fazermos uma operação mental tão simples quanto 2 + 3, o gênio maligno fulmine nossas mentes de tal modo que calculamos de maneira equivocada a resposta como 5 (na verdade é 7!) – algo como um disco pulando quando se esbarra na vitrola. Enquanto nos congratulamos pela certeza de nossas habilidades matemáticas, o gênio maligno em algum canto escuro do universo dá uma risadinha: "Esta nunca perde a graça!"

Nesse ponto, uma pequena incerteza inicial transformou-se pouco a pouco numa vasta sinfonia de dúvida. Parece que tudo é incerto, até as mais simples equações matemáticas e o fato da existência do corpo. Profundamente perturbado, Descartes vai dormir (ou se iludir que dorme) sem uma verdade no mundo.

No INÍCIO DA MEDITAÇÃO da segunda noite, ele revisa o que realizou e se vê – para usar sua metáfora – afogando-se num turbilhão: incapaz de nadar para tomar fôlego, incapaz de encostar o pé no fundo. Mas não desiste. Ecoando Sócrates de longe, Descartes declara ousadamente: "Continuarei neste caminho até reconhecer algo certo, ou, na pior das hipóteses, até que pelo menos reconheça com certeza que não há certeza."⁵ Talvez haja alguma verdade, negligenciada até agora, que seja de fato um tijolo de certeza.

Tal verdade não pode ser encontrada no mundo exterior, pois o experimento mental do gênio maligno lançou em dúvida todos os objetos dos sentidos e da razão. Também não pode ser encontrada em Deus, pois nem a natureza de Deus nem Sua existência são inteiramente claras para Descartes. E quanto a ele mesmo? É possível aplicar o método da dúvida à sua própria existência?

> Mas eu estava persuadido de que não havia absolutamente nada no mundo, de que não havia nenhum céu e nenhuma terra, nem mentes nem corpos; não estava eu, portanto, ao mesmo tempo, persuadido de que não existia? Longe disso; eu sem dúvida existia, visto que estava persuadido. Mas existe não sei que ser, dotado ao mesmo tempo do mais elevado poder e da mais profunda astúcia, que está o tempo todo empregando sua engenhosidade para me enganar. Sem dúvida, portanto, existo, visto que sou enganado; e, engane-me ele como quiser, jamais poderá fazer com que eu não seja nada, enquanto eu estiver consciente de que sou alguma coisa. De tal modo que deve, *in fine*, ser mantido, todas as coisas sendo madura e cuidadosamente consideradas, que a proposição *eu sou, eu existo*, é necessariamente verdadeira a cada vez que é expressa por mim, ou concebida em minha mente.⁶

Ou, para usar sua formulação no *Discurso do método*: "*Cogito; ergo sum*" – penso, logo existo. Mesmo que um gênio maligno com infinito poder esteja despendendo todo o seu tempo para enganar Descartes, ainda precisa ocorrer que um objeto de engano exista. Os filósofos referem-se a esse famoso relâmpago metafísico simplesmente como o *"cogito"*.

O melhor comentário que conheço sobre essa certeza vem de um poeta, Paul Valéry: "Não há silogismo no *cogito*; não há nem mesmo um significado literal. Há um golpe violento, um ato reflexo do intelecto, um ser vivo e pensante que grita: 'Basta! Sua dúvida nada significa para mim.'"[7] Em outras palavras, é algo muito semelhante à experiência de Deus de al-Ghazali. Mesmo com mentes propensas ao ceticismo, nenhuma dúvida se prende tanto à experiência mística do sufista quanto ao *cogito* do matemático. Não é apenas que eles veem a verdade com perfeita clareza: suas mentes se derretem na própria verdade e formam a mais primordial das unidades.

Além disso, em ambos os casos, a verdade deve ser encenada. De fora, posso duvidar da experiência de Deus de al-Ghazali, assim como posso duvidar que Descartes ou qualquer outra pessoa esteja pensando da mesma maneira que eu. (Desde criança, eu me pergunto se vejo o azul da mesma maneira que as outras pessoas.) Mas se tenho uma experiência mística, ou se declaro, na solidão de meus pensamentos, "Estou pensando neste exato instante, portanto devo existir de alguma maneira", entrei numa zona além da dúvida.

A comparação entre experiência mística e o *cogito* é ainda mais profunda. Quando Moisés pergunta pelo verdadeiro nome de Deus, este responde: "Eu sou o que sou", o que é sedutoramente semelhante ao "Eu sou, eu existo" de Descartes. Na verdade, Descartes define o "eu" como "a alma pela qual sou o que sou".[8] Além disso, quando lhe perguntam se a luz natural de nossa razão é suficiente para acessar o divino, ele responde: "Em minha concepção, a maneira de alcançar o amor de Deus é considerar que ele é uma mente, ou uma coisa que pensa; e que a natureza de nossa alma assemelha-se à dele o bastante para acreditarmos que é uma emanação de sua suprema inteligência."[9] Tanto na experiência de Deus quanto na de nosso próprio "eu sou", pensamento e fonte do pensamento estão unificados. Em certo sentido, eles são a mesma experiência extática. Mas enquanto al-Ghazali concentra-se no "eu sou" divino, Descartes começa com o "eu sou" humano – uma diferença talvez metafisicamente pequena, mas que assinala a mudança histórica de proporções mundiais da idade medieval para a idade moderna.

DESCARTES SABE MUITO BEM que está partindo de uma consciência demasiado humana. Mesmo que ele tenha certeza de que existe, não pode estar seguro de quem é exatamente. Suas lembranças, seu nome, seu corpo poderiam todos ser enganos. O título da segunda meditação é "Sobre a natureza da mente humana: que ela é mais conhecida do que o corpo". Por "corpo" Descartes entende qualquer objeto físico. Numa passagem de bela prosa, ele escreve:

> Tomemos, por exemplo, um pedaço de cera; ela é muito fresca, tendo sido apenas recentemente retirada da colmeia; ainda não perdeu a doçura do mel que continha; ainda conserva um pouco do odor das flores de que ele foi colhido; sua cor, figura, tamanho são aparentes (à visão); ele é duro, frio, facilmente manipulável; e soa quando nele batemos com o dedo. Em suma, tudo que contribui para tornar um corpo tão distintamente conhecido quanto possível é encontrado neste que está diante de nós. Mas, enquanto falo, deixe que ele seja posto perto do fogo – o que restava do sabor exala, o cheiro evapora, a cor muda, sua figura é destruída, seu tamanho aumenta, ele se liquefaz, torna-se quente, mal pode ser manuseado, e, ainda que nele batamos, não emite nenhum som. Acaso a mesma cera ainda permanece após essa mudança?[10]

Consideremos também o que normalmente chamamos de corpo, do qual a cera com sabor de mel é tão deliciosamente sugestiva. Imagine um filme que mostre a passagem do tempo em seu rosto do nascimento ao túmulo: sua cara rechonchuda de bebê atravessando todas as idades da infância, amadurecendo até seu momento mais bonito, depois ficando lentamente inchada ou macilenta, enrugando-se, animando-se e entristecendo-se sucessivamente, enrugando-se de maneira ainda mais profunda, o cabelo branqueando e caindo, os olhos se embaçando até que a visão finalmente os abandona. Estou mesmo sendo levado para o fogo! Minha barriga não mais emite um som quando leva uma batida! Acaso eu ainda permaneço? É claro que sim, sustenta Descartes, mas não talvez da maneira revelada pelas aparências.

Neste ponto vale a pena lembrar o projeto mais amplo de Descartes: transformar a ciência por completo. Tradicionalmente, a ciência era a contemplação do mundo físico tal como revelado aos sentidos. Descartes está avançando para uma nova concepção do mundo físico como aquilo que é conhecido por meio da física matemática e pode ser manipulado por meio da tecnologia. A aparência da cera muda, mas o que – em parte graças a Descartes – passamos a conceber como sua estrutura celular permanece igual. Por vezes pensamos na ciência como o mero exame atento de nossa experiência, embora os cientistas estejam sempre nos falando de coisas (como átomos que zumbem e matéria escura) que vão muito além daquilo a que algum dia poderemos ter acesso com nossos sentidos normais. Considere a visão heliocêntrica do universo, que no tempo de Descartes era uma grande fonte de controvérsia. Parece esmagadoramente óbvio que as estrelas giram em torno de nós. Era justo essa obviedade esmagadora que precisávamos superar, segundo Galileu e Descartes. Se ciência é progresso, precisamos parar de nos fixar no aspecto inicial que a cera e as estrelas têm e mergulhar no que Descartes passará a chamar de "ideias claras e distintas" de sua estrutura mais profunda.

No início da meditação dessa noite, Descartes revestiu-se de coragem com a bravata de Arquimedes, que, depois de imaginar a natureza das alavancas, declarou que se lhe dessem uma alavanca suficientemente longa e um ponto de apoio, ele removeria a própria Terra de seu curso. No fim da segunda meditação, Descartes havia descoberto seu ponto arquimediano, um ponto absolutamente certo: "Penso, logo existo." A única coisa de que ele pode ter certeza é de que existe como um ser pensante: "Uma coisa que duvida, compreende, [concebe], afirma, nega, quer, recusa; que imagina também, e percebe."[11] É uma grande realização sobre a qual refletir. Agora a única coisa que lhe resta fazer é mover o mundo inteiro.

No início da terceira meditação, Descartes está trancado nas profundezas de sua própria consciência. Situado entre seu eu seguro e o resto do universo está o poderoso gênio maligno, que projeta uma sombra de dúvida sobre cada objeto de sentido e razão. Poderá Descartes, com sua única pequena e sólida verdade, derrotar a perspectiva de um embusteiro onipotente? Davi encontrou uma pedra; agora tem de enfrentar Golias.

A exigência do próprio Descartes é que ele deve ter certeza de cada movimento intelectual. Nesse ponto, ele não está certo de nada além de sua própria consciência e dos modos de sua consciência. Assim, a única coisa que pode dizer com certeza sobre Deus (que pode ou não ser mau, que pode ou não existir) é que ele tem a ideia de Deus, um conceito do Ser Supremo. Talvez essa ideia se refira a algo real; talvez seja completa ficção. De onde uma noção tão estranha quanto a de Deus poderia ter se originado?

Você poderia pensar que a ideia de Deus vem de nossos pais ou de nossa sociedade. Mas essa não é uma resposta completa para a questão de Descartes; ela apenas a empurra uma geração para trás. De onde nossos pais – e nossos avós, e nossos bisavós, e todos os que os precederam, até a primeira prole humana dos chimpanzés – tiraram essa ideia? Descartes cortejou uma dúvida tão radical que ela põe em questão a própria existência de todos os seres humanos exceto ele próprio. Ele está completamente só no Éden selvagem da consciência. Como a mente humana primordial topa com a ideia do divino?

Nosso Adão francês identifica três fontes possíveis para todas as ideias: 1) o mundo (por meio dos sentidos) – por exemplo, derivamos a ideia de cavalo do fato de termos visto cavalos; 2) a imaginação (por meio da combinação de nossas percepções sensoriais) – por exemplo, derivamos a ideia de unicórnio do fato de termos visto cavalos e chifres e de os misturarmos em nossas mentes; ou 3) Deus – por exemplo, é possível que qualquer uma ou todas as ideias não passem de implantações do gênio maligno, estimulando nossas mentes em seu laboratório macabro.

A ideia de um ser supremo não é, por definição, o tipo de coisa que nossos sentidos poderiam perceber como um objeto do mundo. É possível ver cavalos, rochedos, moléculas e supernovas. É possível, pelo menos em teoria, ver até unicórnios e anjos. Mas é impossível ver Deus, pois um ser supremo situa-se além das condições do espaço e do tempo. Seria possível, suponho, ver um sinal de Deus. Se uma acácia pega fogo, arde sem se consumir e fala comigo de maneira significativa, eu poderia sensatamente acreditar que Deus está tentando chamar minha atenção. Mas seria um erro concluir que Deus é um processo combustivo de arbustos. Deus teria simplesmente usado o arbusto milagroso como uma maneira de se comunicar a partir do Insondável Além com minha pequena mente humana, apreciadora como ela é de suas três dimensões.

A maioria dos ateus, se não todos, sustenta que a ideia de Deus vem da segunda fonte possível de Descartes: a imaginação. Encolhemo-nos diante do mistério do trovão e em nossa ignorância supomos que ele é causado por uma força sobre-humana que chamamos de Grande Dada – ou algo semelhante. Mas Descartes sustenta a ideia extraordinária de que é impossível para nós ter imaginado Deus, pois as capacidades de nossa imaginação estão restritas às limitações de nossos sentidos. Podemos, é claro, imaginar coisas que nunca experimentamos, como anjos alados e gigantes arremessando raios; mas não podemos imaginar o inimaginável, um ser diverso de todos os outros seres que percebemos. Podemos perceber e imaginar coisas finitas, mesmo coisas finitas grandes e poderosas, mas não um ser supremamente perfeito. Numa inadequada linguagem acadêmica, Descartes afirma: "Agora está manifesto à luz natural que deve haver pelo menos tanta realidade na causa eficiente e total quanto no efeito dessa causa."[12] Em termos mais simples: somente Deus poderia imaginar Deus. Como temos a ideia de Deus, é necessário que Deus exista. Apenas Deus poderia ter posto a ideia de Deus em nossas mentes, assinando Sua criação como um artista.

Essa prova de Deus, concebida como completamente certa, resulta, de maneira paradoxal, na ideia de que Deus é incompreensível. Como diz Descartes numa carta a um amigo: "A grandeza de Deus ... é algo que não podemos compreender, ainda que a conheçamos."[13] Tente imaginar Deus. O que você visualiza? Talvez você veja um Jeová severo, com uma volumosa barba branca e músculos cinzelados, uma figura saída de Michelangelo ou Blake. Talvez imagine algo mais tocante, um Jesus sonhador ou uma pomba branca como o leite. Não é impossível que imagine Ártemis com seus muitos seios, ou o multifacetado Krishna no campo de batalha, ou uma gorda Vênus sem rosto. Talvez até sua mente seja inundada por uma multidão de estranhos seres mitológicos. Os santos, pelo que sei, precisam apenas olhar nos olhos de alguém. Mas Descartes sustenta que essas imagens são, na melhor das hipóteses, fábulas do divino, imagens corpóreas do que não pode ser concebido por um córtex cerebral. Presumivelmente, quando chamamos um raio de deus, é porque nossas mentes estão tateando à procura de uma imagem apropriadamente poderosa para o conceito impossível do divino que nasceu nelas. Se quiséssemos manter total honestidade intelectual, deveríamos nos ater ao segundo mandamento e não formar absolutamente nenhuma imagem de Deus. No entanto, apesar de nossa incapacidade de traçar uma imagem remotamente precisa, temos uma ideia de Deus. Segundo Descartes, a própria implausibilidade de se ter uma ideia de algo que nenhuma de nossas faculdades intelectuais pode conceber é ela própria a prova de Deus.

Após a terceira noite de meditação, Descartes não precisa ir dormir sozinho. Mais alguém existe com certeza no universo. O pequeno "Penso, logo existo" cabeceia de sono junto do grande "Eu sou o que sou".

MAS COMO É DEUS? É o criador benevolente em quem Descartes está acostumado a se fiar, ou o gênio maligno que ele teme? Descartes, talvez com demasiada facilidade, conclui que a ideia de um Deus maligno é incoerente. Um ser supremo, por definição, não pode ter quaisquer limitações ou imperfeições. Como o mal é uma imperfeição, Deus não pode ser mau. Decerto Deus teria o poder de enganar, mas não Lhe ocorreria a ideia de fazê-lo, pois "em cada caso de embuste ou engano pode ser encontrada uma imperfeição".[14] Descartes derrotou o gênio maligno provando que ele é tão logicamente impossível quanto um quadrado redondo.

Se o *cogito* é o ponto arquimediano inamovível de Descartes, a ideia de um Deus benevolente é sua alavanca longa o suficiente. Com bem pouca força, ele é capaz agora de elevar o mundo dos sentidos e da razão, arrancando-o da dúvida em que estava enterrado. Podemos dizer que $2 + 3 = 5$?

Sim, com completa certeza. Serão as mãos que Descartes agita diante do rosto de fato como parecem ser? Sim, com toda a segurança. Deus simplesmente não permitiria que essas ideias se formassem na mente se tais coisas não fossem de fato assim.

Mas e quanto a todas as vezes que nossos sentidos e razão formam de fato ideias que não correspondem às coisas? As alucinações, os sonhos, as miragens e até a história da ciência nos fornecem exemplos de como podemos ter crenças equivocadas vagando em nossas mentes. Incontáveis Xs em vermelho nos deveres de casa de matemática no mundo todo parecem provar que a razão com frequência se extravia. Se Deus é um ser perfeito que por definição jamais nos enganaria, por que nos enganamos com tanta frequência?

A quarta meditação, sob alguns aspectos a mais radical de todas, diz respeito a um subconjunto do problema do mal, o grande problema formulado pela primeira vez por Epicuro: "Seria Deus disposto a impedir o mal, mas incapaz de fazê-lo? Nesse caso ele é impotente. Seria capaz, mas não disposto? Nesse caso ele é mau. Seria ao mesmo tempo capaz e disposto? Nesse caso, de onde vem o mal?" Vamos confrontar este problema em toda a sua horrível glória num capítulo mais adiante. Aqui, nosso foco diz respeito unicamente a pecados mentais simples. Se o Deus perfeito criou nossas mentes, como elas podem ser tão imperfeitas?

Refletindo sobre essa questão, Descartes faz uso – talvez injustamente – de uma antiga tradição de reflexão cristã. Por que um criador bom e todo-poderoso nos permite cometer erros mentais, para não falar em pecados tão graves quanto estupro e assassinato? A resposta que emerge tanto de estudantes inocentes quanto de teólogos é: livre-arbítrio. Deus não nos criou errados, mas nos dá a capacidade de errar. Essa capacidade, a própria liberdade, é uma grande dádiva; pois é um pré-requisito necessário para se ter uma vida significativa. Imagine se Deus nos tivesse feito como robôs que sempre têm a resposta certa e fazem sempre a coisa certa. Não haveria nenhum triunfo ou glória na matemática ou na moralidade. Elas não teriam, de fato, nenhum sentido. Portanto, o livre-arbítrio é uma dádiva perfeitamente compatível com um doador perfeitamente bom. Mas, como é óbvio, ele vem com a possibilidade de cometermos erros. Embora Deus não nos tenha programado para cometer pecados, Ele nos deixou espaço, amplo espaço, para tanto. O mal, para usar terminologia teológica, é apenas uma privação, o nada, uma lacuna deixada por um Deus perfeitamente bom em sua criação perfeitamente boa. O mal é o lodo que dá sentido ao todo.

O princípio que Descartes invoca é que deveríamos aceitar como verdadeiro apenas o que pode ser conhecido de maneira clara e distinta. Como ele explica: "Chamo de 'clara' aquela percepção que está presente e manifesta para uma mente atenta: assim como dizemos que vemos claramente aquelas coisas que estão presentes para nosso olhar atento e atuam sobre ele de maneira suficientemente forte e manifesta. Por outro lado, chamo de 'distinta' aquela percepção que, embora clara, é tão separada e delineada de todas as outras que não contém absolutamente nada exceto o que é claro."[15] Em outras palavras, quando cometemos erros, isso ocorre porque aceitamos uma crença como verdadeira antes de termos uma ideia que seja clara como uma dor de dente e distinta como a aritmética. Não se trata de Deus me enganando quando acredito que uma miragem é água, ou que uma sombra está imóvel, ou que $13 \times 14 = 172$, ou que o sol gira em torno da Terra; sou eu abusando de minha liberdade, tirando conclusões apressadas sem suficiente evidência.

Assim, a surpreendente conclusão da quarta meditação é que nunca temos de cometer um erro. Se trabalharmos somente com ideias claras e distintas, poderemos chegar cada vez mais perto da verdade. Em particular, Descartes afirma que podemos compreender as coisas do universo como objetos da matemática, pois a máxima clareza e distinção são alcançadas quando usamos modelos matemáticos como base para o cuidadoso escrutínio dos sentidos. Sem dúvida, teremos muitas vezes de deixar certas questões sem resposta, porque nossas mentes são limitadas e o universo é vasto. Mas deveríamos ser capazes de alargar nosso conhecimento, e podemos ter completa confiança em tudo o que aparece de fato de maneira clara e distinta sob seu feixe de luz. Mais especificamente, o conhecimento claro e distinto é baseado no *cogito* e na prova de Deus, elucidado pela matemática e alcançado mediante cuidadoso escrutínio dos sentidos. O mundo tal como acriticamente conhecido pelos sentidos foi demolido, o fundamento da nova ciência da física matemática foi estabelecido, e agora a humanidade está pronta para construir a mansão de ideias claras e distintas.

Depois da quarta noite de meditação, a missão de Descartes já está basicamente concluída, e ele é capaz de deitar a cabeça sobre um travesseiro que é provavelmente tão macio quanto parece, confiante de que três carneirinhos mais dois carneirinhos são sem dúvida cinco carneirinhos.

Na quinta meditação, Descartes prova Deus – novamente.

Na sexta meditação, ele se digladia com a natureza da mente e a natureza da existência material. Descartes é muitas vezes invocado como exemplo de um dualismo mente-corpo simplista, em que a mente é um fantasma na máquina do corpo. Embora ele sustente que mente e corpo são em última análise substâncias diferentes, suas análises na sexta meditação, para não falar de seu livro *As paixões da alma*, provam-se muito mais sutis que essa ubíqua caricatura. Na verdade, não conheço nenhuma descrição mais precisa do problema representado pela estranheza da consciência do que sua observação: "Não estou somente residindo em meu corpo, como um piloto em seu navio; além disso ... estou intimamente conectado com ele, e ... a mistura é tão misturada, por assim dizer, que uma espécie de totalidade única é produzida."[16]

Mas a ideia crucial da sexta meditação, que ainda nos assombra até hoje, é que o mundo – inclusive meu próprio corpo – é uma máquina que pode ser conhecida por mentes científicas que pairam estranhamente dentro do sistema, mas são em última análise diferentes dele. Descartes foi constantemente criticado por esse dualismo, mas pelo menos ele tem a coragem de admitir sua situação. Muitos entusiastas contemporâneos da ciência insistem que a mente nada mais é do que o cérebro, uma máquina governada por leis naturais, inclusive evolucionárias, mas eles muitas vezes têm sérias dificuldades para explicar as qualidades de conhecimento e volição da mente. Como é possível conhecer, manipular e transformar a natureza da qual supostamente sou sinônimo? Não seria uma maravilhosa ironia se a ciência pudesse explicar tudo, exceto o conhecimento científico e o desejo tecnológico?

Após seis noites de meditação, Descartes pode ter certeza de que ele existe como um ser pensante, de que Deus existe e é perfeito, de que ideias claras e distintas são verdadeiras e de que a mente e o corpo estão intimamente misturados, mas são em última análise distinguíveis. Quando criança, eu costumava me perguntar o que Deus fez em Seu sétimo dia, de descanso. Como adulto, tenho igual curiosidade com relação a Descartes.

Cada uma das conclusões de Descartes, desde que elas foram publicadas, foi objeto de críticas incessantes. Terá Descartes contrabandeado o conceito de "eu" no meio de sua dúvida hiperbólica? Talvez, como sustentam Hume e vários budistas, o eu seja uma ilusão, e a única coisa que deveríamos concluir é que há pensamento. Como pode Descartes, perguntaram-se inúmeros outros, provar Deus racionalmente ao mesmo tempo que duvida da própria razão? Parece que Descartes precisa da razão para provar Deus e de Deus para provar a razão. Como, ademais, podemos confiar em ideias claras e distintas quando é sempre possível, em princípio, ter ideias mais claras e mais distintas? Como mente e corpo interagem se são substâncias distintas? Grande parte da filosofia dos séculos XVII e XVIII se dedicou a tentar responder a esta última questão. Por fim, como podemos acreditar que nunca temos de cometer um erro quando grande parte mesmo da melhor ciência requer o cometimento de erros como etapa intrínseca do processo?

A natureza de uma boa prova é que ela encerra um assunto: não precisamos mais pensar sobre ele. Nesse sentido, as intuições racionais e provas dedutivas de Descartes foram um fracasso entre filósofos profissionais. Mas elas foram de certo modo um sucesso em todos os outros meios. Nem o próprio Descartes parece ter tido muito interesse pelas *Meditações* depois que elas foram publicadas. Numa carta a um admirador, ele escreve: "Você não deveria dedicar tanta atenção às *Meditações* e a questões metafísicas. ... Elas arrastam a mente para longe demais das coisas físicas e observáveis, e a incapacitam a estudá-las. No entanto, os estudos físicos são precisamente os mais desejáveis de serem perseguidos pelos homens."[17] O alicerce, sugere ele, está lançado e estabelecido; agora é hora de construir a casa da modernidade. Avançar a física matemática e construir tecnologia que melhore a vida à luz desse conhecimento. Filosofe apenas para ajudar a fazer a ciência e a tecnologia avançarem suavemente.

Seria um exagero atribuir a Descartes completa responsabilidade pela modernidade; sem dúvida Copérnico, Galileu, Bacon e Hobbes – para citar apenas alguns – deveriam também ser elogiados e censurados por seu papel na criação dela. Bacon parece ter chegado mais perto que Descartes de formular o espírito do método científico; as realizações científicas de Copérnico e Galileu utilizam esse espírito de maneira mais bem-sucedida que qualquer dos experimentos do francês; e foi Hobbes, não o em geral conservador Descartes, que arrancou a autoridade política da religião. No entanto, de alguma maneira, Descartes ainda me parece ser o verdadeiro profeta da modernidade. No coração da Idade Média, encontramos al-Ghazali baseando o conhecimento no mistério de Deus. No início da modernidade, encontramos Descartes baseando o conhecimento no mistério do eu. Em seus lúcidos escritos estão as seguintes ideias seminais:

- o conhecimento real deveria ser expresso em números;
- deveríamos utilizar um método autocorretivo de conhecimento em relação ao mundo físico;
- esse método deveria envolver um procedimento uniforme, repetível;
- a verdade é acessível a qualquer pessoa disposta a pensar com clareza;
- valores são subjetivos e privados;
- deveríamos usar a razão para determinar a existência e a natureza de Deus;
- o corpo é uma máquina e portanto pode ser compreendido e consertado como uma máquina;
- o universo é uma máquina também;

- deveríamos utilizar a compreensão científica para construir tecnologias de modo a podermos nos tornar senhores de nosso destino;
- e a "preservação da saúde" é o "principal de todos os bens".

O que é a modernidade (da qual o que podemos chamar presunçosamente de pós-modernidade é sem dúvida uma parte) senão a conclusão dessas ideias, que são elas próprias a explicitação de alguns sonhos?

Eu ora amaldiçoo, ora agradeço a Descartes quando vejo todas as absurdas e maravilhosas engenhocas com que nos divertimos; quando entro num hospital, onde o corpo mecânico é milagrosamente consertado e o espírito humano precisa lutar por um pouco de atenção; quando me dizem que meus resultados como educador devem ser quantificados; quando coloco para funcionar os esplêndidos aparelhos em minha cozinha; ou quando reflito sobre a profunda desconexão entre a ciência e as humanidades, duas "culturas" que se tornaram incompatíveis como mente e corpo. Mesmo as mais notáveis palavras da modernidade, "Consideramos estas verdades evidentes por si mesmas, que todos os homens foram criados iguais", têm um poderoso eco do "penso, logo existo". Ser um filósofo profissional no período moderno é fazer uma crítica a Descartes, assim como participar da modernidade é ter algum tipo de queixa contra essa modernidade. Não quero sugerir que Descartes abraçaria todos os aspectos da modernidade. Mas penso de fato que grande parte de nosso atual meio de vida pode ser reconhecida em forma de semente em seus raciocínios.

A extensão com que herdamos a abordagem de Descartes para Deus é particularmente importante. O relacionamento humano usual com Deus vai além da razão humana. Nos estágios iniciais da vida humana, aceitamos a base da cultura sob a autoridade. Depois, quando nos aprofundamos no fundamental, descobrimos que a razão fica ofuscada diante de sua intensidade solar, e temos de utilizar os espelhos do mito, símbolo e ritual para imaginá-lo. Sem dúvida, essa relação usual com o divino ainda se mantém à sua maneira – e será sempre assim. Mas Descartes estabelece, de forma inteiramente contrária às suas intenções, a possibilidade de uma relação puramente racional com a natureza e o divino. Assim, quando tanto religiosos quanto ateus debatem como se nossa conexão com Deus dependesse unicamente de registros fósseis e da utilidade do apêndice, ou quando cada aspecto de nossa vida comum é submetido à ciência social, ou quando a natureza é vislumbrada unicamente através da lente da tecnologia, eu também penso em Descartes.

Em minha opinião, entre todos os enigmas do pensamento cartesiano, o mais maravilhoso, responsável por esses quatro séculos passados de crítica filosófica, é que embora Descartes apresente suas ideias como o resultado certo de um raciocínio cuidadoso, elas brotaram originalmente de um *daimon*. Os pesadelos de Descartes e a certeza mística do *cogito*, como tentei indicar, sugerem que a racionalidade tem raízes que mergulham mais fundo que a razão. Mas talvez a maneira mais clara de expressar minha ideia seja baseada na estranha expressão que aflora repetidamente nas *Meditações*. Sempre que Descartes se vê num impasse intelectual, ele tende a dizer: "A razão agora me persuade" – a fazer o que quer que seja necessário para avançar seu pensamento. A "razão", tal como usada nessas passagens, poderia ser substituída por um grande número de palavras: Deus, uma intuição, um sonho, minha Musa, um marciano. Pois a "razão" fala como uma voz vinda do éter, um guia vindo do além, que apascenta Descartes através dos vales mais obscuros da dúvida. A "razão" continua a persuadi-lo, mesmo depois que ele a põe em dúvida com o experimento mental do gênio maligno! Compreendo que um guia como esse é necessário, sobretudo nos vales escuros de nossa vida. Mas é falso chamar esse guia de "razão" se seu nome poderia ser igualmente "desrazão". Um dos melhores títulos com que deparei no trabalho de um aluno – que não correspondeu, infelizmente, às expectativas que o título suscitava – foi: "Talvez Descartes devesse ter dedicado mais reflexão à possibilidade de estar louco."

Nos esplêndidos e não muito confiáveis volumes do século III intitulados *Vidas e doutrinas dos filósofos ilustres*, da autoria de Diógenes Laércio, é comum encontrar filósofos morrendo de uma forma que de algum modo condiz com suas filosofias. Meu exemplo favorito é Diógenes, o Cínico, que, aspirando a viver uma vida autossuficiente, encontrou seu fim quando tentava ver por quanto tempo conseguia segurar o fôlego. Ainda estamos contando, Diógenes!

Com base em boas evidências históricas, sabemos como Descartes de fato morreu. Embora seus escritos não contenham nada de obviamente subversivo com relação à política, ele com frequência estava em apuros com várias autoridades. Em um episódio particularmente notável, foi acusado pela Universidade de Utrecht de solapar a teologia ortodoxa e a filosofia tradicional, com isso desencaminhando os jovens – em suma, aquelas velhas acusações feitas a Sócrates, impiedade e corrupção da juventude. Assim, quando a rainha Cristina, que era dotada de bastante curiosidade intelectual, o convidou para ir à tolerante Suécia para ser seu professor, Descartes aceitou o convite, decidido a ser "um espectador em vez de um ator nas comédias da vida".[18] Infelizmente, a vida de uma rainha é exigente, e ela marcou suas aulas para o raiar do dia. Nas desagradáveis caminhadas matinais até o castelo, Descartes – que estava acostumado a dormir até o meio-dia – pegou uma pneumonia. Ele morreu num dia frio de 1650. Estranhamente apropriado, à sua maneira. Em vez de ver Descartes em seus próprios termos, como um homem cuja razão nunca dorme, tentei apresentá-lo como um filósofo assombrado por sonhos e um profeta involuntário da modernidade. Assim, quando lhe foram negadas suas melhores horas de sonhos, ele não durou muito para o mundo. A lição que extraio disso é: não se levante cedo demais porque você vai morrer.

7. A aterrorizante distância das estrelas

Distraídos da distração por distração.*

T.S. Eliot

VAMOS VOLTAR PARA A NOITE sem nuvens da Idade Média e levantar os olhos para o céu. Embora as constelações estimulem em nossas retinas a mesma imagem bruta de sempre (com uma estrela a mais ou a menos), elas na verdade *parecem* muito diferentes, pois essa dança delicada de luz tem de ser processada mediante a ajuda de conceitos – ou, na ausência de conceitos, mediante os improvisos dos mitos. Lembre-se: a Terra ainda não é um satélite do sol, os raios de luz das estrelas ainda não precisam viajar anos-luz e as cintilações que vemos ainda não são as extremidades de raios cujas fontes originais se autopulverizaram um milhão de anos atrás. C.S. Lewis, imaginando-nos em tempos medievais, explica:

> Lembre-se de que agora você tem um Alto e um Baixo absolutos. A Terra é realmente o centro, realmente o lugar mais baixo; movimento em direção a ela proveniente de qualquer direção é movimento para baixo. Como um moderno, você localizava as estrelas a uma grande distância. Agora deve substituir a distância por aquele tipo muito especial, e muito menos abstrato, de distância que chamamos de altura; a altura, que fala imediatamente com nossos músculos e nervos. O Modelo Medieval é vertiginoso. E o fato de a

---

* Tradução livre de *"Distracted from distraction by distraction"*, do poema "Burnt Norton". (N.T.)

altura das estrelas na astronomia medieval ser muito pequena, se comparada com sua distância na astronomia moderna, vai acabar por não ter o tipo de importância que você previa. Para pensamento e imaginação, 10 milhões de quilômetros e 1 bilhão de quilômetros são mais ou menos o mesmo. Ambas as coisas podem ser concebidas (isto é, podemos fazer somas com ambas) e nenhuma pode ser imaginada; e, quanto mais imaginação tivermos, melhor saberemos disso. A diferença que de fato importa é que o universo medieval, embora inimaginavelmente grande, era também inequivocamente finito. E um resultado esperado disso é tornar a pequenez da Terra mais vividamente sentida. Em nosso universo ela é pequena, sem dúvida; mas o mesmo pode ser dito das galáxias, de todas as coisas... e daí?[1]

E daí? Bem, se formos sensíveis aos estímulos da realidade, tenderemos a dizer com Pascal sobre nosso cosmo moderno: "O silêncio eterno desses espaços infinitos me enche de terror."[2] Enquanto o contemplador de estrelas medieval se sente pequeno em comparação com os arranha-céus de constelações, o contemplador de estrelas moderno está inclinado a sentir uma arrepiante desvalorização em comparação com universos em universos, a evanescente pequenez de tudo isso. Por vezes eu me pergunto se foi a mudança na astronomia que desencadeou nossa ansiedade moderna ou se foi nossa ansiedade que nos pressionou em direção a um novo modelo de universo.

BLAISE PASCAL – nascido em 19 de junho de 1623 em Clermon, Auvergne – perdeu a mãe quando tinha três anos e foi criado com suas duas irmãs por um pai amoroso, um comissário fiscal. Como Descartes, Pascal foi um gênio em todos os sentidos da palavra. Aos doze anos, havia deduzido por si mesmo as 32 primeiras proposições de Euclides. Aos dezesseis, publicou um tratado sobre o "hexagrama místico", em que expôs o que é conhecido ainda hoje como o teorema de Pascal. Descartes, quando lhe apresentaram o tratado, se recusou a acreditar que havia sido produzido por um adolescente. Aos dezenove anos Pascal tinha inventado a pascalina, uma máquina de calcular destinada a aliviar a carga de trabalho do pai. Esse computador foi ligeiramente modificado ao longo dos séculos seguintes e em 1971 tornou-se o primeiro microprocessador, esse grande símbolo do nosso tempo. (Uma das primeiras linguagens de programação computacional foi chamada de Pascal em homenagem ao inventor.) Aos 24 anos, ele subverteu 2 mil anos de pensamento sobre hidráulica em seus *Novos experimentos sobre o vácuo*. Ele mais ou menos inventou a prensa hidráulica e – outro símbolo de nossa era – a seringa. Aos trinta anos, publicou seu *Tratado do triângulo aritmético*, uma obra pioneira sobre coeficientes binomiais. No ano seguinte, estimulado pelos problemas com jogos de azar do Chevalier de Méré, seu amigo, inventou a teoria das probabilidades.

No inverno de 1647, seu pai escorregou no gelo e quebrou o quadril. Durante os três meses seguintes, dois eminentes médicos o atenderam, ambos integrantes de um grupo pequeno mas crescente dentro do catolicismo chamado jansenismo, associado com o calvinismo por seus opositores jesuítas e finalmente condenado pelo papa. Assim, por conta de um osso do quadril fraturado, a família Pascal caiu sob o fascínio do jansenismo, e Blaise sofreu o que seus biógrafos denominam sua "primeira conversão", sentindo a religiosidade de sua criação católica com nova intensidade. Mas ele logo recaiu numa vida mundana, apaixonando-se por uma beldade e escrevendo seu *Discurso sobre as paixões do amor*.

No outono de 1654, os cavalos de Pascal despencaram de uma grande ponte e, se as rédeas não se tivessem rompido, teriam arrastado a carruagem para baixo com eles. Enquanto oscilava à beira do precipício, Pascal sentiu o apavorante espanto da filosofia. Assim que pisou em solo firme, desmaiou. Um mês depois, no dia 23 de novembro, entre as 22h30 e as 0h30, Pascal teve uma experiência mística, que nunca publicou e nunca esqueceu. Anotou simplesmente: "Fogo. Deus de Abraão, Deus de Isaac, Deus de Jacó, não os filósofos e os eruditos. Não esquecerei vossa palavra. Amém." Em seguida costurou o bilhete no paletó que usou pelo resto da vida.

Depois de sua segunda e autêntica conversão, Pascal redigiu os grandes escritos em prosa associados a seu nome: *As provinciais*, que Voltaire qualificou como "a obra mais bem-escrita já publicada em francês", e os *Pensamentos*, a maior de todas as suas obras. Pretendendo produzir uma defesa sistemática do cristianismo, Pascal não teve tempo de concluí-la, morrendo na desalentadora idade de 39 anos. Os *Pensamentos* são um conjunto de anotações e rabiscos em grandes folhas de papel, que Pascal recortava em pedaços e arranjava e rearranjava segundo vários planos. Nunca ouvi ou li alguém que desejasse que o texto tivesse sido finalizado na forma de um tratado refinado. Como está (e esteve de diferentes maneiras), o livro é um retrato cubista da natureza humana, um feixe de pequeninos relâmpagos, um livro que por vezes nos lê. Não que seja desprovido de pontos cegos, um tom defensivo em relação à religião, máximas favoritas, obsessões estranhas, obscuridade e ideias curiosas. Mas, quanto mais leio os *Pensamentos*, mais sinto que mesmo suas fraquezas são uma parte filosoficamente significativa do todo humano sugerido pelos fragmentos. É um livro que se lê de maneira produtiva mergulhando-se nele ao acaso, em particular se, como eu, você for capaz de resistir à tirania dos números das páginas.

PASCAL SINTETIZA NOSSA CONDIÇÃO em três palavras: "inconstância, tédio e ansiedade" – um impressionante esboço do problema de se ser humano.[3] Resumidamente, nosso próprio ser nos enche de ansiedade; fugimos da ansiedade por meio de algum tipo de diversão (outra das palavras preferidas de Pascal); enquanto nossa tática diversionária dura, temos uma medida de felicidade, mas por fim o encanto se esgota, a diversão torna-se entediante e buscamos a mais nova coisa para fazer – daí nossa inconstância.

Não muito tempo atrás conheci o escritor Carl Honoré, e ele me falou de sua inspiração para o livro *Devagar*. Parado numa fila no aeroporto, ele folheou uma revista e viu um anúncio de *One-Minute Bedtime Stories: Snow White in 60 Seconds*. Sendo um pai que muitas vezes lia para filhos sonolentos, ele considerou encomendar o livro para poupar um tempo precioso à noite. Pensando melhor, deu-se conta de que estava sendo louco – de uma maneira particularmente moderna. Por que estava tentando reduzir a quantidade de tempo que passava lendo para os filhos? Não eram alguns dos momentos mais preciosos que tinha? A partir disso, escreveu *Devagar*, um tratado epicuriano sobre como não deveríamos nos esquecer de parar e cheirar as rosas.

Oferecendo uma perspectiva diferente sobre a tentação de Carl Honoré, Pascal observa de maneira devastadora:

> O fato é que o presente geralmente nos fere. Nós o escondemos de nossa vista, porque ele nos aflige; e, se nos parece agradável, lamentamos vê-lo escapar ... Que cada um de nós examine seus pensamentos; irá encontrá-los inteiramente ocupados com o passado e com o futuro. Quase nunca pensamos no presente, e, se pensamos nele, é para ver que luz lança sobre nossos planos para o futuro. O presente nunca é o nosso fim. O passado e o presente são nossos meios, apenas o futuro é nosso fim. Assim, nunca vivemos realmente, mas esperamos viver, e, como estamos sempre planejando como ser felizes, é inevitável que jamais o sejamos.[4]

A "ansiedade" – uma palavra que sugere um desconforto além de qualquer causa clara – está incorporada em nosso próprio ser. Em parte, suponho, é a ansiedade de ter de morrer, mas isso não é na verdade mais do que dizer que é a ansiedade de estar vivo. Por vezes somos jogados no presente e temos de enfrentar com decisão essa ansiedade fundamental – por exemplo, somos forçados a esperar numa esquina por um amigo que está atrasado. Mas na maior parte do tempo a ansiedade come na borda de nossa experiência. Mesmo quando o que estamos fazendo é algo que consideramos valioso, como ler para fazer nossa filha dormir, parte de nós está tentando fugir do presente, correr para a próxima coisa, mesmo que a próxima coisa possa ser ainda menos valiosa. Zapeamos de um canal para outro de nossas próprias vidas.

Os budistas expressam uma ideia similar. A segunda nobre verdade, logo após "A vida é sofrimento", é que sofremos por causa de nosso interminável desejo. Os zen-budistas acreditam que a cura para esse problema horrível, universal, não envolve nada além de ser capaz de sentar e respirar. Se pudéssemos apenas existir calmamente, não tentando agarrar coisa alguma, mesmo que por um momento, seríamos iluminados. Embora Pascal não vá tão longe a ponto de inventar o budismo, ele de fato afirma: "Às vezes, quando me ponho a pensar sobre as várias atividades dos homens, os perigos e problemas que eles enfrentam no Tribunal, ou na guerra, dando origem a tantas disputas e paixões, empreendimentos ousados e muitas vezes perversos e assim por diante, digo a mim mesmo que a única causa da infelicidade do homem é que ele não sabe como permanecer em sossego em seu próprio quarto."[5]

Numa anedota zen, um homem está caminhando por um penhasco escarpado, e um tigre de repente salta em seu caminho, sobressaltando-o e fazendo-o despencar. Em sua queda, o homem se recompõe e agarra um pequeno galho que se projeta do penhasco. Olhando para baixo, ele vê outro tigre andando a esmo na praia; olhando para cima, vê o primeiro tigre encarando-o gulosamente. A única coisa que consegue ver quando mira à sua volta em busca de ajuda é um morango silvestre crescendo junto do galho em que está pendurado. O que deveria fazer? Arriscar descer se arrastando? Tentar se arrastar de volta até o alto? Ficar ali pendurado na esperança de que os tigres vão embora? Tentar assustá-los? Segundo a sabedoria zen, ele come o morango. Fim.

Pascal concordaria com essa apresentação do problema: nossas vidas estão ansiosamente suspensas entre as duas devoradoras extremidades do tempo. Mas enquanto budistas e filósofos como Epicuro sustentam que há um remédio para nossa ansiedade – meditação ou a terapia do desejo –, Pascal é cético em relação a uma cura psicológica ou deste mundo. Talvez possamos diminuir os efeitos de nosso sofrimento natural, mas ninguém é capaz de dominar o problema por completo. Em suma, embora a sabedoria de comer o fruto silvestre do agora soe bonita, é extremamente difícil comer nosso morango em paz quando estamos prestes a ser devorados por tigres.

Isso nos leva a uma questão absolutamente fundamental: é possível para os seres humanos encontrar verdadeira felicidade nesta vida?

A. Sim, se segurarmos o touro pelos chifres, podemos ser felizes; além disso, existem disciplinas conhecidas (budismo, epicurismo, estoicismo etc.) que provaram conduzir à felicidade.

B. Sim, mas estamos à espera de melhores realidades políticas para que essa felicidade se realize (marxismo).

C. Não, a única esperança para nossa felicidade reside em algo além desta vida; para nossa sorte, o caminho para essa felicidade foi revelado por Deus (cristianismo, islã etc.).

D. Não, a única esperança para nossa felicidade reside em algo além desta vida; lamentavelmente, é uma ilusão acreditar em algo além desta vida (pessimismo).

Qual é a resposta que a maioria de nós dá a essa grande questão? Que solução – A, B, C ou D – é a mais popular de todas? Segundo Pascal, é:

E. Não pensemos sobre isto.

Ele diz com hilariante clareza: "Sendo incapazes de remediar a morte, a desgraça e a ignorância, os homens decidiram, para ser felizes, não pensar sobre essas coisas."[6]

Em vez de encarar nossa miséria, nós nos divertimos. Jogos de bola e caçadas são os exemplos favoritos de Pascal: "Os homens passam seu tempo perseguindo uma bola ou uma lebre; é o próprio esporte dos reis." Mas a lista de diversões é praticamente interminável: não apenas dramas, mexericos, esportes, cartas e outras ninharias óbvias, mas ter negócios, bichos de estimação, envolver-se em política, ir para a guerra, até trabalhar e atender às necessidades da vida. Quando eu estava na pós-graduação, conheci um aluno cujo apartamento nunca esteve tão limpo como quando ele deveria estar trabalhando em sua dissertação. Pense num verão passado no recolhimento de uma cabana. A ideia é afastar-se da correria desenfreada do cotidiano e desfrutar as simplicidades da natureza. Após alguns minutos observando os gansos deslizarem pela água cintilante, começamos a nos perguntar: "E agora?" Não é à toa que muitas cabanas são abarrotadas de jogos de tabuleiro. Tudo, menos as simplicidades da natureza! Como Pascal observa, um dos piores castigos que inventamos, adequado para os mais hediondos estupradores e assassinos, é fechar uma pessoa numa sala sem diversões.

A beleza de uma diversão é que, enquanto dura seu encanto, sentimo-nos felizes – por assim dizer. Temos a expressão "estar numa", ou, como o expressa um psicólogo, "estar num estado de fluxo". Esse estado é o mais perto que chegamos da felicidade – não no sentido de gratificação, mas no de uma plenitude de ser. Quando LeBron James, o jogador americano de basquete, está numa, ele pode estar amaldiçoando a cobertura furada de um colega de time, pode até estar em sofrimento físico, mas está consumando grande parte de sua natureza e flutuando numa imensa onda de tempo. Em suma, está feliz. Jogos, um exemplo puro de distração, nos encantam por simplificarem nosso ser numa zona em que a ansiedade perturbadora é mantida à distância. Mesmo um jogo tão complexo quanto o xadrez ou o futebol é maravilhosamente simples se comparado, digamos, à vida em família. Jogos têm regras claras e um objetivo claro. A única ansiedade que sentimos enquanto jogamos é se vamos vencer, ao passo que na vida não temos clareza com relação às regras, e, apesar de nosso ardente desejo de vencer, não sabemos ao certo que aparência a vitória tem.

O problema com as diversões é que a felicidade que encontramos nelas acaba se esgotando; sua versão simplificada da vida é incapaz de nos satisfazer por muito tempo. Simplesmente não podemos jogar basquete para sempre. Todos os jogos acabam sendo enfadonhos. Para Pascal, o tédio não é uma falta de recursos internos, mas sim nosso grogue despertar para a verdade. Se você for de algum modo parecido comigo, houve vezes em que as rotinas regulares – trabalho, bebida alcóolica, TV, esportes, livros, política, qualquer coisa – lhe pareceram de repente entediantes e vazias. Se comento meu tédio com meus amigos, eles invariavelmente respondem: "Deixe disso! O que você está fazendo é importante (ou divertido). O que deu em você? Onde estão seus recursos internos?" O curioso é que, quando estou nesse estado de espírito, prefiro meu tédio ao que parece ser a tolice deles. Se Pascal estiver certo, é porque esses estados de espírito nos trazem para mais perto da realidade, e em última análise preferimos uma desgraça genuína a uma falsa felicidade (embora às vezes levemos um tempinho para nos dar conta disso).

O que fazemos quando nossa diversão favorita se torna enfadonha? Libertamo-nos de chofre de nossa ilusão e abraçamos uma vida mais autêntica? Não de acordo com o inventor do computador. É mais provável que busquemos uma nova diversão. Assim, a condição humana é uma condição de "inconstância", para usar a palavra de Pascal. Não são apenas alguns cortes de roupa que entram na moda de repente apenas para se tornarem *démodés*; quase todas as facetas da vida estão sujeitas aos caprichos da moda: ciclos de política, maneiras de escrever e falar, tipos de esporte, movimentos artísticos, modos de transporte, enterros preferidos ("o homem é um Animal Nobre", observa Sir Thomas Browne, "esplêndido em cinzas, e pomposo no túmulo"), tipos de corpo bonitos e assim por diante.[7] Embora todos os estilos até agora tenham se provado tão ultrapassados quanto o anterior, ainda assim avançamos com entusiasmo para a próxima coisa bacana como se ela fosse finalmente o segredo de nossa felicidade!

DIGAMOS QUE VOCÊ VAI à reunião da sua turma do ensino médio e topa com um colega de classe que você sempre pensou ser um bom sujeito, embora vocês nunca tenham sido próximos. Você lhe pergunta como vai, e ele responde: "As coisas vão bem – inacreditavelmente bem, na verdade. Pouco mais de um mês atrás, estive em Los Angeles visitando meu primo. Estava sentado num café, vendo alguma coisa na internet, quando de repente um cara se aproximou de mim e disse: 'Você é perfeito!' O fato é que ele estava escalando o elenco para o novo filme do Spielberg! Com base unicamente na minha aparência, ele me convidou para fazer uma leitura para o Spielberg e alguns outros figurões. Pensei: 'O que tenho a perder?' Uma coisa levou a outra, e de repente tenho um adiantamento de 5 milhões de dólares e estou estrelando um filme de grande sucesso!"

Enquanto está ali, na reunião da escola, como você se sente?

A. Genuinamente feliz por essa pessoa que sempre foi muito gentil com você.
B. Sobretudo feliz, mas, estranhamente, um pouco irritado.
C. Bastante feliz, porém mais do que um pouco irritado.
D. Simplesmente irritado com o sucesso dele.

Quantas pessoas você pensa que poderiam responder honestamente A?

Agora inverta o cenário. Digamos que você é a pessoa a quem são oferecidos 5 milhões de dólares e um papel de destaque num filme campeão de bilheteria. Você sente a mesma irritação diante do fato de semelhante golpe de sorte ter ocorrido na vida de um zé-ninguém como você, e em particular pouco antes da reunião de sua turma do ensino médio? Ou sente, lá no fundo, que finalmente sua verdadeira importância foi reconhecida e, como se isso não bastasse, bem a tempo para você poder se vangloriar disso para seus ex-colegas?

Pascal acredita que temos uma visão irrealista de nós mesmos, que ele chama de vaidade, e portanto uma relação mesquinha com os outros que emerge em sentimentos de inveja. Avaliamos de maneira insensata o que fazemos, apesar e muitas vezes por meio de afirmações de humildade. Através dessa lente da vaidade encaramos as atividades de outros como competição, qualquer que seja a situação real. Se, por exemplo, você for um ator aspirante que nunca teve uma oportunidade, poderia ter motivo para ficar irritado com a boa sorte de seu colega. Mas mesmo que você nunca tenha demonstrado o menor interesse em representar, mesmo que esteja bem casado e tenha um trabalho de que gosta, ainda é capaz de ficar um pouco aborrecido com o sucesso dele. Tudo bem. Sorria. Diga-lhe como está feliz por ele. Como diz Pascal, "Respeito significa: incomode-se".[8]

"Desgraça" é o nome curto que Pascal dá àquela parte da condição humana que ele analisa com os termos "ansiedade", "diversão", "tédio", "inconstância" e "vaidade". A boa notícia é que há um outro aspecto da natureza humana que ele descreve como nossa grandeza. Vamos dar mais uma olhada naquelas estrelas. Embora nos sintamos apequenados, reduzidos a quase nada por suas infinitas distâncias, ainda assim deveríamos nos sentir encorajados pelo fato de compreendermos nossa devastadora pequenez e o eterno silêncio delas. "Através do espaço o universo me agarra e me engole como um pontinho", mas, acrescenta Pascal triunfante, "através do pensamento eu o compreendo".[9] Em termos de mente, somos nós os infinitos, e as estrelas, as magníficas estrelas, são apenas mais alguns de nossos brinquedos. Mesmo nossa própria esmagadora desgraça pode nos dar motivo para reconhecer a glória de nossa natureza. "É uma desgraça saber que somos desgraçados, mas há grandeza em saber que somos desgraçados."[10]

Além disso, somos capazes de imaginar maneiras não desgraçadas de ser. Os mandamentos da religião de não matar, mentir, trapacear, roubar ou cobiçar são esplêndidas visões de grandeza humana. As exortações das escolas filosóficas gregas para vivermos de acordo com o divino são inspiradas pela estatura intuitiva de nossa natureza. Na verdade, nenhuma sociedade humana – nem mesmo um eremita – vive sem uma voz inspiradora de grandeza, expressa em etiqueta e moralidade, a qual bastaria seguir para tornar a vida imensuravelmente melhor. Pense se os maiores problemas que enfrentássemos fossem gerados por efeitos colaterais de seguir a Regra de Ouro!

O problema é que nunca fixamos a barra da moralidade baixo o suficiente para podermos saltá-la. As regras, ao que parece, são feitas para serem quebradas. Quantas noites você poderia ir para a cama suspirando honestamente: "Mais um dia de perfeita moralidade, ó Senhor!"? Eu nem sequer me refiro a perfeito segundo algum padrão em que você só acredita, sem entusiasmo; refiro-me a perfeito segundo absolutamente qualquer conjunto de padrões que você tenha estabelecido para si mesmo. "Mas Pascal está sendo duro demais conosco. Eu, por exemplo, não engano minha mulher. É verdade que contei algumas mentiras, mas não é como se tivesse assassinado alguém. Há muitas maçãs podres por aí, mas a maioria das pessoas como eu é decente. Não vamos exagerar com essa história de desgraça!" Essa voz é outra versão do que Pascal chama de vaidade. É um pouco como dizer: "Tenho a melhor casa medíocre de toda a cidade! Certamente melhor que a maioria dos barracos na periferia!"

Nossa desgraça é a sombra projetada por nossa grandeza. Elas são inseparáveis, ambas geradas pela natureza da própria consciência humana. No cristianismo, esse dilema é compreendido mitologicamente em termos da expulsão do Jardim do Éden, que ocorre logo depois que vemos quem somos. Mas, seja qual for a maneira como conceituamos sua entrada em cena, ingerindo a polpa do fruto proibido ou pelo lento e ziguezagueante trabalho da evolução, a mente humana parece ter uma estranha duplicidade, ser assombrada por concepções a que jamais pode se equiparar, projetar uma sombra com sua própria luz.

O MAIS FAMOSO RACIOCÍNIO associado aos *Pensamentos* é o que é conhecido como "a aposta de Pascal", o argumento de que acreditar em Deus é uma aposta melhor do que ser ateu. Penso que esse argumento parece um pouco superficial quando dissociado do resto dos *Pensamentos*. Ele ganha em significação quando reconectado com a análise que Pascal faz da condição humana, que apresenta o grande problema: o que devemos fazer, uma vez que nossa existência parece fadada ou a honesto sofrimento ou às satisfações superficiais da diversão? Temos um abismo tão grande quanto Deus em nosso ser. Num esforço para arrolhar seu vórtice sugador e aliviar nossa ansiedade, jogamos nele tudo que podemos. Nada funciona de verdade. Deveríamos entregar nossas vidas a Deus na esperança de que Ele seja real e vá verdadeiramente nos satisfazer? Ou o conforto da religião é mera ilusão – uma autoilusão infinita?

Antes de mais nada, Pascal pensa que não temos como conhecer intelectualmente a existência de Deus, muito menos a aparência que Ele poderia ter caso exista. Quando podemos provar alguma coisa, a razão nos compele a agir em conformidade com isso. Mas Pascal nega que alguma coisa possa ser provada ou refutada quando se trata do divino: "Se há um Deus, ele está infinitamente além de nossa compreensão, pois, sendo indivisível e sem limites, não tem nenhuma relação conosco."[11] É um abuso flagrante "da mente matemática" que pensadores como Descartes construam provas de Deus, precisamente tão ruim quanto chegar ao ateísmo por meio do raciocínio. O que haveria de mais incerto para o nosso raciocínio do que a possibilidade de um ser perfeito? A honestidade intelectual nos ordena confessar nossa completa ignorância de Deus. Quando uma moeda é jogada para o alto e lhe pedem para prever se dará cara ou coroa, a resposta certa é: "Como eu poderia saber? Ela pode cair de uma maneira ou de outra." Portanto, todos nós deveríamos ser agnósticos.

O que Pascal afirma em seguida é que não podemos ser agnósticos. Temos de apostar. Não somos meros espectadores intelectuais do arremesso da moeda da existência de Deus. Nossas vidas dependem do fato de o resultado ser cara ou coroa. Estamos "envolvidos", para usar o termo de Pascal. O agnosticismo, para ele, é simplesmente uma recusa a admitir aquilo em que você apostou sua vida. Tal como ele vê a questão, ou bem você vive uma vida comprometida com Deus, ou bem não o faz. Não há a opção de esperar até que a moeda que gira eternamente caia.

Jean-Paul Sartre fala sobre um estudante francês que estava num impasse durante a ocupação alemã da França. O irmão do rapaz tinha sido morto pelos nazistas. Seu pai provara-se um semitraidor. Sua mãe estava doente e pesarosa. O estudante estava convencido de que sua presença era a única razão para que ela continuasse a viver. Parte dele aspirava a se juntar à Resistência e vingar o irmão. Outra parte sentia-se obrigada a ficar em casa e cuidar da mãe. O que deveria fazer?, perguntou ele a seu professor de filosofia. Poderíamos nos sentir inclinados a dizer, como faz Sartre, que não há nenhum caminho claramente correto. Do ponto de vista intelectual, a melhor resposta poderia ser que não há resposta correta. Mas o estudante está envolvido. Ele não pode dizer de boa-fé: "Esta é uma escolha impossível, por isso vou ser agnóstico em relação a ela." Ele é obrigado a ou ficar em casa ou partir e lutar. Pode dizer "Eu não sei", mas não pode viver "Eu não sei". Está condenado à liberdade, como Sartre gosta de dizer. Enquanto ele prolonga sua meditação inconclusiva, está escolhendo permanecer em casa. Da mesma maneira, segundo Pascal, um agnóstico é essencialmente um ateu sem coragem para admiti-lo.

Pascal está certo ao dizer que estamos envolvidos. Não somente com Deus, mas com cada questão séria em filosofia. Temos de viver como se soubéssemos o que são amor, beleza, justiça e verdade, ainda que não tenhamos o menor indício sobre o verdadeiro significado dessas palavras. O que é a vida com exame? Basicamente, encarar o quanto há de jogo em se ser humano. Será que você deveria se casar? Ter filhos? A que trabalho deveria se dedicar? Como deveria decorar a sua casa? Como deveria tratar os outros? Quão egoísta deveria ser? Deveria obedecer a seu coração, à sua cabeça ou aos seus pais? Uma das grandes e desgraçadas façanhas da modernidade é que você não precisa ser um rei ou uma rainha para ter o poder de responder a estas perguntas. Outra de nossas grandes e desgraçadas façanhas é que as próprias questões se multiplicaram – quase interminavelmente. Estamos agora abertos a nos preocupar com cada escolha que fazemos – por exemplo: deveríamos andar de bicicleta, pegar um ônibus, comprar um carro híbrido ou continuar a dirigir nosso beberrão de gasolina para ir ao trabalho? Cada avanço em nosso poder nos traz novas questões impossíveis.

Para Pascal, todas essas questões se reduzem a uma única. Deveríamos ser religiosos? Em outras palavras, deveria nossa vida ser guiada por Deus, ou deveríamos nós decidi-la? Lembre-se: nenhuma direção é inerentemente mais racional ou absurda que a outra. Ser ateu é tão respeitável do ponto de vista intelectual quanto ser um religioso praticante. Os *Pensamentos* de Pascal são um dos primeiros textos de que tenho conhecimento que – mais uma marca de sua modernidade – admitem o ateísmo como uma opção perfeitamente válida. A religião aparece, como não o fez para a maior parte da história humana, como uma esfera da vida humana entre outras; situamo-nos fora dela e podemos escolher entrar ou não.

Quando a mente nos permite tomar um caminho ou outro em relação a uma questão, voltamo-nos para o coração ("O coração tem razões que a razão desconhece").[12] Mas o coração é vaidoso e cobiçoso; assim, começamos imediatamente a pensar sobre o que podemos ganhar ou perder com nossa escolha. Imagine que eu lance uma moeda e lhe diga: "Se você apostar em cara e acertar, dou-lhe um milhão de dólares; se apostar em coroa e acertar, dou-lhe a moeda." Mesmo que a coroa continue a ser tão provável quanto antes, você seria idiota a ponto de apostar em outra coisa senão em cara? A situação com Deus, na analogia de Pascal, é essencialmente a mesma. Se Deus existir, e devotarmos nossas vidas a Ele, temos a possibilidade de ganhar a felicidade que nenhuma outra coisa no mundo proporciona. Em uma palavra, temos a possibilidade de ganhar o céu.

Além disso, não perdemos nada devotando nossas vidas a Deus, mesmo que estejamos errados. Se, ao contrário, formos ateus, e Deus de fato não existir, o que ganhamos? Nada, segundo Pascal. Mas, se estivermos errados, o que temos a possibilidade de perder?

UMA DAS PRIMEIRAS CRÍTICAS à aposta que surgem, em geral suscitada por ateus, é que Pascal caracterizou de maneira injusta o que exatamente podemos perder se apostarmos erroneamente em Deus. Ao nos devotarmos ao sobrenatural, podemos perder os prazeres da natureza. A religião exige que renunciemos a certas partes do que somos. No mínimo, devemos desperdiçar o tempo necessário à prática da religião. No máximo, poderíamos estar abrindo mão dos únicos bens que jamais teremos.

Pascal tem duas respostas para essa crítica. A primeira é uma ideia matemática, que na verdade é apenas uma maneira abstrata de expressar a segunda ideia sobre a nossa psicologia. A ideia matemática é que, mesmo que haja ganhos potenciais na opção pelo ateísmo, eles são bens finitos, ao passo que o bem de Deus é infinito. O infinito sempre vence. Uma quantia ilimitada de dinheiro é mais do que aquilo que mesmo Bill Gates possui. A segunda refutação tem raízes na visão de Pascal sobre a condição humana. Sem dúvida a religião nos pede para renunciar a aspectos do que somos – mas e daí? A que você tem medo de renunciar: sua ansiedade, suas diversões, seu tédio, sua inconstância ou sua vaidade? Tal como um estudante formulou a crítica: "Você de fato perde alguma coisa se acreditar em Deus e estiver errado; terá desperdiçado todas aquelas manhãs de domingo!" A resposta pascaliana para isto é: "O que mais você iria fazer com aquelas manhãs de domingo? Jogar videogame? Assistir à televisão?" Com relação a bens naturais como o amor, a religião não nos pede para renunciar a eles: promete aperfeiçoá-los.

Outra crítica comum à aposta, feita em geral por aqueles que são religiosos, é que Deus não sorrirá para os que estiverem fazendo uma aposta egoísta em Sua existência. Não há valor religioso na crença gerada pela aposta, assim como não há valor moral num negócio que faz uma doação filantrópica motivada unicamente pelo desconto tributário. Mas se Pascal estiver certo sobre o estado de nosso conhecimento, eu me pergunto se não seria cruel da parte de Deus examinar a genuinidade de nossa crença. Voltemos ao nosso arremesso de moeda. Você apostou em cara. Não é um pouco demais se, antes de lhe mostrar a face da moeda, eu lhe perguntar: "Você está apenas dizendo cara ou realmente acredita nisso?"? Seria tolice esperar que alguém negasse sequer a possibilidade de coroa quando se trata, afinal de contas, de um arremesso de moeda. O que poderia significar "acreditar realmente em cara" senão apostar nisso? O que significa "acreditar realmente em Deus" senão apostar sua vida em Deus?

Apesar disso, Pascal é sensível à crítica. Sua resposta é: "O costume é a nossa natureza", ou, tal como os Alcoólicos Anônimos expressam a mesma ideia: "Finja até que se torne verdade."[13] Um bêbado que consegue fingir sobriedade com sucesso por tempo suficiente não é mais um bêbado. De maneira semelhante, se você executa os movimentos de ser religioso, ao fim e ao cabo se tornará de fato religioso, pois nós nos tornamos tudo aquilo a que nos acostumamos. Naturalmente, você deve "fingir" religiosidade com a mente aberta, acreditando de fato que a felicidade perfeita está potencialmente sobre a mesa. A meu ver, para Pascal isso significaria no mínimo: ir à missa, aprender o básico de teologia, rezar algumas vezes ao dia, tentar ser correto com o próximo, arrepender-se, esforçar-se mais e em geral tentar viver uma vida santa. Quaisquer obstáculos que sua alma tenha oposto a Deus irão pouco a pouco se desmontar, assim como não fazer essas coisas rapidamente erguerá tais obstáculos. Não nos tornamos ateus ou crentes com base em uma ideia intelectual. "O costume reina sobre tudo", como diz o poeta antigo.

Outra maravilhosa crítica a Pascal foi proposta por um de meus alunos numa dissertação intitulada "A roleta de Pascal". Ele afirmava que a metáfora do arremesso da moeda era ruim porque há de fato numerosas possibilidades em que somos compelidos a apostar. Como na roleta em que se deve apostar ou no vermelho ou no preto, devemos ou acreditar ou não acreditar em Deus; mas, além disso, assim como apostadores na roleta podem arriscar em um dentre 38 números, assim também devemos apostar em uma de cerca de 38 religiões (na verdade, bem mais, se começarmos a levar em conta as denominações). Deveríamos ir à missa ou à mesquita? É mais provável que Deus fale hindi ou hebraico? Deveríamos ser wahabistas ou wiccanos? Meu aluno se debateu um pouco com a ideia de que ainda poderia fazer sentido, segundo a lógica de Pascal, apostar em um dos números de Deus, e não numa forma de ateísmo. Mas concluiu, não sem razão, que, por haver tantas possibilidades, e nossas chances de vencer serem desalentadoramente baixas, nenhuma aposta é na verdade melhor que outra.

A roleta da religião provavelmente é uma metáfora melhor que o arremesso da moeda na eternidade, como o próprio Pascal compreende. (Mal sabia o meu aluno que Pascal introduziu uma forma primitiva de roleta como parte de sua busca por uma máquina de moto-perpétuo!) O fundador da teoria da probabilidade analisa de fato o que considera serem as "opções de vida", para usar a expressão de William James para as religiões as quais podemos encarar como possibilidades reais. No caso de Pascal, há três grandes quadrados religiosos no plano: judaísmo, islã e cristianismo.

É comum que as pessoas façam objeções à religião por conta do grau em que seus dogmas parecem inverossímeis. Pascal, em contraposição, procura apostar numa religião suficientemente inverossímil. Sua questão é menos "Uma religião é crível?" do que "Uma religião é incrível o suficiente?". Talvez a teoria mais comum da verdade seja que uma ideia conta como verdadeira quando se conforma à realidade. Nesse caso, a ideia da religião deve ser avaliada contra a realidade da natureza humana – aquela coisa ansiosa, mutável, desgraçada, esplêndida, corajosa, incrível. "Que tipo de anomalia então é o homem!", exclama Pascal. "Quão novo, quão monstruoso, quão caótico, quão paradoxal, quão prodigioso! Juiz de todas as coisas, débil minhoca, repositório de verdade, antro de dúvida e erro, glória e refugo do universo!"[14] Uma religião sensata é absurda porque a natureza humana é tudo menos sensata. Precisamos de uma religião paradoxal, uma religião que fale à nossa miséria e à nossa grandeza ao mesmo tempo. O único dogma que nos conviria teria de nos reconhecer como os gloriosos trastes que somos. Em suma, Pascal pensa que o cristianismo, a mais escandalosa de todas as religiões, é nossa única esperança. O islã e o judaísmo são compreensíveis demais. Imagino o que ele teria achado do unitarismo.

Pascal adere a uma visão cristã clássica do islã e do judaísmo como religiões da lei. Ambas mapeiam nossa grandeza ao longo de um caminho sagrado, o da Halachá ou da Charia. (A vantagem do judaísmo, segundo Pascal, é reconhecer implicitamente que nossa miséria e grandeza interagem e assim profetizam nossa salvação; a vantagem do islã, para Pascal, é ser uma religião universal, como o cristianismo.) Mas, dada a nossa natureza desgraçada, somos incapazes de levar vidas imaculadas. Na verdade, o que o legalismo da religião mais faz, muito contrariamente às suas intenções, é nos transformar em hipócritas. Como diz Pascal: "Estabelecemos e desenvolvemos a partir da concupiscência admiráveis regras de organização social, ética e justiça, mas, na raiz, a raiz maligna do homem, essa matéria má de que somos feitos está somente escondida; ela não é corrigida."[15] Na igreja, quando era criança, eu costumava me perguntar por que dizíamos uma prece de confissão todos os domingos. Se estávamos mesmo tão arrependidos de pecar, por que simplesmente não parávamos de fazê-lo? Imagine um homem que bate na mulher de segunda a sábado (de fato, conheci um paroquiano que fazia exatamente isso) e todo domingo, como um relógio, diz estar arrependido de fazer isso. Que tipo de expiação é essa? Por que nós, como uma congregação, nunca rezamos: "Tendo nos penitenciado sinceramente semana passada, esta semana não temos nada a confessar"? É uma perplexidade honesta, mas é preciso alguma triste sabedoria adulta para compreender sua ingenuidade. Se uma religião da lei se provar a aposta certa, estaremos numa grande enrascada, porque poucos ou nenhum de nós, segundo Pascal, poderiam encarar Deus e se gabar honestamente: "Segui a sua lei; agora deixe-me entrar no céu." Há um bom livro sobre a teologia de Pascal cujo título mais ou menos a resume: *God Owes Us Nothing* [Deus nada nos deve]. Se a obediência à lei de Deus fosse um requisito necessário para a salvação, o céu se autodestruiria por falta de almas suficientes para jogar uma partida de beisebol.

Precisamos é de uma religião de lei e perdão, de grandeza e miséria, não como momentos separados, mas como uma grande unidade. Somente o cristianismo, segundo Pascal, sintetiza os opostos de nossa natureza numa salvação crível. Ao nos compreender, apenas o cristianismo nos torna amáveis. Sua mensagem paradoxal pode ser percebida com facilidade nas histórias de Jesus. Quando um homem rico se aproxima dele e pergunta: "Mestre, que farei de bom para ter a vida eterna?", Jesus responde: "Guarda os mandamentos." O homem retruca: "Tudo isso tenho guardado." Então Jesus diz: "Se queres ser perfeito, vai, vende os teus bens e dá aos pobres, e terás um tesouro nos céus." Nessa altura, o homem faz o equivalente a dar uma olhada no relógio e dizer: "Acho que está na minha hora, preciso ir andando. Depois nos falamos." O fato é que raramente procuramos herdar a vida eterna, apesar de nos vangloriarmos; o que a maioria de nós busca na religião é ter sua vaidade lisonjeada. O que o homem rico queria ouvir de Jesus era: "Você é um verdadeiro modelo. Se ao menos aqueles samaritanos fossem bons como você!" São atitudes como a desse crente abastado em face de nossa ignorância e miséria que afastam tantas pessoas da religião, sobretudo os mais jovens. Quando as pessoas querem jogar o jogo da lei, Jesus não lisonjeia sua vaidade de maneira alguma: ele as faz jogá-lo até o mais fundo de seu ser. Se você se gaba de seguir os mandamentos, Jesus diz que deveria ir até o fim e doar sua fortuna para obras de caridade. Se você se gaba de não trair sua mulher, ele replica: "Eu, porém, vos digo: todo aquele que olha para uma mulher com desejo libidinoso já cometeu adultério com ela em seu coração." Hum. O recado parece ser que se você está empenhado em ser perfeito de acordo com a lei, então vá em frente e aperfeiçoe-se. Mas, até fazê-lo, cuidado para não atirar a primeira pedra.

Quem de fato se sai bem nos Evangelhos senão as pessoas religiosas semipiedosas? As pessoas que Jesus parece mais inclinado a abençoar são coletores de impostos, ladrões e prostitutas – almas que se confrontaram com sua miséria e pedem perdão, tremulamente. "A grandeza do homem advém de saber que é miserável", na excelente frase de Pascal.[16] Temos uma chance muito melhor de ganhar o jogo do perdão que o jogo da lei. No entanto, o perdão só pode ter lugar num contexto da lei. O que se passa não é, como poderia parecer à primeira vista, que Jesus esteja admitindo o roubo e a prostituição, muito menos a tributação. Devemos jogar os jogos da lei *e* do perdão. Jesus é mais crítico que seus pregadores irados *e* mais clemente que seus mais progressistas fariseus. Só acreditando profundamente na lei, segundo Pascal, somos capazes de reconhecer nossa mansidão e herdar a Terra.

O cristianismo é, como eu disse, uma religião que estende a credulidade. Ser cristão é crer num grande número de paradoxos: que a verdadeira moralidade aparece no contexto da imoralidade, que Deus é humano, que o poder é expresso em sofrimento e que esse Deus humano, ao emitir o famoso lamento de abandono na cruz, é uma espécie de ateu. Quando meus alunos protestam que o islã ou o judaísmo estão sendo caluniados por Pascal, que a mesma estranha lógica de lei e perdão está em obra na religião deles, eu o admito. Talvez Pascal esteja retratando os outros monoteísmos de maneira injusta. É possível que o islã e o judaísmo sejam exatamente tão absurdos quanto o cristianismo.

EMBORA SEJA DIFÍCIL IMAGINAR alguém se convertendo ao cristianismo após ler "a aposta de Pascal", muitos de meus alunos encontraram nos *Pensamentos* uma descrição de suas vidas e de seu tenso relacionamento com a possibilidade que chamamos de Deus. Quase todos eles, quando pensam sobre o assunto, reconhecem como a metáfora do jogo é apropriada para a condução de uma vida humana. A própria modernidade vacila com relação à questão da religião, apostando por vezes no vermelho, por vezes no preto. Seja qual for seu status religioso, eles se identificam com a análise de Pascal sobre a necessidade de diversão. Como poderia alguém em nossa cultura não o fazer? Em uma dissertação, um aluno mais velho escreveu:

> Senti em minha vida como as coisas se parecem muito com um jogo. E sei por experiência própria o que Pascal quer dizer com miséria. Não gosto de admitir, mas já fiz algumas coisas. E a maior parte delas a pessoas que eu amava, além do mais. Cresci mais ou menos religioso, mas, quando deixei a casa de meus pais, deixei a igreja também. Não posso dizer que algum

dia analisei isso em detalhe como fez Pascal, mas não consigo pensar numa maneira melhor de expressar meu retorno à igreja na casa dos trinta anos senão como uma "aposta". Eu queria perdão. Queria ser parte de algo maior. Não acreditava necessariamente nisso, mas queria acreditar. E segui os passos, "finja até que se torne verdade", exatamente como disse Pascal.

Mas aí está o problema. Fingi durante vários anos, mas nunca se tornou verdade. Não sei por quê. Eu simplesmente não conseguia. Nunca me senti em casa. Não que as pessoas não fossem amáveis comigo na igreja. Na verdade, eram amáveis demais...

Tento levar uma vida boa. Estou tentando agir melhor. Suponho que agora estou apostando que, se houver um Deus, tentar será o suficiente. É como o que Sócrates disse, que deveríamos fazer o que é certo porque é certo, não porque a religião diz que é certo. Tenho a esperança de que Deus veja as coisas dessa maneira.

Amém.

SUGERI QUE A ANÁLISE da ansiedade humana feita por Pascal e a subsequente relação dele com a religião estão ligadas a seu status como moderno. Deixe-me dissipar uma possível confusão. Não estou sugerindo, como poderia fazer um marxista, que as condições materiais do tempo de Pascal são inteiramente responsáveis por sua embaraçada filosofia. O que na verdade penso é que as condições da modernidade enfatizam e até exageram nossa ansiedade e necessidade de diversão naturais. Quando filósofos compreendem verdades eternas, estão usando as luvas do tempo. Em certo sentido, temos sorte por estarmos sofrendo a ansiedade de Pascal. Em idades mais primitivas, não tínhamos nenhum tempo para sofrê-la: a vida era difícil demais. Abençoada sejas, Modernidade, por nos dares a liberdade para sermos ansiosos!

Interlúdio sobre fogueiras e o Sol

> Até que o fogo esteja morrendo na lareira,
> Não buscamos nenhum parentesco com as estrelas.*
>
> GEORGE MEREDITH

ENTÃO, o que têm os filósofos a dizer à minha aluna Crystal sobre Deus e, nas suas palavras, "todos esses rituais e cerimônias inúteis"? Al-Ghazali comprova a possibilidade de experimentar Deus e dotar esses rituais e cerimônias com seu significado interior; Descartes explora a possibilidade de provar (e, por essa via, a possibilidade de refutar) Deus e se volta para o uso cuidadoso da razão humana a fim de resolver nossos problemas; e Pascal pensa que Deus é o crupiê cósmico em cuja existência ou inexistência devemos apostar nossas vidas na esperança de que essa aposta nos valha um grande prêmio. Embora misticismo, racionalismo e ceticismo vão estar sempre conosco, a história os reorquestra, atribuindo-lhes pelo menos uma pequena parte no coro de uma época. Certamente, para você e eu, com nossos capacetes de *snowmobile* cheios de fios, o misticismo não é tão disponível publicamente quanto era para al-Ghazali. Até o fogo místico de Pascal foi costurado no forro de seu paletó.

Mais ou menos como alunos me importunam com relação às minhas próprias crenças, eu costumava obrigá-los a avaliar que abordagem de Deus é melhor. Descobri que essa avaliação não dá em muita coisa. Os

---

* Tradução livre de *"Not till the fire is dying in the grate,/ Look we for any kinship with the stars"*, do poema "Modern Love: IV". (N.T.)

tipos poéticos gostam da abordagem mística, os tipos científicos preferem o método racional e a maioria das pessoas pensa que se trata de um grande jogo. Nossa sociedade nos condiciona a ser tolerantes com todas as maneiras ou com nenhuma delas. (A tolerância é uma bênção, mas não se for uma desculpa para se omitir. É bom tolerar a multiplicidade das línguas, mas você tem de falar pelo menos uma delas!) Uma lição que eu mesmo aprendi baseia-se na semelhança subjacente às principais abordagens de Deus e faz parte da odisseia da própria filosofia.

Segundo um sermão do século XVII, em linhas que inspiraram "Jornada dos magos" de T.S. Eliot, o bispo Lancelot Andrewes diz sobre as viagens dos chamados magos: "Não havia um avanço do verão. Eles enfrentaram uma vinda do frio nessa época do ano, a pior para se fazer uma viagem, sobretudo uma viagem longa. Os caminhos fundos, o tempo adverso, os dias curtos, o sol mais distante, no *solstitio brumali*, 'em pleno coração do inverno'."[1] Partimos na viagem da filosofia, a busca da sabedoria, a despeito do conforto, a despeito da sensatez, muitas vezes rumo às profundezas de nossa solidão – impelidos pela força de uma verdade que nem sequer conhecemos, mas que de alguma maneira sabemos que devemos conhecer.

Digo a palavra "verdade" um pouco nervosamente, porque o que encontramos talvez não seja toda a história, mas sim uma expansão, muitas vezes dolorosa, de nossas limitadas crenças numa amostra mais ampla da realidade. Quando crianças descobrem que são os pais que mordiscam as cenouras deixadas para Rudolph, a rena do nariz vermelho, elas ainda não aprenderam tudo o que o mito do Papai Noel significa (ainda não posso dizer que sei), mas ampliaram sua capacidade de compreender o mundo. Exatamente quanto os magos viram no bebê que choramingava na manjedoura é impossível dizer, mas é uma aposta segura afirmar que as verdades que se descobrem a partir dele ainda hoje, dois milênios depois, não foram completamente abarcadas por sua sabedoria. As crianças curiosas e os magos em busca sem dúvida ganham, mas talvez também percam algo importante. A centelha imaginativa da criança inquieta na noite de Natal é extinta em algum grau pela verdade; e, se o mito do Papai Noel tem algum valor, é acender a tênue luz de magia que os magos encontraram na manjedoura. Talvez algum dia, após a busca de um adulto, esse fogo imaginativo possa ser reaceso e atiçado para algo mais útil que ingenuidade ou ceticismo. Descobrir a verdade é ter nossas almas desorientadas e depois reorientadas para uma maneira superior de ser. No poema de Eliot, em desespero o mago pergunta: "Percorremos toda aquela estrada/ rumo ao nascimento ou à morte?"* Trata-se de um nascimento e de uma morte. A verdade é um nascimento e uma morte, se posso colocar as coisas nestes termos.

No LIVRO 7 DA *República*, Sócrates nos pede para imaginar uma grande habitação subterrânea em que as pessoas ficaram aprisionadas durante a vida toda. Embora nenhuma luz solar chegue aos prisioneiros, uma fogueira atrás deles ilumina a parede para a qual estão voltados. Outro grupo de pessoas caminha diante da fogueira com bonecos para um teatro de sombras. Essencialmente, a cena é como um cinema torcido. O tempo todo os prisioneiros veem imagens emitidas por um projetor primitivo. Como nunca conheceram senão isso, os conceitos de realidade e valor são completamente baseados na luz pálida e nas sombras bruxuleantes – embora eles não concebam as aparências como sombras, ignorando o modo como são geradas. Grandes negócios na caverna envolveriam adivinhar qual seria a próxima imagem. Se você tivesse dinheiro, pagaria 50 mil dólares por ano para mandar seu filho à faculdade para fazer um curso de adivinhação de sombras. (Mais uma história inverossímil de Platão! Como se as pessoas fossem algum dia tolerar passar o dia todo sem fazer nada além de olhar para imagens numa tela, ou enviar seus filhos à escola para algo tão tolo quanto a manipulação de informação!)

Em seguida Sócrates nos convida a imaginar o que significaria fugir da caverna. Você teria de ter uma estranha mistura de coragem, curiosi-

---

* Tradução livre de *"Were we led all that way for/ Birth or Death?"*, do poema "Journey of the Magi". (N.T.)

dade e loucura, pois nem sequer saberia que estava aprisionado. E, caso se arrastasse a duras penas para fora da caverna e metesse a cabeça na luz solar, seria dolorosamente cegado, e por isso tenderia a acreditar que o mundo existente fora da caverna, fosse ele qual fosse, era inadequado para olhos humanos. Mas digamos que de alguma maneira você tivesse se libertado, se desvencilhado e tido a audácia de ficar por ali. Seus olhos acabariam por se adaptar ao mundo iluminado, e a primeira coisa que você veria – desviando os olhos o mais possível do sol penoso – seria a sombra de uma árvore. Você pensaria com seus botões: "Ah, aqui também eles têm árvores." Mas, quando sua visão se adaptasse um pouco mais, você olharia para cima e notaria que preso à "árvore" havia um objeto em forma de árvore muito mais vívido do que a árvore-sombra que você conhecia: um gigante tridimensional oscilante com casca, folhas e uma inaudita realidade. Após um longo, estranho e confuso período de transição, você finalmente se daria conta de que estivera vendo sombras o tempo todo.

Embora você fosse ficar tentado a residir permanentemente no mundo iluminado pelo sol, creio que acabaria se sentindo na obrigação de retornar à caverna e libertar os prisioneiros entre os quais havia crescido. Fazer isso não seria uma façanha nada fácil. Você proclamaria: "O que vocês veem diante de si não é real de maneira alguma! Suas amadas imagens não passam de – como posso dizer isso? – sombras, projeções, versões menores de uma realidade muito mais vívida. Na verdade, são meras sombras baseadas em bonecos de sombra baseados em coisas reais!" Diante disso seu interlocutor tenderia a responder: "Isso é loucura. É claro que são reais. Você tem umas ideias tão... *interessantes*! Mas vamos voltar aqui, o que vai aparecer agora?" Você diria: "Você não está entendendo. Você é um prisioneiro. Não importa o que vai aparecer agora!" Seu interlocutor então retrucaria: "Não importa? Estou pagando 50 mil dólares por ano para que meu filho possa calcular o que virá agora. É melhor que importe! Sério, o que virá agora? Ou sua 'viagem ascendente' estragou sua vista, seu sabichão?" Segundo Sócrates, se você persistisse na tentativa de libertar prisioneiros inconscientes de seu aprisionamento, eles o matariam se pudessem.

É difícil não pensar que um significado dessa alegoria concerne à vida e à morte do próprio Sócrates, que é executado por "corromper" atenienses fazendo-os se confrontar com o fato de que seus conceitos fundamentais são na melhor das hipóteses verdades parciais, imagens bruxuleantes de uma realidade mais complexa. O que é o método socrático senão a tentativa de conduzir pessoas através da escuridão para que vejam a verdade por si mesmas? Sócrates pode quase sempre levar seus interlocutores ao ponto de serem cegados pela luz solar do conhecimento; esse momento nos diálogos, no qual eles se sentem completamente confusos, é chamado de aporia. Mas bem poucos desses interlocutores chegam a ir adiante. A maioria deles, como Eutífron, lembra-se de repente de um compromisso inadiável em outro lugar e volta a se entocar em seu canto na caverna.

Mas a alegoria não diz respeito apenas à história de Sócrates. Ela mapeia a própria busca filosófica, que corresponde ponto por ponto às jornadas de al-Ghazali, Descartes e Pascal. Em cada caso, o filósofo começa reconhecendo que as verdades à sua volta são projeções de uma cultura particular. Os filhos dos cristãos crescem abraçando o cristianismo; os filhos dos judeus crescem abraçando o judaísmo; e os filhos dos muçulmanos acabam seguindo a religião do islã. E, se imagens de democracia e consumo são projetadas em todas as telas e camisetas diante de nós, acabamos sendo consumistas e acreditando em liberdade religiosa. Cada filósofo insiste, portanto, em avançar com determinação para encontrar os modelos originais dos bonecos de sombra da cultura e da religião. Cada um escala arduamente o caminho para fora da caverna e, no momento de se libertar da tradição, é cegado: al-Ghazali experimenta sua crise de ceticismo; Descartes sente que está se afogando num turbilhão de dúvida, certo somente de que nada é certo; e Pascal nos confronta com nossa completa ignorância sobre a possibilidade de Deus. (No fim de um semestre de filosofia, a maioria dos alunos se sente mais atordoada que esclarecida. Se Sócrates estiver certo, isso é ótimo. É falsa a educação que não confunde os alunos por completo em algum ponto, embora nesse ponto muitos deles se lembrem de um compromisso urgente em algum outro lugar, em geral uma escola de negócios.) Nossos filósofos avançam heroicamente, e por fim conseguem se adaptar à luz do sol à sua própria maneira. Al-Ghazali vê Deus, que é simbolizado na alegoria pelo próprio sol. Descartes reconhece com esmagadora certeza a verdade de ideias claras e distintas. Pascal é um caso mais curioso, pois nos *Pensamentos* não afirma ter escapado da caverna e de suas diversões; sua filosofia aposta na possibilidade de haver um mundo iluminado, mesmo que nunca o vejamos durante esta vida.

Nós nos relacionamos com a verdade em diferentes níveis: o nível dos "conformistas servis" na caverna (você e eu); o nível dos operadores dos bonecos de sombra que perpetuam e ajustam as ideias fundamentais de uma cultura (artistas, políticos, autoridades religiosas, pais, por vezes você e eu); e por fim o nível dos prisioneiros libertados, que veem a luz do sol e tentam negociar entre sua visão mais elevada e a vida na caverna (cientistas revolucionários, filósofos, profetas, por vezes você e eu). Ao ler a história de Platão pela primeira vez, desdenhamos os prisioneiros por sua indevida confiança nas sombras. De maneira semelhante, muitos de meus alunos mais inteligentes desdenham a religião insuficiente e a cultura superficial em que foram criados. Mas a história deveria despertar nossa solidariedade em relação a eles. Eles são nós. Sim, as pessoas adoram sua pequena fogueira quando deveriam buscar afinidade com o sol. Mas isso é compreensível. É noite lá fora. Além disso, como al-Ghazali percebe, não podemos, pelo menos em nossa atual condição, viver o tempo todo no mundo iluminado pelo sol; precisamos de nossas pequenas fogueiras para lembrar o grande fogo.

PARTE 4

Qual é a natureza do bem e do mal?

> Com sofrimentos obterás do solo o teu alimento, todos os dias da tua vida.
>
> GÊNESIS 3:17

COMO É ATRAVESSADA pela estrada de ferro, Ainsworth, em Iowa, foi uma cidade florescente no início do século XX, repleta de restaurantes, bares, mercearias e uma ópera. No último quarto do século, quando eu estava crescendo lá, ela havia encolhido para cerca de quinhentos habitantes. A rua principal lembrava uma cidade-fantasma de um *western spaghetti*, conservando apenas os bares. Duas das igrejas que ela outrora abrigara, uma metodista e uma presbiteriana, haviam se unido numa igreja híbrida que frequentei todos os domingos quando criança. Por alguns anos tínhamos um ministro metodista, depois o trocávamos por um pastor presbiteriano, durante outros tantos anos. Nos meses frios, os cultos eram realizados na igreja do fim do quarteirão, que era mais bem aquecida; nos meses quentes, na igreja do começo do quarteirão, mais ventilada. O fundo de cada cadeira de dobrar estava marcado com um P ou um M, dependendo de seu lar original, e vários paroquianos mais velhos demonstravam suas convicções particulares sentando-se apenas sobre a letra de sua denominação. No curso preparatório para a crisma, o professor muitas vezes se confundia com as tradições de uma e outra. Tínhamos de escolher, mais ou menos aleatoriamente, em que denominação seríamos crismados. Como todas as outras pessoas educadas dessa maneira, esqueci qual escolhi.

Os setenta membros da estranha igrejinha forneceram-me todo o espectro da natureza humana, todas as gradações do arco-íris, da grandeza à depravação. Sinto-me especialmente contente por ter sido exposto à Bíblia, embora a igreja em si tenha feito pouco além de me expor a ela. Na verdade, as passagens bíblicas que eu lia na igreja e na escola dominical pareciam completamente deslocadas em seu cenário. Eu lia: "Eu formo a luz e crio as trevas, asseguro o bem-estar e crio a desgraça: sim eu, Iahweh, faço tudo isto", e em seguida um sermão que começava e terminava com piadas, sobre como devíamos ser bons uns para os outros.[1] Eu assistia a uma aula sobre valores familiares depois de ler que Jesus dissera: "Se alguém vem a mim e não odeia seu próprio pai e mãe, mulher, filhos, irmãos, irmãs e até a própria vida, não pode ser meu discípulo."[2] A Bíblia, que parecia cheia de perigo e de um antigo e horrível poder, era ao mesmo tempo ignorada, como um exemplar do *Rei Lear* numa sala de aula do jardim de infância, ou tratada com estranha calma, como quando tolos mantêm um tigre como bicho de estimação.

Mas, quando penso em instituições religiosas e toda a sua insensatez, ou em aulas de filosofia, aliás, e toda a insensatez delas, não sinto nada senão gratidão. Elas nos mantêm em contato com os tigres do espírito. A igreja teve sabedoria suficiente para me dar uma Bíblia e me obrigar a ler suas passagens misteriosas, assustadoras, abrangentes. E, quando o fiz, os duros bancos da igreja e os rituais despreocupados recuaram, e entrei em comunhão com o Espírito Santo, embora quase sempre mais perplexo que iluminado. Minha mente foi tomada por histórias e demandas que até hoje estou deslindando. Que tipo de Deus é esse, eu perguntava a mim mesmo e ainda pergunto, que se gaba de sua criação gargantuesca: "Poderás crivar-lhe a pele com dardos, ou a cabeça com arpão de pesca?"[3] Como pode alguém conciliar nossas imagens de céu e inferno com "Tudo caminha para um mesmo lugar: tudo vem do pó e tudo volta ao pó"?[4] Uma de minhas passagens favoritas diz: "Maria, contudo, conservava cuidadosamente todos esses acontecimentos e os meditava em seu coração."[5] Quando criança, eu também observava todas essas coisas e sobre elas refletia em meu coração. Dobrei o obituário amarelado de meu avô, cujas palavras finais perguntavam se eu já tinha nascido (ainda não), e o guardei dentro do meu exemplar da Bíblia. Pareceu-me apropriado.

Não precisei ler muito para encontrar uma das passagens mais perturbadoras, a famosa história da maçã da "árvore do conhecimento do bem e do mal". Deus instrui Adão e Eva a não comer o fruto dessa árvore: "Dele não comereis, nele não tocareis, sob pena de morte." A serpente, em contraposição, diz a Eva: "Não, não morrereis! Mas Deus sabe que, no dia em que dele comerdes, vossos olhos se abrirão e vós sereis como deuses, versados no bem e no mal."[6] Eles o comem, é claro, e seus olhos são abertos. Deus diz então que agora "o homem já é como um de nós, versado no bem e no mal",[7] e, depois de lançar sobre o casal toda a conhecida desgraça de estar vivo, os expulsa do Éden para que não possam em seguida comer da árvore da vida e tornarem-se imortais. O "nós" a que Deus se dirige me confundia: ele está falando com a serpente ou com outros deuses? Mas o verdadeiro problema era o fato desconcertante, que a Bíblia se esforça para deixar claro, de que Deus mente (eles não morrem no dia em que comem da árvore), o diabo diz a verdade (ele se tornam de fato "como Deus, conhecedores do bem e mal") e nós sofremos por ter violado a poderosa meia-mentira e acreditado na poderosa meia-verdade.

Às vezes alunos me perguntam (eles me fazem perguntas sobre praticamente tudo) se penso que os eventos narrados na Bíblia de fato aconteceram. Creio que eles acontecem o tempo todo. Toda hora Caim mata Abel, Moisés leva seu povo aos tropeços para fora da escravidão, Jó e Deus discutem, Rute colhe entre os refugos e quatro cavaleiros de um tipo ou outro estão em nosso encalço. Certamente comemos da árvore do conhecimento do bem e do mal, e na dor continuamos a comer dela todos os dias de nossas vidas. Também parece verdade que perdemos nossa oportunidade de comer da imortalidade, a maçã da árvore da vida.

Na faculdade, atuei numa produção dos mistérios medievais, o ciclo dramático usado outrora para instruir camponeses analfabetos na mitologia cristã. Fui escolhido para o papel de Caim. Certa vez, durante o ensaio, logo após a expulsão do Éden, quando Eva conversava com o diretor, Adão acabou de comer a maçã usada em cena e depois a jogou fora como se realmente estivesse em liberdade no Jardim. Ela rolou para junto de mim quando eu tentava memorizar a petulante fala que dirigia a Deus, aquela que começa com as palavras: "Acaso sou guarda de meu irmão?" Meu *self* Caim olhou para a maçã mordida, com apenas mais um ou dois pedaços restando. Uma bela imagem de nosso dilema.

8. O valor moral de uma lágrima

> Esses olhos chorosos, aquelas lágrimas que veem.*
>
> ANDREW MARVELL

NA SÉRIE *Antiques Roadshow*, da rede PBS, colecionadores saem em "turnês de antiguidades" e levam bugigangas para antiquaristas que, depois de examiná-las, tecem histórias sobre elas. O que há de mais dramático em cada encontro é o valor real das sobras. Por vezes, uma tigela japonesa que um soldado obteve em troca de um maço de cigarros revela-se um vaso imperial de valor inestimável. Em outras ocasiões, o vaso imperial pelo qual um colecionador pagou os olhos da cara prova ser uma falsificação que vale tanto quanto um maço de cigarros.

Vamos imaginar agora uma variante do programa chamada *Turnê de antiguidades da alma*. Pessoas curiosas trazem várias escolhas que você e eu, os avaliadores éticos, estudamos e avaliamos, atribuindo a esta um dia no céu, àquela uma semana no inferno, ou o que mais sua imaginação sugerir. No episódio de hoje nossa tarefa é nos pronunciar sobre a palavra "não". Ao esquadrinhar o sótão de sua psique, uma senhora austríaca deparou com essa antiga negativa, falada por seu avô, um homem chamado Franz Jägerstätter, perto do fim da Segunda Guerra Mundial. Ela nos explica que seu bisavô nasceu fora do matrimônio em 1907 em Sankt Radegund, não muito distante de Salzburgo. Embora criado como cató-

---

* Tradução livre de *"These weeping eyes, those seeing tears"*, do poema "Eyes and Tears". (N.T.)

lico, Franz Jägerstätter estava longe de ser um cristão exemplar; como seu pai biológico, teve um filho ilegítimo. Mas por fim se casou, teve três filhas com a mulher e passou a levar o catolicismo a sério. Quando os alemães tomaram sua aldeia, foi o único cidadão corajoso o suficiente para votar contra sua anexação. Criticou o nazismo de maneira aberta nos tumultuados anos que se seguiram. Em fevereiro de 1943, foi finalmente convocado para o exército de Hitler. Consciente de que a recusa significava a morte quase certa, recusou-se a lutar. Seus parentes, amigos e até seu bispo lhe suplicaram que mudasse de ideia. "Faça isso pela sua família", insistiram. "Afinal, você não pode mudar nada sozinho." Mas ele se manteve firme em seu não ao nazismo; e, no dia 9 de agosto, aos 36 anos, foi executado numa guilhotina.

Agora a neta de Franz Jägerstätter põe esse velho e empoeirado *"nein"* em nossas mãos e nos pergunta qual é o seu valor, se é que vale alguma coisa. O que temos a lhe dizer? A recusa de seu avô faz dele um tolo ou um herói, uma alma zelosa ou um pai negligente? Qual é o valor do "não" de Franz Jägerstätter?

NA VERDADE, a *Turnê de antiguidades da alma* existe há tanto tempo quanto nós mesmos. Um de seus primeiros avaliadores, chamado Hamurabi (nascido por volta de 1792 a.C.), deixou para trás princípios de avaliação como: "Se um homem arranca o olho de seu semelhante, seu próprio olho será arrancado", e, "Se durante uma operação malsucedida um paciente morre, o braço do cirurgião deve ser arrancado". Outro de nossos peritos mais influentes era conhecido pela extravagância de sua avaliação, afirmando que a doação de poucos centavos por uma senhora pobre excede de longe a generosidade de um Bill Gates e que o filho louco que esbanja todo o dinheiro do pai e pede perdão é mais merecedor de recompensa que seu irmão diligente.

Na tradição da filosofia ocidental, nenhum avaliador foi mais incisivo que Immanuel Kant, que nasceu em 1724, filho de um seleiro, em Königsberg, uma cidade provinciana da Prússia da qual ele nunca saiu e que lhe forneceu experiência suficiente para construir um dos sistemas filosóficos imortais. Kant fez progressos constantes, ainda que não espetaculares, na escola e acabou se tornando professor em sua *alma mater*, a Universidade de Königsberg. Pago conforme o número de alunos que atraía, lecionou sobre praticamente tudo, em particular matérias científicas. Seus talentos desabrocharam pouco a pouco. Ele especulou sobre a origem do universo a partir de uma nuvem de gás e deduziu corretamente que a Via Láctea era uma galáxia espiral de estrelas. Nunca se casou, levando tempo demais para considerar as oportunidades que teve. Embora tenha publicado alguns tratados interessantes ao longo do caminho, foi somente já perto da casa dos sessenta anos que sua grande obra filosófica começou a aparecer, em particular as três críticas: *Crítica da razão pura*, *Crítica da razão prática* e *Crítica da faculdade do juízo*. Essas obras levaram Heinrich Heine, o mais sábio dos poetas alemães, a concluir que Kant, no sossego de seu gabinete provinciano, era mais perigoso para a ordem estabelecida da Europa que Robespierre e todas as suas guilhotinas. Ele afirmou que o filósofo "tomou o céu de assalto, destruindo-lhe toda a guarnição, e o supremo senhor do mundo boia, indemonstrado, em Seu próprio sangue".[1]

Reza a lenda que as donas de casa de Königsberg acertavam seus relógios pelo infalível passeio vespertino do professor. Esse mito, perpetuado pelos professores de filosofia, atesta a complexidade e precisão dignas de um mecanismo de relógio das três *Críticas*. Embora Kant tenha criticado a obra de Johann Gottfried Herder de maneira devastadora, este escreveu: "Tive a boa sorte de conhecer um filósofo. Ele foi meu professor. ... A história de homens e povos, a história natural e as ciências, a matemática e a observação eram fontes a partir das quais ele animava suas palestras e conversação. Não era indiferente a nada que merecesse ser conhecido. Incitava e forçava os outros gentilmente a pensarem por si mesmos; o despotismo era alheio à sua mente. Esse homem, cujo nome cito com a maior gratidão e respeito, foi Immanuel Kant."[2]

Vários anos atrás, fui solicitado a lecionar uma introdução à ética pela Iowa Communications Network, em que um professor tem de manipular um número interminável de botões num esforço para transmitir um curso simultaneamente para uma variedade de lugares distantes, nos quais os alunos em geral conversam entre si, cochilam e saem antes da hora, porque mal conseguem ver a telinha onde está o professor e não podem ser ouvidos de maneira alguma a menos que apertem um botão de microfone. Como um idiota, tentando agradar um novo decano, aceitei. Por algumas centenas de dólares a mais em meu salário, dediquei todos os minutos acordados a corrigir uma altíssima carga de trabalhos de alunos e me virar de qualquer jeito nos papéis de diretor, redator, cameraman e estrela de uma aula televisionada. Por causa de alguns momentos com uma aluna, valeu a pena.

Julia nunca disse uma palavra, e em geral se sentava fora do alcance da câmera, num dos locais distantes. O trabalho que ela entregou era bom, mas não particularmente memorável. Um dia, ela veio a Iowa City para assistir a uma aula na sala a partir da qual eu fazia a transmissão. Nesse dia, estávamos discutindo a filosofia moral de Kant, em particular sua ideia de que as consequências de uma ação não desempenham nenhum papel na sua avaliação, de que uma ação tem valor moral unicamente com base em seu motivo. O espírito da ideia de Kant pode ser encontrado em nossas "leis do bom samaritano", que sustentam que uma pessoa não deveria ser considerada culpada por tentar ajudar um doente caso sua ajuda se prove injuriosa ou mesmo fatal. Depois da aula, ela se aproximou e se apresentou a mim. Quando começava a se abrir, um técnico nos expulsou da sala: uma outra aula televisionada tinha de começar.

No corredor, Julia olhou nos meus olhos e perguntou com surpreendente paixão: "É verdade o que Kant diz? É verdade que" – ela passou os olhos por algumas anotações em seu caderno – "que as consequências de uma ação são irrelevantes para seu valor moral?" Esquivei-me com o antigo e irritante artifício do professor: "Bem, o que você acha?" Em resposta, ela me contou a história de seu filho.

Alguns anos antes, ao chegar em casa, ela descobrira que o filho tinha tropeçado e caído de um lance de escadas – pelo menos foi isso que seu marido afirmou. Seu marido – do qual estava separada quando me contou a história – era violento, e ela se perguntou se num ataque de raiva ele não teria empurrado a criança escada abaixo. O ferimento foi grave. Quando finalmente saiu do hospital, seu filho estava numa cadeira de rodas e achava penoso mover-se. Julia fazia tudo que podia por ele. Um dia, um médico lhe falou sobre uma operação que, embora arriscada, poderia melhorar o estado do menino. Ela se debateu tentando decidir o que fazer. Incapaz de suportar a visão do filho com dores, por fim concordou. A operação transcorreu surpreendentemente bem. Mas, em decorrência de complicações imprevistas, o menino morreu.

Seu marido culpou-a por essa morte. Em parte, ela também se culpou. Mais do que qualquer outra coisa, havia desejado ajudar o filho que sofria, e no entanto fora sua decisão que levara à morte dele. Enquanto uma procissão indiferente de estudantes e professores avançava com dificuldade pelo corredor, ela olhou para mim, com lágrimas correndo pelas faces, e me perguntou mais uma vez: "É verdade o que Kant diz, que é o motivo que importa, não as consequências?"

Parte do que motivou a decisão de Julia foi certamente seu próprio sofrimento por ver o filho fraturado. O amor materno é algo emaranhado; sua forte e calorosa afeição é complicada com toda espécie de egoísmo. Mas ela não estava procurando uma desculpa. Estávamos seriamente avaliando sua alma, de ser humano para ser humano. Suas lágrimas me fizeram pensar nas lágrimas semelhantes a gotas de orvalho numa de minhas pinturas favoritas, a *Mater Dolorosa* de Dieric Bouts, que retrata Maria como uma mãe comum, uma mãe com os olhos vermelhos de tanto chorar a dura morte de seu menino. A única coisa em que consegui pensar foi: "Eu nunca soube se a filosofia moral de Kant estava certa – até agora. As consequências de uma ação, por mais horríveis que sejam, não desempenham nenhum papel em seu valor moral. Após ouvir sua história, acredito que isso é verdade."

NA TARDE DE 11 de setembro de 2001, autoridades americanas deram ordem para que todos os aviões no espaço aéreo dos Estados Unidos aterrissassem.

Se algum avião não pousasse, seria abatido. O raciocínio por trás dessa decisão parece bastante sensato. Se um avião não pousa, provavelmente foi sequestrado. Se não for abatido, é provável que colida com algum outro edifício importante, matando as pessoas inocentes em seu interior. Sem dúvida, derrubar um avião comercial seria algo horrível, envolvendo a morte de muitos inocentes; mas essas pessoas provavelmente morreriam de qualquer maneira na colisão. O cálculo implacável sustenta que, entre as duas escolhas abomináveis, derrubar o avião causaria menos desgraça geral. O governo americano examinou cada conjunto possível de consequências e escolheu o melhor – ou, pelo menos, o menos pior, como se diz.

A ideia de que o valor de uma ação reside nas consequências que ela ocasiona – em suma, que o fim justifica os meios – é chamada de consequencialismo. Segundo a maior parte das formas de teoria moral consequencialista, uma ação é boa quando promove boas consequências, e é má quando promove más consequências. O presidente, ou quem quer que tenha sido a fonte suprema da ordem, estava quase certamente usando essa lógica moral comum na tarde de 11 de setembro, pesando as mortes decorrentes de uma decisão contra as mortes decorrentes da outra.

Kant rejeita com veemência a lógica do consequencialismo. Um de seus principais argumentos é que é absurdo situar nosso valor em algo sobre o qual não temos basicamente nenhum controle. Não sendo deuses, não podemos controlar ou prever as consequências de nossas ações. Se o presidente realmente pudesse escolher salvar mil pessoas, deveria fazê-lo. Na verdade, porém, ele não podia. A única coisa que ele pode fazer é matar cem pessoas na esperança de salvar mil. As consequências da escolha não são do conhecimento de ninguém. Sim, é possível que ela fosse acabar reduzindo o número de mortos. É também possível – até mesmo provável, dado o que aconteceu no Voo 93 da United Airlines – que os passageiros de nosso hipotético avião tivessem estado a ponto de dominar os terroristas e pousar em segurança.

Na visão de Kant, a única coisa a considerar é a ação, sejam quais forem suas consequências. Se matar civis inocentes é errado, de acordo com a firme lógica de Kant, então não deveríamos fazer essa escolha – jamais. O mal é inadmissível, a despeito de todo o bem que pensemos que advirá dele. (Max Weber, o mais eminente teórico social do século XX, faz uma distinção – talvez relevante aqui – entre o que ele chama de ética da convicção, que é basicamente a ética kantiana, e a ética da responsabilidade, que envolve o ato daqueles que estão no poder de assumir a arriscada responsabilidade pelo modo como as coisas resultam. Será "a ética da responsabilidade" mais pertinente para nossa avaliação de decisões políticas?)

No início da *Fundamentação da metafísica dos costumes*, Kant diz numa frase esplêndida e de grande alcance: "Não há nenhuma *possibilidade* de se pensar coisa alguma no mundo, ou mesmo fora dele, que possa ser considerada boa sem qualificação, exceto *uma boa vontade*."[3] Por "boa vontade" Kant se refere a fazer a coisa certa pela razão correta. Outras coisas boas – como boa aparência, fortuna, coragem, até felicidade – são boas somente se o conteúdo da pessoa for bom. Podemos ter belos nazistas, rábulas ricos, terroristas "corajosos" e estupradores razoavelmente felizes. A única coisa que importa num sentido absoluto – seja aqui, seja na vida após a morte ou num longínquo planeta rodopiante na Via Láctea – é a qualidade interna do agente, a boa vontade.

Depois que expliquei o conceito kantiano de valor moral para uma de minhas primeiras turmas, um simpático aluno chamado Ricky me forneceu um ótimo exemplo de uma boa ação desprovida de valor moral. Ele explicou que alguns dias antes se atrasara um pouco e estava dirigindo apressado para chegar à aula. Na beira da estrada, notou uma mulher que acenava pedindo ajuda com um pneu furado. (Isto foi nos dias não tão distantes em que os telefones celulares ainda não tinham colonizado cada centímetro do espaço privado.) Quando chegou mais perto, vendo que a donzela em apuros era uma colega cuja beleza passara o semestre todo admirando, ele não hesitou em pisar nos freios e ajudá-la com o carro. "Acho que poderíamos dizer", afirmou Ricky com uma piscadela maliciosa, "que, mesmo que eu tenha feito a coisa certa, minha ação não teve nenhum valor moral."

Um resultado interessante da doutrina do valor moral de Kant é que uma concepção religiosa comum da ética – usando céu e inferno como motivadores – na realidade destrói nosso valor moral. Se o que nos inspira a fazer o bem é a perspectiva do céu, nossa ação não é na verdade diferente da de Ricky. Se a perspectiva do fogo do inferno é tudo que se situa entre você e um furto insignificante ou coisa pior, mesmo que a perspectiva causticante seja tão poderosa em sua imaginação que você nunca peque sequer uma vez, então seu caráter é moralmente sem valor, tão imaturo quanto o da criança que só se abstém de maltratar outras quando um dos pais está por perto. Aos olhos de Kant, a decisão de Abraão de sacrificar o filho para agradar a Deus é a essência da imoralidade.

Ao mesmo tempo, se você está disposto a agir da maneira correta mesmo sob a ameaça de um castigo divino, sua ação tem claramente valor moral. Um exemplo da literatura é Huckleberry Finn, que tem de decidir se entrega seu amigo Jim como um escravo fugitivo. O senso de moralidade de Huck – o pouco que ele tem – foi moldado por pessoas brancas religiosas que lhe diziam que escravos são propriedade, e é contra a vontade de Deus que eles se libertem. Embora goste de Jim, ele escreve uma carta para a srta. Watson, a legítima dona de Jim, contando-lhe sobre o paradeiro do amigo. A princípio ele se sente "leve que nem uma pluma" por estar certo com o mundo. Mas acaba por rasgar a carta. Entregar o amigo violaria as profundas convicções de sua consciência. Com seu maravilhoso jeito com as palavras, Huck declara: "Tá bem, então, eu *vou* pro inferno."[4] Precisamente nesse momento, torna-se merecedor do céu.

É difícil determinar a frequência com que fazemos a coisa certa pela razão certa. Kant dá o exemplo de um lojista que cobra de todos os seus fregueses o mesmo preço. Por que ele trata todas as pessoas com justiça? Como o Better Business Bureau disse certa vez num grande anúncio no *New York Times*: "A honestidade é a melhor política. É também a mais lucrativa." Se nosso lojista estiver sendo justo porque isso é correto, sua ação tem valor moral; se estiver sendo justo porque isso é um bom negócio, sua ação é desprovida de valor moral. A maior parte do bem que fazemos suscita este preciso dilema. Fazemos doações para obras de caridade porque desejamos genuinamente ajudar – e obter um desconto no imposto devido. Não roubamos, porque roubar é errado – e não desejamos ir para a cadeia.

Somos bons porque isso é certo – e não é nada mau conseguir um lugar no céu. Não há nada de intrinsecamente condenável em ter essas motivações duais. É ótimo ter medo da cadeia e esperança de ir para o céu. Mas ter essas duas motivações deixa o verdadeiro valor de nosso caráter em grande parte indefinido. As únicas indicações que temos são aqueles momentos em que somos realmente postos à prova, quando estamos usando o anel da invisibilidade de Giges, quando pensamos que poderíamos fazer algo sem sermos punidos, quando nosso ato de caridade permaneceria anônimo e não recompensado, quando nossa oposição ao nazismo significa nossa morte: então vemos do que somos realmente feitos.

KANT NÃO PRETENDE nos dizer nada que já não saibamos sobre moralidade. O que é certo é basicamente o que sempre soubemos e dissemos uns aos outros: faça aos outros o que gostaria que eles fizessem a você. Ou, como Confúcio expressou de maneira mais reticente: "Não faça aos outros o que não gostaria que fizessem a você." Kant tenta fornecer uma versão teoricamente limpa do espírito dessas demandas no que ele chama de o imperativo categórico. Quando seres racionais como nós temos de decidir como o mundo deveria ser, não temos de fazer nada exceto aplicar a simples noção de lei, racionalidade pura e simples. Aja segundo um princípio segundo o qual você poderia, sem se contradizer, desejar que todos agissem. Faça aos outros o que gostaria que eles fizessem a você, sua mãe, seu melhor amigo e seu inimigo. Kant oferece várias formulações do imperativo categórico, todas as quais se destinam a ter o mesmo peso. "Aja somente segundo aquela máxima que você poderia desejar ao mesmo tempo ver transformada em lei universal, sem contradição."[5] "Aja de tal maneira que você trate a humanidade, seja na sua pessoa ou na pessoa de qualquer outro, sempre ao mesmo tempo como um fim e nunca meramente como um meio para um fim."[6] "Todo ser racional deve agir como se ele fosse sempre, através de sua máxima, um membro legislador no reino universal dos fins."[7] A força desses imperativos, como quer que sejam expressos, insinua aquele mesmo princípio elementar que sua mãe procurava sugerir quando perguntava: "Você gostaria que alguém fizesse isso com você?" Embora Kant talvez a considerasse um pouco desordenada em termos conceituais, minha formulação favorita do imperativo categórico vem de William James: "Existe um único mandamento incondicional, que é o de que deveríamos incessantemente, com medo e tremor, buscar decidir e agir de modo a produzir o maior universo total de bem que possamos ver."[8]

Nossas formulações do princípio da moralidade são simplesmente tentativas de nos dirigir para a experiência interior da ética, a mágica em virtude da qual uma ação não é apenas proveitosa ou não proveitosa, útil ou inútil, mas certa ou errada. Se Kant tem um problema com o modo como a Regra de Ouro costuma ser formulada, é na medida em que não deveríamos pensar na moralidade como se referindo ao que por acaso preferimos. A moralidade não é uma simples questão de gostar de certas coisas e aplicar essa preferência aos outros; é uma questão de respeitar uma dignidade comum. As formulações do imperativo categórico são poemas de moralidade, haicais de decência. Não são programas de computador destinados a extrair respostas certas. Na verdade, é tão difícil aplicá-las às nossas vidas quanto aplicar a Constituição aos casos levados à Suprema Corte. A força suprema da lei moral nos diz para errar do lado do bem. Um sábio conselho kantiano é que se você se preocupar com a sua virtude e com a felicidade dos outros, irá melhorar ambas; ao passo que, se se preocupar com a virtude dos outros e a sua própria felicidade, reduzirá ambas.

Por que deveríamos ser bons? De acordo com um verso encantador do místico alemão Angelus Silesius, *"Die Rose ist ohne warum; sie blühet weil sie blühet"* – "a rosa não tem por quê; ela floresce porque floresce". O que florescer é para a rosa, agir corretamente é para o ser humano: nós o fazemos porque devemos. Se houver um motivo ulterior para fazer o bem, como Kant assinala, o caráter moral da ação é maculado. Somos bons quando fazemos o bem por puro respeito à bondade. Segundo os estoicos, nosso dever emana de nossa aceitação da natureza. De maneira semelhante, para Kant, há um dever humano comum de nos tratarmos uns aos outros com justiça e dignidade, um dever que emana diretamente de nossa natureza racional. Disso decorrem maravilhosos paradoxos.

Nossa existência só se torna necessária quando nos tratamos uns aos outros moralmente. Nossa vida só faz sentido quando fazemos algo sem que tenhamos absolutamente nenhuma razão particular para tanto. Só somos livres de verdade quando seguimos a lei moral.

Como Pascal, Kant, quando levanta os olhos para o céu noturno, sente-se esmagado pela simples magnitude de todas as galáxias sobrepostas a galáxias. Quando ele olha para dentro, como Pascal, é tomado por igual espanto. Nossa natureza moral é, em suas palavras, uma "verdadeira infinidade". Somos pontos microscópicos – nem mesmo isso – nos vastos espaços interestelares. Mas nossa imaginação moral inverte o telescópio, e de repente as estrelas aparecem como minúsculos ciscos em relação à grandeza de nossa bruxuleante moralidade:

> Duas coisas enchem-me a mente com espanto e reverência sempre novos e crescentes, quanto maiores são a frequência e a regularidade com que reflito sobre elas: o céu estrelado acima de mim e a lei moral dentro de mim. Eu não as conjecturo meramente e as busco como se estivessem obscurecidas na escuridão ou na região transcendente além de meu horizonte: vejo-as diante de mim, e conecto-as diretamente com a consciência de minha própria existência ... [A lei moral dentro de mim] começa em meu eu invisível, minha personalidade, e me exibe num mundo que tem verdadeira infinidade, mas que somente o entendimento pode delinear – um mundo em que me reconheço como existindo numa conexão universal e necessária (e não, como [no caso das estrelas], somente contingente), e desse modo também em conexão com todos aqueles mundos visíveis.[9]

KANT É O FILÓSOFO dos limites. Na maior parte de sua obra filosófica, ele trabalha para circunscrever exatamente o que podemos e não podemos saber e fazer. Ocorre que não podemos saber ou fazer muito. Não podemos controlar os resultados de nossas ações. Não podemos saber se Deus existe ou não existe. Não podemos saber se nossas almas são imortais. Não podemos saber como o mundo realmente é. Não podemos sequer ter certeza de que somos mesmo livres. Como a liberdade é necessária para que a moralidade seja significativa, somos compelidos na prática a acreditar que somos livres, embora precisar que algo seja verdadeiro não constitua uma grande razão para que ele o seja. Quando se trata de conhecimento e poder, a conclusão de Kant é que não somos deuses.

Com o imperativo categórico, porém, Kant chega muito perto de nos dizer que somos deuses: aja como se a regra pela qual você está vivendo pudesse se tornar uma lei da natureza. Quem tem poder para estabelecer leis da natureza senão um deus? Em essência, a moralidade tem a ver com fazer o papel de Deus, fazer o papel de um Deus bom e racional. A liberdade em que a moralidade se funda é um poder divino, embora bastante fraco se comparado ao poderio da natureza. Mas ele tem alguma eficácia no que hoje chamamos de cultura; em algum grau, nós nos moldamos como seres humanos. Vivemos numa casa feita de ideias sobre quem somos, uma casa que herdamos de nossos ancestrais, uma casa que devemos constantemente manter em boas condições. Na medida em que queremos que os seres humanos ajam e vivam de certa maneira, temos o milagroso poder de fazer isso acontecer.

Um dos aspectos mais inspiradores da visão moral de Kant é seu compromisso com a ideia de progresso moral. Ele afirma que é possível para a humanidade tornar-se melhor, é possível para nossa casa aprimorar-se. A lei moral nunca é o projeto para todos os negócios humanos, mas podemos estruturar mais ou menos nossas vidas por ela. Desde o tempo de Kant, a humanidade confirmou seu compromisso com o progresso moral em alguns casos. Veja por exemplo as relações raciais nos Estados Unidos. De 21 de setembro de 1862, véspera da assinatura da Proclamação de Emancipação, a 20 de janeiro de 2000, um espaço de 147 anos, aproximadamente sete gerações, nosso país passou da escravidão à libertação, de Jim Crow aos direitos civis, de telhados de vidro a um presidente de pele negra. Se ainda há milhões de males entre nós, inclusive um terrível racismo, fizemos não obstante algum progresso moral significativo nesses 147 anos. O progresso em moralidade é sempre frágil, pode ser desfeito e algumas vezes é acompanhado por pecados, mas não deveríamos ser cínicos a ponto de acreditar que os Estados Unidos não fizeram um bem significativo ao proscrever a escravidão e o linchamento.

Temos portanto algum poder divino. É verdade que não podemos mudar o curso da natureza. É verdade que não podemos ordenar individualmente que a cultura seja como gostaríamos. É verdade que somos seres fustigados por poderosas inclinações para o sexo, o poder e o prazer. É verdade que estamos enredados em papéis sociais que nos fazem profundas exigências. Talvez até devamos nos curvar perante o poder divino. Temos, no entanto, essa miraculosa capacidade de dizer sim ou não para Deus, para a natureza, para nossas inclinações, para nossos papéis sociais, para os nazistas. Nosso ato de dizer sim ou não é expresso no nível social em nossa cultura, a soma do que seres humanos fizeram e portanto poderiam desfazer ou refazer. Cada vez que você age egoisticamente, segundo Kant, está perpetuando uma civilização egoísta. Cada vez que age segundo a lei moral, está desencadeando sua nobreza inata. Quando você conta uma mentira para se safar de uma dificuldade, tomou o lado daqueles que mentem para se safar de dificuldades. Quando você diz a verdade sejam quais forem as consequências pessoais de fazê-lo, vestiu o uniforme dos que lutam pela moralidade. Kant tem a maravilhosa noção do "reino dos fins", o mundo em que todos tratam todos com plena dignidade moral, onde a Regra de Ouro é a única regra seguida. Por vezes imagino toda a Terra com pequeninas luzes acendendo sempre que a regra moral está sendo cumprida. A escuridão certamente excede essas pequeninas lâmpadas de bondade, mas fico animado que haja essas centelhas, provavelmente em número maior do que pessimistamente acreditamos. O reino dos fins surge aqui e ali, tremeluzindo, por toda parte à nossa volta.

Por vezes Kant é criticado por ser demasiado otimista, por acreditar numa moralidade pura quando a humanidade simplesmente não foi feita para uma lei tão exigente. Como um contemporâneo expressou, "com a madeira torta da humanidade, nada de reto pode ser construído".[10] O único problema com esse tipo de crítica é que o contemporâneo de Kant é o próprio Kant: a citação foi tirada diretamente dele! Kant compreende perfeitamente bem os impedimentos à nossa moralidade. Na verdade, sua visão da natureza humana é tão sombria que ele chega até a se perguntar se terá havido *algum dia* uma ação moral pura na história humana: "A razão ordena constantemente ações das quais o mundo até hoje talvez jamais tenha fornecido um exemplo."[11] Mas ele diz que isso não importa. O que é certo é certo. Mesmo que nossas ações nunca sejam inteiramente puras, uma luz moral ilumina o que fazemos. Não é uma grande façanha reconhecer uma ação moral. Crianças compreendem perfeitamente bem quando um personagem num conto de fadas viola ou preserva nossa natureza moral. Muitas vezes tentamos compreender a moralidade de maneira racional. Com frequência incidimos em maus hábitos. Somos extremamente propensos ao egoísmo. Mas de alguma maneira essa pequena luz moral consegue se manter acesa e bruxuleando dentro de nós.

Outra crítica – mais forte – a Kant é que não somos deuses morais, não criamos um universo moral, que a maior parte da moralidade requer uma tradição e um lugar estabelecidos de costumes e virtudes; assim, a filosofia moral de Kant, dependendo tão intensamente da liberdade humana, tem de falhar. Há alguma verdade nisso. Em sociedades pré-modernas há muita verdade nisso. Ao refletir sobre ética, Aristóteles pensa sobretudo nas virtudes requeridas para se ser um bom cidadão de uma cidade-Estado grega. Em sociedades modernas, ainda há tradições que nos obrigam, mas elas são muito menos substantivas e a cada dia um pouco mais difusas. À medida que nossas tradições recuaram, nosso poder individual aumentou. Aqui temos de invocar um princípio que aprendi pela primeira vez lendo histórias em quadrinhos do Homem-Aranha: com grandes poderes vêm grandes responsabilidades. Isto se aplica até ao caso da tradição. Se nossas tradições são necessárias para sustentar nossa moralidade, então a lei moral exige indiretamente que trabalhemos para promover um mundo de tradições mais fortes.

Considere apenas um traço de nosso mundo moderno: a mídia noticiosa. Uma das queixas perenes de nossa era é a de que os meios de comunicação não passam de um monte de caluniadores gananciosos, tendenciosos, corruptores; que a internet destroçou a imparcialidade; que o declínio dos jornais destruiu a verdadeira reportagem; e assim por diante. Como um comentarista declarou recentemente: "Temos a mídia que merecemos." Aplique o imperativo categórico à situação. Que tipo de mundo você gostaria de criar com relação às notícias? Que tipo de mundo poderia desejar não apenas para si mesmo, mas para seus adversários ideológicos? Que tipo de mundo poderia desejar para seus filhos, sua tia-avó, seu vizinho, seu professor favorito e seu inimigo? Que tipo de mundo você pode desejar que não contradiga a própria finalidade das notícias, que respeite a dignidade de todas as partes? Que tal um mundo em que repórteres se esforcem para relatar os fatos e comentaristas não distorçam conscientemente esses fatos segundo seus próprios fins? Que tal um mundo em que os cidadãos possam ler múltiplos pontos de vista sobre as questões? Que tal um mundo que priorize o respeito à privacidade e não o relato de escândalos? Temos duas escolhas diante de nós. Podemos fazer um estardalhaço sobre o modo como a mídia fica aquém de nossas exigências, preocupando-nos com a virtude dos outros e com nossa própria felicidade. Ou podemos nos transformar. Quando a cobertura das notícias de um meio de comunicação nos desagrada, nós o desligamos. Começamos a pagar por jornais que se esforçam por fazer reportagens precisas. Lemos múltiplas opiniões sobre assuntos controversos. Talvez até leiamos mais literatura, o que Ezra Pound, no *ABC da literatura*, chama de "novidades que permanecem novidades", pois, como diz seu colega de classe William Carlos Williams, "homens morrem miseravelmente todos os dias/ por falta do que é encontrado ali".[12]

"Mas posso fazer tudo isso, e ainda assim as coisas não vão mudar de verdade." É nesta queixa que nosso desejo de ser deuses no mau sentido se revela. O modo como as coisas acontecem em última instância, como os estoicos são tão bons em nos lembrar, não depende de nós. Consequências não importam, da perspectiva de nosso caráter como seres humanos. Se for certo fazer alguma coisa, deveríamos fazê-la apenas por essa razão. E, se você precisar de um pouco de esperança, lembre-se de que "as coisas não vão mudar de verdade" é um moto que a humanidade está sempre derrotando, ainda que nem sempre para o bem. A questão a que devemos responder é de que lado estamos lutando.

Muitas vezes recuamos ante a perspectiva de levar uma vida constantemente honrada. "É difícil demais", tendemos a nos queixar. É verdade. Não podemos levar uma vida perfeita. Mas aqui também a filosofia de Kant é útil. Um poeta disse certa vez que a mensagem de Buda podia ser resumida em uma palavra: acorde. Em essência, toda a difícil obra de Kant pode ser resumida em uma palavra: cresça. Tome um par de questões pessoais e um par de questões públicas e decida pôr o imperativo categórico em prática. Onde fracassar, use sua imaginação para conceber uma vida em que o fracasso seja menos provável. É o falso dilema da adolescência dizer: "A perfeição ou nada." A maturidade envolve compreender nossos limites, mas não sermos oprimidos por eles. Aliás, mudar nossa vida em geral não é tão difícil; é decidir mudar nossa vida que causa a maior parte dos problemas.

Assim como Buda chama o despertar de iluminação, Kant chama o crescimento de iluminação. Como seres racionais, temos uma infância, adolescência e – esperemos – uma maturidade. Começamos na infância aceitando tudo que as pessoas dotadas de autoridade nos dizem. Ao desencadear nossa liberdade, a adolescência nos conduz a uma encruzilhada, onde podemos nos aferrar à autoridade ou rejeitá-la. Nenhuma das duas escolhas é adequada, em última análise. Aferrar-se à autoridade é recusar-se a crescer. Rejeitar a autoridade muitas vezes simplesmente substitui uma tirania externa por uma tirania interna, uma tirania em que nossas vontades e desejos estão recém-vestidos como reis e rainhas. Mas, se levarmos nossa natureza racional até o fim, chegaremos a ver os limites de nossos poderes, tanto os nossos próprios quanto os das autoridades, e por vezes até a vislumbrar o fundamento de uma existência humana, de modo a sermos capazes de fazer julgamentos refletidos sobre os pontos em que a autoridade está de acordo com seus princípios fundadores ou se afasta deles. Como adultos, devemos nos esforçar para sermos morais, mas não egoístas; racionais, mas não estritamente dogmáticos; investigativos, mas não destrutivamente céticos; preocupados com a nossa virtude e com a felicidade dos outros, não com a nossa felicidade e a virtude dos outros; sensatos e não tolos em nossos julgamentos; conscientes de nós mesmos, capazes de nos corrigir, conscientes de nossos limites e merecedores de nossa liberdade. Se é da natureza humana que nunca possamos ser perfeitamente bons, é também da natureza humana que a própria nobreza que nos esforçamos para alcançar resida no esforço. Como diz o Adriano de Marguerite Yourcenar:

> A vida é atroz, nós sabemos. Mas precisamente porque espero pouco da condição humana, os períodos de felicidade do homem, seu progresso parcial, seus esforços para começar de novo e continuar, todas essas coisas me parecem tão prodigiosas que quase compensam a monstruosa massa de males e derrotas, de indiferença e erro. Catástrofe e ruína virão; a desordem triunfará, mas a ordem o fará também, ocasionalmente. ... As palavras *humanidade, liberdade* e *justiça* irão aqui e ali recuperar o significado que tentamos lhes dar.[13]

DE VOLTA À NETA de Franz Jägerstätter. O que podemos dizer a ela sobre a recusa dele a pegar em armas com os nazistas?

Se julgarmos o ato em termos de suas consequências, devemos dizer que o "não" dele foi mau. Ele deixou os filhos sem pai, a mulher sem marido e não fez nada que tenha reduzido o avanço do nazismo. É merecedor de qualquer círculo do inferno que seja destinado a idealistas tolos.

Se julgarmos seu ato em termos da coerência de sua ação com a cultura em que ela se insere, devemos igualmente fritá-lo no inferno. Os demais membros de sua comunidade votaram todos a favor da anexação pela Alemanha. Até a autoridade imediata de sua religião, o bispo, estava feliz em se sujeitar pragmaticamente ao nazismo. Herr Jägerstätter é merecedor de qualquer círculo do inferno que seja devotado aos indivíduos rebeldes.

Mas essas avaliações não parecem passar ao largo de algo essencial? Acaso sua recusa do nazismo, mesmo ao ponto da morte, não tem um registro positivo em seu próprio sismógrafo moral interno? Se sua história fosse formulada como um conto de fadas (é claro, o fim teria de ser alterado para mascarar o horror: vamos lhe dar um cachecol mágico que proteja seu pescoço da lâmina da guilhotina), não seria ele claramente o bom sujeito e não o canalha?

De acordo com o avaliador kantiano, o ato de Herr Jägerstätter é uma dessas luzes pequenas, mas intensas, que manifestam o reino dos fins. O fato de ele não ter ocasionado nenhuma mudança perceptível no mundo é irrelevante. Que sua comunidade e bispo tenham se oposto à sua decisão apenas realça ainda mais seu valor moral. O escritor de conto de fadas que há em mim gostaria de pensar que sua recusa foi suficiente para redimir quaisquer pecados de que Franz Jägerstätter era culpado e assegurar-lhe um lugar no céu. Já o realista que há em mim, contanto que lhe seja permitida alguma poesia, diria à neta de Franz Jägerstätter: "A esse 'não', apesar de condição miserável desse 'não', para fins de seguro, eu atribuiria o valor de – prepare-se! – uma das lágrimas de Julia."

9. A besta que é e não é

> Em contraste com muitos outros sistemas mitológicos, na Bíblia o dragão parece ser invariavelmente uma imagem sinistra. Isto não se deve apenas a seus hábitos antissociais de exalar fogo e comer virgens, mas ao fato de que, entre todos os animais sinistros, ele tem a vantagem única de não existir.
>
> NORTHROP FRYE

KATHY COSTUMAVA APARECER periodicamente em minha sala, aboletar-se na cadeira junto à minha mesa, olhar-me bem nos olhos e perguntar: "Por que Deus permite o mal? Não consigo tirar essa pergunta da cabeça. Você precisa me dizer a resposta. Estou perdendo o sono." Com frequência tenho alunos que me fazem alegremente perguntas impossíveis, como se eu pudesse tirar a resposta do chapéu. Porém há mais do que simples curiosidade impaciente por trás dessa questão – embora sem dúvida haja isso também. Kathy pergunta sobre "o problema do mal" com desespero genuíno, maduro. Ela realmente está perdendo o sono.

Por causa do trabalho do marido, cerca de uma década atrás Kathy chegou a Iowa City, vinda de um país do Oriente Médio (ela me pediu para disfarçar sua identidade porque se mudou de volta para um país onde o sagrado direito de pensar livremente sobre Deus é considerado profano). Ela passou a maior parte de seu tempo em casa, no papel de mãe e dona de casa, raramente se aventurando além de uma comunidade de imigrantes. Quando foi para a Kirkwood fazer alguns cursos, seu inglês era bom, mas não perfeito. Mas ela experimentou um absoluto desabrochar no ambiente acadêmico, estudando com afinco, colocando muitas perguntas em sala de aula, fazendo amigos e aperfeiçoando suas habilidades de escrita e pensamento. Após um semestre, seu inglês escrito e falado superava – e, em muitos casos, de longe – o de seus colegas falantes nativos. Logo nos tornamos bons amigos, porque, entre outras razões, cresci comendo comida libanesa feita por minha mãe, e Kathy e eu costumávamos comparar receitas de homus.

Eu a tive como aluna pela primeira vez em Raciocínio Básico, um curso elementar de lógica que gosto de dar embora não haja muito charme em seus assuntos técnicos. Para Kathy, porém, o estudo de estruturas lógicas formais foi uma maravilha e um despertar dos cochilos dogmáticos de sua educação anterior. Ela costumava declarar, de olhos arregalados, como se eu tivesse acabado de inventar algum conceito novo: "Você está nos ensinando a pensar por nós mesmos!" – fazendo-me lembrar o que deve ter sido a alegria original dos filósofos que formularam os princípios de uma mente bem-afinada.

Quando perguntei a Kathy por que ela era tão apaixonada pelo problema do mal, ela explicou que a fé católica sempre fora uma parte importante de sua vida. Quando mais jovem, chegara inclusive a ter uma visão da Virgem. (Depois de Raciocínio Básico, Kathy fez comigo Introdução à Filosofia, curso em que estudamos al-Ghazali. Quando lhe perguntei o que achava do misticismo dele, ela franziu o nariz. Quando muito, ele a indispunha com o misticismo como uma base para a religião, fazendo-a lembrar da presunção antiliberal da Irmandade Muçulmana.) A visão que teve plantou nela o desejo de tornar-se freira, mas seus pais não permitiram. Como seu casamento já fora arranjado, ela se conformou, teve uma filha e dedicou-se à família e ao trabalho filantrópico.

Católica sincera e praticante, ela era contudo propensa, como são os místicos, a espantos não ortodoxos. Uma vez me contou que um passarinho visita sua casa toda manhã e bica a porta da frente como se estivesse batendo. Quando ela abre a porta, o cardealzinho dá um salto para trás e lhe lança um olhar suplicante até que ela lhe ofereça algumas migalhas de pão. Kathy me perguntou, com sua paixão característica, se era possível que o passarinho fosse a alma reencarnada de uma criança, pois suas bicadas persistentes lembravam a maneira como um bebê procura o mamilo da mãe com os lábios.

"O PROBLEMA DO MAL", que eu havia trazido à baila em Raciocínio Básico como uma maneira de formalizar argumentos de cada lado de uma questão filosófica sofisticada, diz respeito a como um Deus onipotente e todo-bondade poderia permitir o "mal", que é rudemente definido como sofrimento imerecido. Muitas vezes ele é dividido em duas categorias: "mal moral", que inclui o sofrimento injusto que seres humanos infligem uns aos outros (o estupro é um forte exemplo), e "mal natural", que descreve o sofrimento injusto que parece estar incorporado à própria estrutura da existência (câncer ósseo ou terremotos, por exemplo). Para formular a posição do cético na forma de dois argumentos interligados:

> Se Deus é todo-bondade, Ele não deveria querer nenhum sofrimento injusto.
> Se Deus é todo-poderoso, Ele tem o poder de eliminar qualquer sofrimento injusto.
> Logo, se existe um Deus todo-bondade e todo-poderoso, não deveria haver nenhum sofrimento injusto.
> Mas há muito sofrimento injusto no mundo.
> Logo, um Deus todo-bondade e todo-poderoso não existe.

Em termos menos formais, imagine que você tivesse um remédio capaz de curar uma criança com câncer e se recusasse a dá-lo à criança, ainda que pudesse fazê-lo livremente sem nenhuma dificuldade. Haveria alguma maneira pela qual poderíamos qualificar você como bom? Certamente Deus, se Ele existir, como se diz, poderia curar essa criança, e no entanto as enfermarias de oncologia pediátrica do mundo oferecem ampla prova de que Ele com frequência não está ajudando.

O problema formal do mal remonta a Epicuro, embora esteja certamente presente no livro de Jó e tenha ocupado teólogos, em particular teólogos cristãos, desde que o dogma de um Deus perfeito, todo-poderoso, foi formulado. Há três soluções lógicas diretas para o problema. Primeiro, pode-se negar que exista mal no mundo. Muitos fiéis, em seu tolo afã de salvar Deus, fazem exatamente isso, insistindo que tudo o que é considerado mal nada mais é do que as dores do parto da bondade. A Bíblia, em sua sabedoria, nega repetidamente essa opção. O próprio Jesus declara: "[Deus] faz nascer o seu sol igualmente sobre maus e bons e cair a chuva sobre justos e injustos."[1] Para aqueles que consideram a crucificação o evento central da história, deve ser especialmente difícil acreditar que ninguém sofre injustamente. Segundo, pode-se negar que Deus seja todo-bondade, como fazem os zoroastristas, os maniqueístas e os politeístas. E, por fim, pode-se negar que Deus seja todo-poderoso, como faz Platão na *República* ("'Então', eu disse, 'o deus, uma vez que ele é bom, não seria a causa de todas as coisas, como muitos dizem, mas a causa de algumas coisas para seres humanos, e não responsável pela maioria delas'").[2] De modo geral, o cristão ortodoxo não aceita nenhuma dessas três opções logicamente ordenadas e deve afirmar ao mesmo tempo a existência do mal e a existência de um Deus todo-poderoso e todo-bondade.

Antes que eu formulasse o problema em classe, Kathy havia aderido à posição teológica clássica de que um Deus todo-poderoso e todo-bondade pode ser conciliado com o mal porquanto Ele nos deu liberdade. Apesar de seu potencial para abuso, e portanto mal, a liberdade é um dom que nos permite entrar numa relação significativa com Deus. Além disso, Deus nos deu uma lei moral para dirigir essa liberdade de maneira apropriada. Mas a própria natureza da liberdade abre a possibilidade de ignorarmos a orientação de Deus. Porque nos afastamos de Deus e da moralidade, o mal é desencadeado no mundo. Em essência, tudo que Deus criou é bom, mas Ele deixou espaço para o mal. O mal não é uma coisa, mas uma ausência, um vórtice a que poderíamos resistir, mas com frequência não resistimos; uma besta que é porque não é.

Após dedicar alguma reflexão ao assunto, Kathy, como Jó antes dela, reconheceu que essa solução vai apenas até certo ponto. Nosso abuso da liberdade é suficiente – pelo menos do ponto de vista da lógica – para explicar mentiras, estupro, assassinato e guerra. Até mesmo certa medida de sofrimento injusto à mercê de eventos naturais, como câncer e furacões, pode ser razoavelmente explicada por um abuso da liberdade. Um fumante desenvolve câncer não apenas como um ato de Deus, e provavelmente um número razoável das vítimas do furacão Katrina sofreu e morreu por causa de uma combinação de mau governo e tomadas de decisão inadequadas. Mas, no fim das contas, é penosamente difícil encontrar sentido nesse tipo de explicação. Mesmo que tendamos a superestimar a medida em que a natureza é responsável e a subestimar o grau em que nós mesmos somos responsáveis, o saldo de sofrimento excede o resultado de ação humana. Além disso, podemos facilmente nos sentir enojados com a quantidade de sofrimento que é permitida mesmo como resultado da liberdade humana.

A mente rápida de Kathy podia pensar num grande número de exemplos, mas ela se concentrou em um em particular. Uma grande amiga dela rezava ardentemente para ter um filho. Depois de um longo período tentando, o desejo dessa amiga foi atendido. Mas a esperançosa mãe desenvolveu pré-eclâmpsia e morreu dando à luz uma criança saudável. Kathy continua ajudando o marido da amiga e procura cuidar da criança como se fosse sua. Mas fica com o coração partido ao pensar que o desejo perfeitamente natural da amiga foi sua própria ruína, que seu marido foi deixado sem mulher e seu filho, sem mãe. "Como pode um Deus bom decretar uma sentença de morte a uma mãe por dar à luz?", ela me pergunta com fogo nos olhos.

Dei a ela alguns trechos da declaração clássica de John Hick, *Evil and the God of Love*, onde o teólogo sustenta que este mundo ainda está em processo de ser criado, que ele é um lugar de "fabricação da alma", onde somos testados contra obstáculos duros, inexoráveis. Ela não se comoveu com o argumento. Após muita reflexão hesitante, concluiu que Deus tem de ser todo-bondade, mas não todo-poderoso. Deus deve chorar como eu choro, com pouco poder para reparar os males da realidade, ela disse. Quando a situação ficava crítica, ela endossava o grito de inocência de Blake:

Não penses que podes lançar um suspiro,
E teu Criador não está ao lado:
Não penses que podes derramar uma lágrima,
E teu Criador não está perto.

Ele nos dá Sua alegria,
que Ele possa destruir nossa tristeza:
Até que nossa tristeza tenha partido, sumido,
Que Ele se sente junto de nós, em lamento.³

AO LONGO DOS CAPÍTULOS ANTERIORES, estive propondo o que poderia ser chamado de misticismo pragmático. O misticismo se manifesta quando permanecemos sem preconcepções limitantes diante de certas realidades esmagadoras. Em sua forma mais intensa, esse é o misticismo de al-Ghazali, que teve acesso ao que temerosamente chamamos de Deus e lhe deu carne em livros sagrados. Mas o que estou chamando de misticismo também se aplica à minha aluna Jillian, que se confrontou com o elusivo propósito do hospital, bem como à minha aluna Julia, que, como Immanuel Kant antes dela, confrontou-se com o mistério do valor moral. O que é revelado nessas experiências está de alguma maneira além de palavras e nunca pode ser perfeitamente conceituado. Há sempre um toque do "sei que nada sei" de Sócrates sobre um engajamento autêntico com a realidade. Entretanto, esses momentos místicos nos inclinam fortemente a viver em relação com qualquer porção de verdade que eles tenham revelado. Devemos encontrar ou improvisar crenças e práticas em conformidade com elas. Esse é o pragmatismo.

Meu misticismo pragmático é particularmente aplicável ao conceito de mal. Pense na melancolia: talvez você não seja capaz de defini-la adequadamente, mas, se precisa de uma definição para reconhecê-la, o seu é um caso perdido. Da mesma forma, podemos nunca ser capazes de dar uma definição satisfatória do mal. Mas qualquer pessoa que tenha chegado à maturidade – aliás, qualquer pessoa que tenha chegado aos cinco anos –

teve seus momentos em presença do mal, tanto como seu agente quanto como sua testemunha. O pragmatismo aqui envolve encontrar maneiras viáveis de resistir ao mal e combatê-lo, e nos manter honestos com relação àquilo de que realmente somos capazes.

No entanto, já estive envolvido em conversas com um grande número de estudantes e colegas que se opõem à ideia de que o mal é uma realidade. Uma vez que o que uma pessoa chama de mal pode ser o que outra chama de bem, alegam eles, o conceito de mal não é senão uma maneira de expressar extrema aversão a algo. Estamos novamente diante do problema de Eutífron: chamamos algo de mau porque é mau, ou ele é mau porque o chamamos assim? Mesmo na presença do *reductio ad hitlerum* ("Você está dizendo que nem campos de extermínio como Dachau e Auschwitz eram maus de verdade?"), eles se atêm firmemente a uma versão da resposta de Eutífron ("Mas os nazistas achavam que esses lugares eram bons, logo eles eram, aos seus olhos").

Talvez seja por força de minha própria limitação filosófica que acho praticamente impossível sustentar essa concepção com algum grau de seriedade. Não nego, é claro, que havia nazistas que racionalizavam suas atrocidades como expressões de grandeza, justiça e até misericórdia. Um nazista, por exemplo, gabava-se de ter fuzilado somente crianças; como seu parceiro matara os pais delas, ele sentia que estava se apiedando dos órfãos. Eu preferiria afirmar que $2 + 2 = 5$ a acreditar que tais pensamentos podem ser outra coisa senão realmente errados. Se não podemos considerar axiomático que a desumanização e o assassinato deliberados de mais de 6 milhões de pessoas – homens, mulheres e crianças – por absolutamente nenhum crime são maus, estamos sem dúvida perdidos numa selva escura de palavras. Um teólogo francês disse certa feita que podia compreender a falta de crença em Deus, mas a falta de crença no demônio estava completamente além de sua compreensão.[4] Deveríamos acrescentar a isso o comentário de Baudelaire: "Nunca esqueçam, meus irmãos, ao ouvir o esclarecimento ser alardeado, que o truque mais astuto do demônio é convencê-lo de que ele não existe!"[5]

O nobre impulso de adotar o relativismo é uma saudável desconfiança em relação àqueles que consideram que a linha entre o bem e o mal está traçada entre o lado deles e o dos seus adversários. Muitas vezes o jogo de acusar os outros de maus é um mau negócio. Quando cada lado chama o outro de mau, é praticamente impossível fazer qualquer progresso rumo a uma solução pacífica. Portanto, sem dúvida é sensato estar de guarda para a demonização de quem quer que se oponha a nós, e é politicamente prudente, em muitos casos, abster-se de tachar regimes políticos adversários de maus.

O ponto em que os relativistas perdem contato com a realidade é quando abrem mão por completo da ideia de mal. Na tradição cristã, o dogma comum é que todos nós estamos dotados de certa quantidade de mal. Como expressou Aleksandr Soljenítsjn em *O arquipélago Gulag*:

> Foi-me dado levar de meus anos de prisão sobre minhas costas encurvadas, que quase quebraram sob sua carga, esta experiência essencial: como um ser humano se torna mau e como se torna bom. Na embriaguez dos sucessos juvenis eu havia me sentido infalível, e era por isso cruel. No excesso do poder fui um assassino e um opressor. Nos meus piores momentos estava convencido de que fazia o bem, e estava bem munido de argumentos sistemáticos. Foi somente quando me deitei ali na palha pútrida da prisão que senti dentro de mim mesmo os primeiros movimentos do bem. Pouco a pouco me foi revelado que a linha que separa o bem do mal não passa por Estados, nem entre classes, tampouco entre partidos políticos, mas através de cada coração humano, e através de todos os corações humanos. Essa linha se desloca. Dentro de nós, ela oscila com os anos. Mesmo dentro de corações esmagados pelo mal, uma pequena cabeça de ponte de bem é conservada; e, mesmo no melhor de todos os corações, resta um pequeno canto de mal.[6]

"Nos meus piores momentos estava convencido de que fazia o bem, e estava bem munido de argumentos sistemáticos." Esse fato certamente não refuta a existência do mal. Na verdade, é um lembrete de quão insidioso ele é.

De acordo com *O mal no pensamento moderno*, de Susan Neiman, um dos principais catalisadores da modernidade foi o terremoto de Lisboa em 1755, que pôs abaixo a próspera cidade portuguesa e matou talvez 100 mil pessoas. Testemunhar uma carnificina como essa é confrontar-se com algo horrivelmente errado, algo que costumamos chamar de mal. Os filósofos da época, no esforço para compreender esse horror, começaram a expressar mais claramente seus nascentes conceitos de natureza e moralidade. Embora alguns tenham recuado para uma tradição que encarava eventos como esse como "atos de Deus" e tentado conceituá-los como parte do "melhor de todos os mundos possíveis", os filósofos que passavam a dominar começaram a compreendê-los em termos diferentes, dos quais somos herdeiros.

O terremoto, nessa nova visão, não era mau; era simplesmente um ato da natureza; e a natureza é amoral, pois não tem intenções conscientes. Deveríamos limitar o conceito de mal à esfera moral, à esfera da liberdade. Somente um ato de intenção malévola é verdadeiramente mau. Terremotos não são "atos de Deus" deliberados, e sim o resultado de um sistema governado por regras. Todo mal que existe em terremotos pertence às escolhas humanas que exacerbam o sofrimento ou o número de mortos. Deus, nessa visão, não é mais uma preocupação insistente. A natureza simplesmente acontece. Apenas seres humanos podem ser moralmente culpáveis, pois apenas seres humanos são livres para fazer o que fazem.

Mas a tradição que deixou para trás o problema teológico do mal em Lisboa, após se redefinir ao longo dos três séculos seguintes e alcançar seu zênite na filosofia moral de Kant, desenvolveu um novo problema antropológico em Auschwitz. O problema foi formulado pela primeira vez por Hannah Arendt, que, após observar o julgamento de Adolf Eichmann, cunhou a expressão "a banalidade do mal" para descrevê-lo. Ela chegou à conclusão de que Eichmann, um dos arquitetos e executores do Holocausto, não era um demônio insolente, mas um homem de família que estava fazendo o seu trabalho. Seu mal, que representa grande parte do mal moderno, era menos um produto de intenção consciente do que de participação irrefletida num sistema perverso. Mas a tradição que se desenvolveu a partir de Lisboa reserva o conceito de mal somente para aqueles que violam intencionalmente o bem. Como podemos compreender um sujeito comum que por acaso veio a ter o sangue de milhões em suas mãos? Embora a defesa de "eu estava apenas fazendo o meu trabalho" possa muitas vezes ser uma racionalização, há também alguma verdade nela. Devemos portanto deixar Eichmann e os muitos outros nazistas como ele fora do âmbito da moral sob a alegação de homicídio involuntário? Assim como pretensos atos de Deus tornam-se meramente os resultados de um sistema natural governado por regras no início da modernidade, atos humanos correm o risco de se tornar os meros resultados de sistemas burocráticos governados por regras no final dela.

Depois de Auschwitz, somos deixados "sem lar", para usar a expressão de Neiman. Nossa abordagem puramente naturalizada da ética parece inadequada àqueles que encaram de frente os horrores nazistas. No entanto, embora a tradição teológica pré-moderna exercesse uma poderosa atração sobre muitas pessoas sérias após a guerra, é difícil, se não impossível, retornar a ela. Como diz Hannah Arendt sobre nosso impasse:

> Recusamos, e consideramos bárbaras, as proposições "de que um grande crime ofende a natureza, de modo que a própria Terra clama por vingança; de que o mal viola uma harmonia natural que somente a punição pode restaurar; de que uma coletividade errada tem para com a ordem moral o dever de punir o criminoso" (Yosal Rogat). Entretanto, penso que é inegável que foi precisamente com base nessas proposições há muito esquecidas que Eichmann foi levado à justiça antes de mais nada, e que elas foram, de fato, a suprema justificação para a pena de morte.[7]

O problema da banalidade do mal foi assustadoramente demonstrado por pesquisadores como Stanley Milgram e Philip Zimbardo. Este último narra, em seu livro *O efeito Lúcifer,* como um grupo de estudantes normais do sexo masculino foi dividido de maneira aleatória em guardas e prisioneiros numa cela improvisada na Universidade Stanford. Embora supostamente eles estivessem apenas representando, os guardas começaram a agredir os prisioneiros verbal, física e psicologicamente. "No início do experimento, não havia nenhuma diferença entre os dois grupos; menos de uma semana depois, não havia nenhuma semelhança." O próprio Zimbardo envolveu-se no mal, pois levou o experimento adiante mesmo ao testemunhar as agressões. Foi necessária a intervenção de sua namorada para que ele interrompesse a pesquisa depravada sobre a depravação. Ele conclui: "Qualquer ato que qualquer ser humano tenha cometido algum dia, por horrível que seja, é *possível* para qualquer um de nós – nas circunstâncias certas ou erradas. Esse conhecimento não desculpa o mal; o que ele faz é democratizá-lo, dividindo sua culpa entre atores comuns em vez de declará-lo atributo somente de desviantes e déspotas – Deles, mas não de Nós."[8] Em essência, a banalidade do mal é que, sem absolutamente nenhuma intenção perversa, pessoas "decentes" como você e eu, quando postas em certa estrutura social, são capazes de realizar atrocidades.

Embora tenha havido um compreensível debate sobre a medida da exatidão de Arendt em sua caracterização de Eichmann, penso que sua identificação global da "banalidade do mal", como mostra a pesquisa de Zimbardo, é iluminadora. Mais importante ainda é sua discussão acerca da lição que deveríamos extrair sobre a banalidade do mal. Ela afirma que precisamos aprender não apenas que a solução final poderia ocorrer em qualquer lugar, mas, mais importante, que ela não ocorreu em todo lugar. "Humanamente falando, nada mais é necessário, e nada mais pode ser razoavelmente pedido, para que este planeta continue sendo um lugar adequado para a habitação humana." Ou, como diz Susan Neiman: "Se sua reação a esses achados é um tranquilo murmúrio – para lá eu vou, salvo pela graça de Deus* –, o mais importante lhe escapou por completo. A humildade não é desculpa para a resignação; compreender que qualquer um de nós poderia conspirar com o mal é apenas a outra face da compreensão de que qualquer um de nós poderia se opor a ele."[9]

---

* *"There but for the grace of God go I"*, dito supostamente tomado de uma afirmação feita no século XVI por John Bradford em referência a um grupo de prisioneiros que estava sendo levado para execução, e paráfrase de 1 Coríntios 15:8-10. (N.T.)

Embora os seres humanos sempre tenham sabido que somos capazes de mal, a expansão do poder através da tecnologia tornou o problema extremamente agudo. Crescendo durante o final da Guerra Fria, eu vivia sob o medo de que o mundo todo viesse a ser destruído por uma série de ataques nucleares, que poderiam ser ocasionados, como os filmes descreviam convincentemente, por um hacker descuidado ou um agente desonesto do governo. Hoje em dia, meus filhos crescem com o medo de que possamos já ter estragado o meio ambiente de maneira irreparável e de que numerosas espécies, entre as quais o *Homo sapiens*, venham provavelmente a achar a Terra inabitável muito em breve. Esses temores estão misturados com uma saudável dose de antiga superstição apocalíptica. Mas a degradação ambiental e as armas nucleares não são invenções de nossa imaginação, como não eram tampouco os gulags de Stálin e os campos de concentração de Hitler, nem Hiroshima e Nagasaki, nem o 11 de Setembro. Todos esses eventos tiveram o bom e velho mal humano atrás de si, mas o bom e velho mal humano amplificado pelo poder hoje divino de nossa tecnologia e nossos vastos sistemas. De certa maneira, estamos de volta ao velho problema de como compreender os atos atrozes dos deuses; ocorre apenas que, cada vez mais, somos nós que controlamos o poder deles.

O PENSADOR CUJO TRABALHO, em minha opinião, enfrenta de maneira mais poderosa nosso impasse é Hans Jonas, que, curiosamente, acaba formulando uma teologia especulativa muito semelhante à de minha aluna Kathy. Ele nasceu em 10 de maio de 1903 em Mönchengladbach, Alemanha. Seus pais eram judeus da maneira complicada característica de muitos dos judeus europeus da época: religiosamente indiferentes, culturalmente comprometidos com as tradições do judaísmo e não obstante alemães patrióticos que se sentiam mais ou menos felizes em assimilar-se. Desde muito cedo, Jonas foi cético em relação às possibilidades de assimilação completa e começou um apoio ao sionismo que manteve durante a vida toda. Seu pai, um homem de negócios, reconhecia os talentos intelectuais superiores do filho e insistia que ele deveria estudar o que quisesse, sem se preocupar com as finanças. Assim, Jonas estudou filosofia e teologia com os mais importantes filósofos de seu tempo, nomes que jamais serão esquecidos na história da disciplina: Edmund Husserl, Rudolf Bultmann e especialmente Martin Heidegger, que muitos consideram o maior filósofo do século XX, cuja obra inspirou o pensamento de Jonas até o âmago. Cedo em seus estudos ele também se tornou amigo da colega Hannah Arendt, e os dois continuaram próximos ao longo de suas longas e tumultuadas vidas, exceto por um breve desentendimento por conta do livro dela sobre Eichmann.

Quando os nazistas provaram ser mais do que um modismo passageiro, Jonas mudou-se para a Inglaterra e depois para a Palestina, jurando nunca retornar à Alemanha exceto como soldado num exército vitorioso. Na Palestina, conheceu sua mulher, Lore, que se apaixonou por ele porque, na primeira vez em que foi jantar na casa dela, Jonas pronunciou um panegírico às azeitonas que estavam sobre a mesa que "começava com a unção dos heróis gregos de Homero, passava ao uso do azeite de oliva pelos sumos sacerdotes do Antigo Testamento e por fim chegava ao Divã ocidental-oriental de Goethe".[10] Em 1940, Jonas deu os primeiros passos para o cumprimento de sua promessa, voltando para a Europa e alistando-se no exército britânico. Seus anos arrebatadores, enfadonhos e agitados como soldado, em que foi privado de livros, o lançaram de volta à "missão básica do filósofo e seu ofício nativo – pensar".[11] Ele enfrentou regularmente não só a perspectiva da própria morte, mas o possível apocalipse da civilização. Quando retornou à Alemanha, não foi como uma vítima passiva de Hitler, mas como membro de um exército conquistador, e ele sentiu um orgulho ignóbil, embora compreensível, ao ver sua pátria devastada. Quando finalmente tomou seu caminho de volta para Mönchengladbach, descobriu que a mãe tinha sido deportada para Auschwitz e morta.

Jonas não pôde suportar viver na Alemanha e acabou lecionando durante a maior parte de sua carreira na New School for Social Research, na cidade de Nova York. Mas o retorno à sua pátria como soldado o encheu de questões sobre a natureza da filosofia. Por um lado, seu grande mestre, cuja obra continuaria influenciando a sua própria pelo resto da vida, traiu a vida filosófica. Em 1933, Heidegger ingressou no partido nazista e serviu-o de diversos modos. Embora tenha dito uma ou duas palavras suavemente críticas sobre os nazistas após a guerra, Heidegger nunca se arrependeu de sua jornada na política ou se desculpou com seus alunos judeus, entre os quais estavam Jonas e Arendt. Por outro lado, Jonas foi encorajado por vários de seus ex-colegas, que tinham resistido ao nazismo com base em seus princípios filosóficos.

> Entre meus professores estava Julius Ebbinghaus, um kantiano rigoroso e intransigente, que não pode ser comparado a Heidegger em importância. Ele tinha passado no teste de maneira admirável; fiquei sabendo disso e visitei-o em Marburgo em 1945 para lhe prestar minha homenagem. Ele me olhou nos olhos com aquele velho fogo da convicção absoluta e disse: "Mas sabe de uma coisa, Jonas? Sem Kant eu não teria sido capaz de fazer isso." Subitamente me dei conta de que ali teoria e vida eram uma só coisa. Com qual dos homens, portanto, a filosofia estava em melhores mãos? Com o gênio criativo cuja profundidade não o preservara de uma violação da fé na hora da decisão, ou com este colega não original, mas honrado, que havia permanecido puro?[12]

Mais uma vez, é o velho problema de Eutífron do poder versus bondade. Do lado de Eutífron está o filósofo poderoso que violou a bondade (e no entanto inspirou Jonas a ser um filósofo). Do lado de Sócrates está o filósofo sem originalidade que se recusou terminantemente, por razões morais, a participar do mal que produziu a morte da mãe de Jonas e de incontáveis outros. Com que homem estava a filosofia em melhores mãos? "Até hoje, não tenho a pretensão de ter a resposta para esta pergunta", diz Jonas.[13]

No entanto, em se tratando de suas reflexões teológicas, Jonas sentiu que não podia deixar o paradoxo perdurar. Como era possível que Deus tivesse permitido as atrocidades em Auschwitz? É aqui que Jonas resolve o problema do mal, como Kathy, como Platão, recusando-se a acreditar na onipotência de Deus.

Em seu grandioso *The Phenomenon of Life*, Hans Jonas afirma que há três importantes rupturas na ordem da existência. Primeiro, há a transição da matéria inorgânica para formas primitivas de vida. Esse é o salto da própria vida. Com esse salto, a necessidade entra no universo. Ao contrário de uma pedra, uma planta tem necessidades (de luz solar, água, nutrientes) que precisam ser continuamente atendidas para que sua existência seja mantida. Quando essas necessidades não são mais atendidas, a planta morre. Embora uma pedra possa ser esmagada ou transformada ou mesmo vaporizada, ela não pode, estritamente falando, morrer. Assim, com o salto da vida, a morte também entra em cena. E, em certo sentido, um pouco de valor entra em cena também, porque é um pouco triste quando uma planta morre por falta de água e portanto um pequeno bem quando uma planta floresce. Uma pedra apenas é, é e é: nada é particularmente bom ou mau para ela.

Em seguida, há a transição de formas de vida vegetativas para formas de vida animais, nas quais a vida começa a sentir-se. Um animal, tal como uma planta, precisa de alimento, mas ele também experimenta essa necessidade como fome. Com esse salto para a animalidade, a dor e o prazer passam a existir. A vida torna-se mais errante, capaz de se deslocar incansavelmente de um lado para outro em busca da satisfação de seus desejos. O pouquinho de valor que surgiu com a vida vegetal aumenta imensamente, pois o prazer é sem dúvida bom e a dor é má. Se é um pouco triste quando uma planta em sua casa morre por falta d'água, é uma calamidade se seu cachorro morre de sede.

Por fim, há a transição da vida animal para a vida humana. Somos animais racionais, capazes de conceituar o mundo e nossa própria existência. Como uma planta, temos necessidades; como um animal, nós as sentimos como desejos; mas formulamos esses desejos por meio de conceitos. Compreendemos nossa natureza somente através da cultura, por assim dizer. Sentimos fome, mas não nos permitimos comer certas coisas e nos permitimos comer outras somente sob certas condições. Podemos até morrer de fome em princípio. Denny Barry e Andrew O'Sullivan, para tomar apenas dois exemplos, morreram no início do século XX numa greve de fome, protestando contra sua prolongada detenção pelo Estado Livre Irlandês. Eles não morreram por causa da falta de comida; morreram porque seu conceito de quem eram como membros do Exército Republicano Irlandês sobrepujava sua natureza animal. Um exemplo extremo, ele se destina simplesmente a demonstrar nossa natureza racional, que, embora muitas vezes nos permita atender às nossas necessidades animais de maneira mais efetiva por meio do desenvolvimento da tecnologia, de certo modo nos conduz para além da mera animalidade.

Com a transição para a humanidade, o valor que nasceu milagrosamente com as primeiras células reprodutoras alcança novas alturas. As coisas podem ficar realmente boas e realmente ruins. Porque agora a vida não apenas se sente, mas se compreende. Podemos, de maneira explícita, proclamar algo superior ou inferior, bom ou mau, moral ou perverso. Como animais, estamos sujeitos ao sofrimento do desejo, mas somos também propensos ao sofrimento do desespero. É possível para nós ver a morte de Barry e O'Sullivan – a vida e a morte de qualquer ser humano, a vida e a morte de qualquer coisa, de fato – como uma tragédia plenamente desenvolvida.

Outra maneira de expressar a transição para a humanidade é dizer que ela é o início da liberdade. Todos os animais são livres para perseguir esta presa em vez daquela. Mas, como a existência de vegetarianos demonstra, os seres humanos são livres para escolher não perseguir absolutamente nenhuma presa. Temos o poder de desenvolver modos de vida muito diferentes que sustentam (ou não!) nossas necessidades animais. Com esse poder da liberdade vem o nosso conceito de moralidade, a ideia de que alguns usos da liberdade são bons e outros, maus. Quando o valor alcança seu pináculo na humanidade, uma nova coisa aparece no universo: o mal.

EXISTE UMA EXPRESSÃO latina muito apreciada por Thomas Hobbes, *homo homini lupus*: o homem é o lobo do homem. Ela sempre foi tomada como significando que os seres humanos podem ser tão maus uns para os outros quanto lobos. Mas está baseada numa ideia profundamente errada sobre os lobos, que são tudo, menos maus. Mesmo por nossos padrões mais humanos, os lobos se destacam como modelos de virtude. Eles formam comunidades muito unidas; acasalam-se pela vida inteira e são orientados para a família. No que talvez seja mais relevante, nunca usam violência letal exceto para satisfazer sua necessidade de comida, e, quando o fazem, matam de maneira rápida e eficiente. É verdade que algumas vezes comem uma de nossas ovelhas, mas dificilmente podemos culpá-los por não compreenderem a lei humana da propriedade. Ao contrário dos lobos, torturamos e matamos membros de nossa própria espécie, torturamos e matamos outros animais por diversão, e com frequência traímos nossas matilhas. Roubamos a ovelha de nosso vizinho conhecendo a lei da propriedade perfeitamente bem. Quisera que o homem fosse o lobo do homem!

Na verdade, somos mais parecidos com certas aves, que, se postas muito próximas, começam pouco a pouco a se bicar até se matarem, pois aves e seres humanos, fracos como são, não desenvolveram controles biológicos poderosos contra o uso da violência. Se os lobos usassem a violência de maneira indiscriminada, não sobreviveriam até a idade adulta. Mas, para nós, pelo menos sem tecnologia, matar é uma tarefa tediosa. A natureza, por assim dizer, nos deu um pouco de crueldade para levar a tarefa a cabo.

Mas, ao contrário das aves e de nossos outros companheiros animais, temos o poder de criar tecnologias que tornam matar tão fácil como apertar um botão ou puxar um gatilho. Além disso, temos a capacidade de raciocinar, o que significa que podemos matar e fazer outras coisas detestáveis com base em motivações que vão além da irritação ou da fome. Somos o animal dos crimes de ódio. É especialmente comum na guerra que cada lado demonize o outro, retrate o inimigo como um monstro que precisa ser exterminado. A mãe de Hans Jonas não foi morta em razão de algum imperativo biológico; ela foi morta porque era judia, e os nazistas haviam conceituado os judeus como uma praga no mundo. Lobos são amáveis. Aves são maldosas. Seres humanos são francamente maus.

Como, então, podemos compreender esses profundos saltos no universo? Como deveríamos lidar com a liberdade e o valor que são intensificados ao longo da vida e que chegam a um pináculo tão arriscado na humanidade? Somos livres para dizer que tudo isso "apenas" aconteceu, que o valor da vida é acidental, que as aventuras da liberdade são cosmicamente desprovidas de sentido. Tornou-se ultrapassado afirmar que não faz sentido falar de Deus na medida em que a ciência não oferece nenhuma evidência do divino. Como Jonas ressalta, é uma inferência viciosamente circular definir como significativo apenas o que pode ser descrito em termos de ciência e em seguida rejeitar tudo que não é científico.

Somos igualmente livres para interpretar os fatos biológicos nos termos em que eles nos impelem a interpretá-los. Pois a vida, como salienta Jonas, *parece* profundamente significativa. O espírito humano espreita o divino – por vezes até implora por ele. Fazendo eco a Pascal e Kant, ele diz: "O fato de, por escalas cósmicas, o homem não passar de um átomo é uma irrelevância quantitativa: sua amplitude interior pode torná-lo um evento de importância cósmica."[14] Nossa amplitude interior é uma janela para a significância do próprio ser. Podemos nos recusar a acreditar no que vemos através dessa janela, mas está longe de ser insensato especular sobre o que aparece, ainda que obscuramente, do outro lado.

Para Jonas, assim como para minha aluna Kathy, é a experiência do mal que mais exige uma interpretação religiosa dos dados biológicos crus. Como escreve Jonas num momento de eloquência feroz:

> Estou pensando nas crianças asfixiadas e queimadas de Auschwitz, nos fantasmas desfigurados, desumanizados dos campos, e em todas as inúmeras vítimas dos outros holocaustos feitos pelo homem de nosso tempo. Entre os homens, seus sofrimentos logo serão esquecidos, e seus nomes ainda mais cedo. Outra chance não lhes é dada, e a eternidade não tem nenhuma compensação para o que foi perdido no tempo. São eles, então, privados de uma imortalidade que até seus atormentadores e assassinos obtêm porque puderam agir – abominavelmente, mas de forma responsável, deixando desse modo sua marca sinistra na face da eternidade? Nisto eu me recuso a

acreditar. E nisto gosto de acreditar: que houve choro nas alturas diante do desperdício e da espoliação da humanidade; que um gemido respondeu ao grito crescente de sofrimento ignóbil, e ira – o terrível mal feito à realidade e possibilidade de cada vida assim gratuitamente vitimada, cada uma delas uma tentativa frustrada de Deus. "Da terra, o sangue do teu irmão clama a mim": não deveríamos acreditar que o imenso coro desses gritos que se elevou durante nossa existência pende agora sobre nosso mundo como uma nuvem escura e acusadora? Que a eternidade baixa os olhos sobre nós com uma carranca, ela mesma ferida e perturbada em suas profundezas?[15]

O problema de Auschwitz (para usar Auschwitz como uma metonímia de sofrimento ultrajante) é um problema para todos os religiosos, mas sobretudo para os judeus – não porque foram eles que mais sofreram nos campos da morte, mas porque o judaísmo é um compromisso com um pacto singular entre Deus e Seus filhos. Os cristãos, por exemplo, podem dizer que Deus nos deu liberdade e por conseguinte o mundo é basicamente controlado pelo diabo. Mas, para o judeu religioso, Auschwitz é um exemplo da mais profunda espécie de abandono. Judeus foram executados não porque tomaram o partido de sua fé, não por causa de qualquer compromisso heroico, mas simplesmente por causa do que Jonas chama de "a ficção da raça". Crianças, mulheres, homens, crentes, descrentes, santos, pecadores e todos os medíocres intermediários foram desumanizados, torturados e destruídos simplesmente porque eram judeus.

Ao se confrontar com o problema de Auschwitz, e também ao considerar sua análise do desenvolvimento da própria vida, Hans Jonas recorre ao que Platão chama de uma "história provável", um mito que, como diz Jonas, "eu gostaria de acreditar ser 'verdadeiro' – no sentido em que um mito pode chegar a delinear uma verdade que é necessariamente incognoscível e até, em conceitos diretos, inefável, mas que, por sugestões à nossa experiência mais profunda, reivindica nossos poderes de dar uma explicação indireta dela em imagens revogáveis, antropomórficas".[16] Embora alguns judeus reajam compreensivelmente ao Holocausto abraçando com renovado vigor a fé que os nazistas quase extinguiram, o problema de

Auschwitz leva Jonas a repensar o Deus da história, a imaginar um novo tipo de judaísmo como uma fé universal.

Jonas conjectura que Deus, ao criar este vasto universo, gastou toda a sua energia e tornou-se muito fraco, devotando-se essencialmente ao desenvolvimento da própria vida. O poder de Deus está revivendo pouco a pouco: primeiro na vida necessitada que irrompe nas plantas, depois na vida desejante que aparece em animais, e agora em seu apogeu, na vida racional que entra em cena com a humanidade. O poder de Deus é em última instância dirigido para o bem. Os diferentes níveis de valor que entram em cena com as formas de vida em ascensão são todos momentos em que algo de bom nasce: primeiro, a própria vida; depois, o prazer; e por fim, a compreensão de que a vida é boa. Em termos bíblicos, Deus cria a vida e declara que ela é boa. Ou, em termos evolucionários, tudo tenta sobreviver. Ou, para usar os termos filosóficos de Jonas, a vida diz sim para si mesma.

Mas o poder de Deus é um poder frágil, com frequência incapaz de lutar contra o mal que também aparece com a liberdade. É nossa tarefa, especula Jonas, ajudar esse Deus fraco, esforçado, cujo sucesso encontra-se longe de estar garantido. O poder de Deus está, em alguma medida, em nossas mãos; e deveríamos trabalhar para promover a causa de Sua bondade, ainda que a desigualdade pareça insuperável. Para elucidar este ponto, ele cita o diário de Etty Hillesum, uma jovem judia holandesa que, no início das deportações na Holanda, em 1942, ofereceu-se para ir para o campo de concentração de Westerbork, a fim de ajudar no hospital e compartilhar a sorte de seu povo. Ela foi executada em setembro de 1943. Em certa altura ela escreve:

> Vou tentar ajudá-Lo, Deus, a fazer com que minha coragem cesse de recuar, embora não possa garantir isso de antemão. Mas uma coisa está ficando cada vez mais clara para mim: que Você não pode nos ajudar, que nós devemos ajudá-Lo a nos ajudar... Ai, não parece haver muito que Você Mesmo possa fazer com relação a nossas circunstâncias, a nossas vidas. Não O considero tampouco responsável. Você não pode nos ajudar, mas nós devemos ajudá-Lo e defender Sua morada em nós até o fim.[17]

Um dia, quando Kathy e eu ruminávamos mais uma vez sobre o problema do mal, nossos papéis como professor e aluna inverteram-se momentaneamente: ela disse algo que me permitiu ver a questão sob uma luz nova e brilhante. Kathy se perguntou se nossa maneira normal de conceber o poder não estaria errada. Nós nos perguntamos por que Deus não manifestou Seu poder evitando algum mal. Mas talvez, ela refletiu engenhosamente, poder seja de fato sinônimo de amor. Costumamos pensar que a natureza amorosa de Deus é parte de Sua natureza boa, mas talvez ela seja parte de sua natureza poderosa. Sendo uma cristã que experimentara a religião no nível místico, ela sempre havia sentido Cristo na cruz como a mais profunda expressão de amor. Embora tendamos a ver a crucificação como Deus em Seu momento de maior humilhação e maior fraqueza, ela conjecturava que se tratava de Deus em Seu momento de maior força.

Com essa ideia, ela estava pondo o dedo numa das ideias centrais do cristianismo e também, aliás, do taoismo: o que o mundo toma por fraqueza é de fato um caminho para a máxima força. Na luta livre, como no judô ou no xadrez, é corriqueiro ter de às vezes ceder para dominar o adversário. Talvez este seja um princípio cósmico. Talvez Deus deva se entregar completamente ao sofrimento e à morte para ser mais triunfante. Como diz Lao-Tsé no *Tao Te Ching*, "A inversão é o movimento do caminho", e também:

> Os que são deformados serão aperfeiçoados.
> Os que estão curvados ficarão retos.
> Os que estão vazios ficarão cheios.
> Os que estão gastos serão renovados.[18]

Ou, como diz Jesus no Sermão da Montanha: "Bem-aventurados os pobres em espírito, porque deles é o Reino dos Céus. Bem-aventurados os mansos, porque herdarão a terra. Bem-aventurados os aflitos, porque serão consolados. Bem-aventurados os que têm fome e sede de justiça, porque serão saciados."[19]

Há um poema de W.H. Auden que termina assim: "Embora a verdade e o amor/ nunca possam realmente divergir, quando parecem fazê-lo,/

o subalterno deveria ser verdade."[20] Acho que seria humano viver pelos seguintes dois princípios: quando a verdade e Deus parecerem divergir, vá com a verdade; quando a verdade e o amor parecerem divergir, vá com o amor. Mas deveríamos ter a esperança de que no fim essas diferenças aparentes se provem ilusórias.

AINDA QUE O SOFRIMENTO extremo em geral possa ser visto como um movimento do poder do amor, e ainda que certamente o Holocausto seja um abuso de nosso dom da liberdade, é difícil conciliar um Deus todo-poderoso com Auschwitz. Todos os tipos de bem podem fluir dos campos da morte, mas nunca o suficiente em comparação com seu mal inegável, esmagador. Por que Deus assumiu o risco da humanidade? Se nossa maldade pode se estender a esse ponto, como poderia nossa liberdade ser um dom? Isto nos leva, talvez, diretamente de volta à primeira conjectura de Kathy e à concepção de Jonas de um Deus fraco. Ou então ao livro de Jó, que diz em essência que devemos viver com o paradoxo do poder e da bondade de Deus, o paradoxo de Sua inescrutabilidade e o grande valor que Ele nos promete. De uma maneira ou de outra, não estou certo de que Kathy vá dormir bem.

Os ateus, é claro, abrem mão de Deus por completo.

Compare a resposta deles com um evento que obsedou Elie Wiesel durante toda a sua vida, um evento que se oculta atrás de quase tudo que escreveu. Parece que, quando era prisioneiro em Auschwitz, Wiesel testemunhou três eruditos desamparados que formavam um tribunal rabínico, indiciando e julgando Deus por todos os males que Ele havia desencadeado no mundo, inclusive o horrível risco do sexto dia da criação. Os emaciados advogados expuseram cuidadosamente os argumentos de ambos os lados. Eles deliberaram por um longo tempo. No fim, concluíram que Deus era culpado. Depois que o veredicto foi pronunciado, seguiu-se um longo silêncio, enfim quebrado por um velho erudito do Talmude, que declarou: "Está na hora." Em seguida, todos rezaram a oração da tarde.

Interlúdio sobre zumbis e super-heróis

> Sê um filósofo; mas, em meio a toda a tua filosofia, sê ainda um homem.
>
> David Hume

Martin Kessler é um instrutor de artes marciais, astrólogo, hipnotizador, domador de fogo, escapologista, investigador especial, gnóstico, inventor do "boxe dos anjos", mentalista, poeta, autor sob o pseudônimo Simon Zealot, "um Gênio rebelde, é claro" – dizia ele com um sorriso –, e também um provável candidato ao aluno mais interessante que já tive. Ele ingressou numa faculdade de artes liberal de primeiro time e abandonou o curso. Por algum tempo vagou pelo país numa van muito estragada. Depois, acomodou-se numa cidade para trabalhar num abrigo, gozando a ironia de trabalhar o dia todo para ajudar os sem-teto quando ele mesmo era um sem-teto. Quando sua namorada de muitas idas e vindas – uma mulher encantadora, com uma serena autoconfiança, supreendentemente sã – foi para o famoso Writer's Workshop na Universidade de Iowa, Martin viu-se cursando disciplinas de filosofia no *community college* ali perto.

Nós dois nos demos bem imediatamente. Martin havia lido muito e tinha conhecimentos de considerável profundidade sobre as coisas que o interessavam. Assim, costumávamos discutir afavelmente sobre a validade de antigas heresias, a vontade de potência, o taoismo, a métrica poética – qualquer coisa sobre a qual um de nós por acaso estivesse pensando. Por vezes eu levava a melhor; por vezes, ele. Aprendíamos um com o outro.

Durante o tempo que passou em Iowa City, Martin ganhou a vida dando aula de ginástica para crianças. Meu filho, então com cinco anos, inscreveu-se em seu novo curso de parkour, a arte acrobática de passar do ponto A para o ponto B com a maior eficiência possível, que Martin havia descoberto logo que a coisa começara a ficar popular. Durante o primeiro dia de treino, ele agrupava os meninos bobinhos, todos abraçados, e cochichava: "O curso que vocês estão fazendo se chama oficialmente Parkour Básico, mas na verdade vou ensinar vocês a serem super-heróis." Naturalmente, tivemos de convidá-lo para nossa próxima festa de aniversário, e na escuridão do início da noite ele girou em torno de todo o seu corpo várias esferas de fogo de tamanho considerável, arrancando suspiros dos garotos de olhos arregalados e de seus pais nervosos. Mais tarde, quando as crianças estavam na cama, ele demonstrou para mim e minha esposa seu domínio de uma hilariante arte marcial baseada nos movimentos dos macacos, e outra baseada nos tropeções dos bêbados.

Martin acredita que, quando nos libertamos das preocupações e crenças que nos aprisionam, exercemos poderes divinos. Seu comentário sobre super-heróis para seus jovens alunos era mais do que um gancho retórico. Ele se sente atraído pela ideia de Nietzsche do *Übermensch*, o super-homem. Mas a verdadeira inspiração intelectual de Martin é o gnosticismo, o antigo e sempre atraente sistema de crenças que sustenta que este mundo foi criado por um autor inepto, se não mau; que o verdadeiro Deus transcende por completo nosso universo; e que nossa verdadeira natureza é uma centelha de divindade escondida numa prisão de carne.

Embora esteja profundamente absorto nos textos arcanos dessa antiga heresia, Martin está absorto em igual medida em nossa era atual. Quando ele falava em classe, vários alunos em geral indiferentes se animavam, mais ou menos como os garotos de cinco anos no treinamento para super-heróis, em parte porque Martin utiliza a mitologia de nosso tempo para detalhar sua visão da humanidade. Ele acredita que nossa era sofre de uma epidemia zumbi e que nosso verdadeiro destino é nos tornarmos super-heróis.

O QUE É UM ZUMBI? Segundo uma etimologia comum, as origens da palavra podem ser encontradas na palavra quicongo *nzambi*, que significa deus. Na imaginação popular, os zumbis são os mortos-vivos, cadáveres animados por uma mágica exterior. Eles costumam ter um insaciável desejo nivelador: estão sempre procurando produzir mais zumbis. Segundo Martin, os zumbis são uma projeção da vida humana entorpecida por distrações, esvaziada e remotamente controlada pela mágica que chamamos de consumismo. Como escreve graciosamente Simon Zealot:

> Você acha que a maioria dos problemas da vida pode ser solucionada com um pouco de compras criativas? Sua principal forma de entretenimento é a televisão? ... Você acha que simplesmente não há tempo suficiente no dia, em especial para coisas como exercício? Está cansado neste exato momento? Apesar dessa constante falta de energia, você acredita que no fim tudo vai dar certo? ... Se respondeu "sim" à maioria destas perguntas, talvez você esteja sofrendo de uma doença chamada fobosofite, ou, num nome mais comum, a doença do zumbi.[1]

E, em fino estilo satírico nietzschiano:

> Sua capacidade básica de falar não é afetada, e eles parecem experimentar pequenos graus de atividade cognitiva limitada em resposta a diferentes tipos de estímulos externos, mas, em geral, pensamentos ocorrem com frequência cada vez menor, e os que de fato ocorrem são de ordens de magnitude cada vez menores. Sonhos são esquecidos, todas as paixões, exceto as mais animalescas, desaparecem pouco a pouco, e o impulso criativo, se algum dia esteve presente, morre. Coisas de natureza abstrata, como arte, beleza, liberdade, dignidade, justiça ou qualquer tipo de especulação filosófica ou espiritual, irão gradualmente se tornar cada vez mais sem sentido à medida que a doença progride, e essas coisas não irão portanto evocar nenhuma resposta cognitiva autêntica, exceto talvez para rejeição ou hostilidade, da parte dos infectados.

A fobosofite, segundo Martin, está relacionada a um materialismo anestesiante, na verdade niilismo, o legado da versão não gnóstica do cristianismo. A religião oficial entorpeceu nossos anseios espirituais com falsas visões de um céu confortável. Agora que a plausibilidade dessas visões seguiu seu curso, tendemos a nos tornar corpos sem alma vegetando diante de telas que emitem bipes. Alguns ainda se aferram às suas religiões ultrapassadas. Outros rejeitam a religião por completo e abraçam filosoficamente nosso materialismo anestesiante, afirmando que não somos nada além de animais com umas tantas sarnas para serem coçadas. Os dois caminhos, acredita Martin, equivalem à mesma coisa: "A cultura é substituída por consumismo, a educação por certificação, a criação por indústria."

Ele considera a fobosofite uma epidemia. A grande obra de seu intelecto espiritual é desenvolver uma cura para a doença. Aqui estão alguns dos conselhos do médico: "Inoculem-se a si mesmos e aos que estão à sua volta com sua própria arte e autoconsciência. Criem maravilhas. Dancem. Façam amor. Não se movam num ritmo meramente arrastado. Beijem em público. Subam em alguma coisa. Brinquem. Interrompam a infelicidade e a morbidez dos infelizes. Estejam vivos. Bem-vindos à Resistência ao Zumbi."

O QUE É UM SUPER-HERÓI? Os atenienses antigos tinham a deusa Atena, a quem cultuavam no Partenon. Os americanos têm super-heróis com nomes como Capitão América, a quem cultuam nos multiplex. Os super-heróis, é claro, não são deuses: eles são seres humanos dotados pela tecnologia de poderes divinos, seja através de um acidente, como a detonação da bomba gama que transforma Bruce Banner no Incrível Hulk, ou por projeto, como a manipulação de engenhocas que capacitam Bruce Wayne a ser Batman. Se perguntarmos por que crianças e cada vez mais adultos leem quadrinhos e assistem a filmes de super-heróis, a maioria das pessoas responderia que isso é escapismo. Afinal, com o que os super-heróis lutam? Eles têm de usar seus poderes de maneira responsável para impedir que o mundo todo seja destruído. Nós, em contraposição, lutamos com problemas muito mais mundanos, como armas nucleares e aquecimento global.

A imaginação gnóstica é naturalmente atraente para nossa era tecnológica avançada. Para os gnósticos, nossos verdadeiros eus estão profundamente enterrados dentro de nossa carne desajeitada, mais ou menos como o Homem-Aranha se esconde sob as roupas sem graça de Peter Parker, ou como Simon Zealot se esconde sob o comprido casaco preto de Martin. Praticamente, a definição de um ser humano é alguém que habita em imediata relação com a natureza. Mas nossa era levou essa mediação para novas alturas, em muitos casos vertiginosamente distantes de nossos corpos. Nossos carros, aviões e telas nos permitem transcender e flutuar livres das limitações de pés, mãos, olhos e ouvidos. Os videogames que alimentam nossa imaginação imatura não poderiam ser mais gnósticos, com seus avatares capazes de executar façanhas super-humanas, inclusive morrer inúmeras mortes. À medida que essas maravilhas moldam cada vez mais as nossas mentes, os limites de nossos poderes inatos se expandem: essas estruturas de carne começam a parecer grosseiras e lerdas.

Nossa imaginação gnóstica está sujeita a um interessante paradoxo. Como a maior parte dos dualistas sérios, os gnósticos, embora oficialmente desprezem o corpo, com frequência dedicam muito tempo a ele, seja porque é difícil resistir a seus encantos quando você não pensa que eles importam ou, mais seriamente, porque se veem como senhores do corpo, que têm a obrigação, enquanto estão amarrados a ele, de fustigá-lo para deixá-lo em forma. Uma imagem reveladora de nosso tempo é a fileira de seres humanos em bicicletas ergométricas, todos vendo TV. Isto é o que poderíamos chamar de dualismo prático, embora Simon Zealot fosse considerá-lo um processo avançado de zumbificação.

Martin encarna nosso paradoxo gnóstico com consideravelmente mais garbo que o *jogger* comum, gastando incontáveis horas para aperfeiçoar o desempenho de seu corpo por meio de ginástica e artes marciais no intuito de liberar seus poderes espirituais. Seu projeto atual é construir um sistema educacional ideal, um sistema que discipline o corpo e a mente de tal modo que seus praticantes dedicados emerjam como cavaleiros de uma cavalaria angélica, "agentes destemidos de mudança compassiva e efetiva", super-heróis.

Quando penso na velha história de Adão e Eva no jardim, sobre como uma mordida quase inadvertida numa maçã nos dotou tragicamente de conhecimento divino, penso muitas vezes sobre o diretor do Projeto Manhattan, que se deu conta do poder da bomba atômica e jurou passar o resto de seus dias tentando controlar o que havia desencadeado. "Agora tornei-me Morte, o destruidor de mundos", murmurou J. Robert Oppenheimer ao ver a primeira nuvem em forma de cogumelo, lembrando-se do *Mahabharata*. Mas a verdade é que estivemos mordiscando o fruto do bem e do mal ao longo de toda a nossa história, pelo menos desde que a primeira pedra foi lascada na forma de uma lâmina e penetrou em carne. A matéria humana a partir da qual imaginamos super-heróis sempre esteve disponível. Em 442 a.C., o coro sofocliano declara:

> Há muitas maravilhas, mas nenhuma
> é tão maravilhosa quanto o homem.
> Ele atravessa, ousado, o mar grisalho,
> impulsionado pelo vento sul
> tempestuoso, indiferente às vagas
> enormes na iminência de abismá-lo;
> e exaure a terra eterna, infatigável,
> deusa suprema, abrindo-a com o arado
> em sua ida e volta, ano após ano,
> auxiliado pela espécie equina.
> Ele captura a grei das aves lépidas
> e as gerações dos animais selvagens,
> e prende a fauna dos profundos mares
> nas redes envolventes que produz,
> homem de engenho e arte inesgotáveis.
> Com suas armadilhas ele prende

> a besta agreste nos caminhos íngremes;
> e doma o potro de abundante crina,
> pondo-lhe na cerviz o mesmo jugo
> que amansa o fero touro das montanhas.
> Soube aprender sozinho a usar a fala
> e o pensamento mais veloz que o vento
> e as leis que disciplinam as cidades,
> e a proteger-se das nevascas gélidas,
> duras de suportar a céu aberto,
> e das adversas chuvas fustigantes;
> ocorrem-lhe recursos para tudo
> e nada o surpreende sem amparo[.][2]

Mas em vez de nos encorajar a nos tornarmos ainda mais divinos, o coro sofocliano ressalta os dois poderes cruciais, por vezes incompatíveis, Terra e Céu, a que devemos nos curvar: "Se é reverente às leis de sua terra/ e segue sempre os rumos da justiça/ jurada pelos deuses ele eleva/ à máxima grandeza a sua pátria."

A ideia de que somos divinos sempre capturou uma porção de nossa natureza, mas contém na melhor das hipóteses um quarto de verdade. Sim, a tecnologia nos deu poderes de super-heróis; e sim, a fobosofite é uma doença de nosso tempo. Mas Simon Zealot exagera. Não somos nem *nzambi* nem *Übermenschen*. O mesmo pode ser dito, aliás, sobre essa outra ideia só um quarto verdadeira de nossa era, a de que somos "apenas" animais, com metas que não se estendem realmente além da sobrevivência. Sim, somos animais com uma história evolutiva, sujeitos a todos os fatos brutos do corpo; e sim, podemos ver os rudimentos de humanidade prefigurados em nossos irmãos e irmãs vertebrados. Mas Martin não tem dúvidas de que somos mais do que meros carnívoros espalhando-se na floresta primeva.

Somos humanos, demasiado humanos, graças a Deus. Temos sérios limites, não apenas uma história evolutiva e todos os fatos brutos do corpo, mas também nossa ignorância e as verdades supremas. Temos igualmente a capacidade de exercer poderes que sacodem a terra, abrem o céu; e, sem algum tipo de canalização dessas energias para os bens do espírito e da mente, nossos dias e noites são coisas iníquas ou pardacentas. A filosofia é a história da realização humana de nossa humanidade, de ganhar uma vida honestamente com nossa transcendência e ao mesmo tempo nossa ignorância, de levar a sério aquelas palavras escritas no Templo de Apolo: *"gnothi seauton"* – conhece-te a ti mesmo.

Para realizar nossa natureza, precisamos de uma dose poderosa das energias transcendentes de Martin, especialmente se estamos em uma zumbificante cultura de consumo. Gosto em especial de seu conselho sobre andar depressa e por vezes subir em alguma coisa. No entanto, deveríamos conceituar nosso verdadeiro poder em termos não de expansão do super-herói, mas de devoto reconhecimento de nossa condição humana. "A inversão é o movimento do caminho", diz o Velho Mestre. Devemos subir de modo a poder cair no lugar. Ou isso, ou caímos para aprender a levantar. O problema de filmes como *Matrix*, que expressa basicamente minha questão com a imaginação gnóstica, é que tudo se resume a transcender um mundo falso, digital, e no entanto a realidade em que Neo e companhia despertam é ainda mais parecida com um videogame do que a própria Matrix. Na melhor das hipóteses, somos capazes de nos fundir – na imaginação, se não na vida – num único todo humano crível super-herói e zumbi, deus e besta, bem e mal.

Sou grato pelos clássicos de nossa tradição que preservam essas imagens de nossa humanidade, em particular os diálogos de Platão, que traçam uma imagem de nossas energias sábia e plenamente desenvolvida no caráter de Sócrates. Mas não sou propenso a me desesperar em razão da pobreza de nosso tempo, pelo menos não em demasia. Nossa sociedade pode ser zumbificante, mas há muito poucos zumbis. Não precisamos revirar muito o adolescente que troca mensagens como um louco ou o adulto vidrado na internet para encontrar todas as maravilhas e horrores e lutas de ser humano. Além disso, tenho a sorte de ter tido professores, alunos e amigos como Martin, que realizaram a tarefa central da cultura humana. Eles tornaram a vida digna de ser vivida. Quando, na prisão úmida, os companheiros de Sócrates se desesperam com a perspectiva de perder seu sábio amigo, este diz: "Vocês devem procurar por ele em companhia uns dos outros também, pois talvez não encontrem ninguém mais capaz de fazê-lo do que vocês mesmos."[3]

Conclusão

A coisa mais bonita no mundo

> Sócrates disse: "Ensino-lhes o que sei do bem, acrescentando o que os possa ajudar a se fazerem virtuosos. Os tesouros legados pelos antigos sábios em seus livros, percorro-os conversando com meus amigos. Se vemos algo bom, nós o destacamos e nos alegramos em sermos úteis uns aos outros." Quando ouvi isto, acreditei que Sócrates era realmente feliz.
>
> Xenofonte

EM SEU ENSAIO "O feiticeiro e sua magia", o antropólogo Claude Lévi-Strauss nos fala de um índio kwakiutl do século XIX chamado Quesalid que acreditava que a arte praticada pelos xamãs de sua tribo não passava de um punhado de truques. Tornando-se um agente duplo para os céticos do mundo, Quesalid infiltrou-se na escola xamanística com o objetivo de aprender, e eventualmente denunciar, o charlatanismo do grupo. Uma vez lá dentro, ele de fato aprendeu toda espécie de truques duvidosos, como pagar espiões para obter informações a serem "compiladas" durante a cerimônia de cura, ou a arte de esconder um tufo de penugem ensanguentado na boca, que é depois vomitado em certa altura do ritual e apresentado ao doente como o verme purgado da doença.

Antes que seu treinamento terminasse, Quesalid foi chamado por um doente que acabara de ter um sonho com ele. Não sabendo que outra coisa fazer, Quesalid aplicou o truque do "verme ensanguentado". E ele funcionou! O homem melhorou imediatamente. Perplexo, o xamã cético imaginou que a recuperação se devia ao grau em que o paciente acreditava sinceramente no sonho.

Nosso herói continuou sua pesquisa, assistindo a uma cerimônia de cura dos vizinhos índios koskimos, cujos xamãs usam uma forma menos dramática do truque do verme ensanguentado, simplesmente cuspindo no chão e afirmando que sua saliva é a doença purgada do paciente. Havia uma mulher doente, e o método do cuspe não funcionou. Quesalid perguntou se podia praticar com a mulher. Ele aplicou a técnica do verme ensanguentado. A mulher doente ficou curada.

Nessa altura, Quesalid se viu num estado de confusão mental. Se o xamanismo é só um truque, por que funciona? Mais intrigante ainda, como pode um tipo de truque funcionar melhor que outro? Se um placebo é mais eficaz que outro, continua sendo um placebo? Para piorar as coisas, ele se viu inundado de questões pelos desacreditados xamãs koskimos. Como Quesalid extrai um objeto ensanguentado de um paciente? Que relação tem o "verme" com a doença? Ele chega até a ser desafiado por um dos xamãs para um duelo de cura, que mais uma vez vence.

Embora Quesalid, "rico em segredos", sinta que a maior parte de seu ceticismo original é justificada, ele passa a acreditar que uma espécie de mágica real está em ação, e até que o xamanismo pode ser plenamente autêntico. "Vi um xamã", escreve ele em sua autobiografia, "sugando um doente, e nunca descobri se ele era um verdadeiro xamã ou somente fingia. Só por essa razão acredito que era um xamã: ele não permite que os que melhoram lhe paguem. A verdade é que nunca o vi rir sequer uma vez."[1]

A história de Quesalid ilustra o que estive tentando definir como filosofia. Ela começa no espanto, que lança o filósofo numa jornada para descobrir a verdade, para encontrar uma relação mais satisfatória com a realidade. Mas raramente, ou nunca, as hipóteses iniciais do filósofo se confirmam. Sim, Quesalid estava certo ao suspeitar que certas técnicas que os pacientes desconhecem são empregadas por xamãs. O lado cético-destrutivo da filosofia vai bastante longe. Mas há sempre mais alguma coisa. No exemplo de Quesalid, ele descobre que certos "truques" realmente funcionam no complexo mente–corpo, e, na medida em que busca a verdade, precisa admitir esse fato incômodo. Um dos momentos decisivos da filosofia é a poderosa confrontação com o mistério, que envolve a luta com o demônio da dúvida, e que finalmente induz autêntica piedade. O momento final da filosofia envolve encontrar uma maneira de viver em relação com o mistério iluminado. Como diz Kant: "O ceticismo é um lugar de descanso para a razão humana... mas não é uma morada para residência permanente."[2] Podemos tentar deslindar exatamente como o xamanismo funciona, como faz Lévi-Strauss de maneira engenhosa em "O feiticeiro e sua magia". Mas Quesalid, como todos os verdadeiros filósofos, precisa viver a indagação. Ele deve encontrar um estilo de existência capaz de enfrentar as fortes correntes e as tempestades ocasionais da realidade.

A história de Quesalid não só ilustra lindamente minha tese sobre a filosofia, como também ajuda a corrigir um equívoco comum sobre o ofício de ensinar. Nossa visão normal, imperfeita, é que os professores possuem algum conhecimento especial – ou pior, alguma arte especial de "facilitar o aprendizado". Os alunos são desprovidos do conhecimento, ou do necessário ambiente de aprendizado, e os professores suprem gentilmente sua necessidade. Como tudo, essa visão tem seu grão de verdade. Mas essa visão comum da educação é incapaz de explicar todos os momentos que professores e alunos mais apreciam: os momentos de despertar e de intimidade mental, as iluminações mútuas, a liberdade, o erotismo intelectual, o processo de cura da própria educação, que poderia ser sensatamente chamado de xamanístico.

O epigrama maldoso sobre o ensino – "quem não sabe fazer, ensina" – guarda uma verdade subversiva. Há alguma coisa que falta num bom professor, alguma habilidade ou conhecimento, por vezes sem que ele saiba, alguma coisa que o contato com um aluno pode ajudar a suprir. A coisa que falta não é o que enfraquece o professor; misteriosamente, é ela a fonte da sua força. O exemplo supremo é Sócrates, cujo reconhecimento da própria ignorância permite não apenas os diálogos, mas também toda a história do pensamento ocidental. Ele é uma bem-sucedida parteira de ideias, precisamente por causa de sua inquietação na busca da verdade que lhe falta. Mas a história de Quesalid ensina o mesmo. Parte do que faz dele uma figura atraente, alguém com quem um membro da tribo pode sonhar, é seu espírito questionador, sua procura invisível por algo real e verdadeiro. É sua dúvida, mais que qualquer outra coisa, que faz dele um xamã poderoso.

Outra maneira de chegar ao verdadeiro interior do processo educacional é vê-lo pelo prisma do dom. Marcel Mauss identifica três obrigações, que todos nós já sentimos, na circulação de presentes: a obrigação de dar, a obrigação de receber e a obrigação de retribuir. Ainda que dom envolva troca, a atitude de dar não é automaticamente autocentrada. Além disso, o dinamismo do oferecimento de um presente não chega a um fim depois que ele foi retribuído. Na verdade, um presente é potencialmente infinito, diferentemente de nossas trocas econômicas regulares, nas quais, assim que o dinheiro muda de mãos, a coisa comprada torna-se nossa, e o dinamismo que havia na troca, fosse qual fosse, está morto.

A lógica do dom descreve a verdadeira economia da educação. Os bons professores que tive a sorte de ter deram-me uma educação. É claro que, para que as escolas sobrevivam, dinheiro deve mudar de mãos e abrir espaço para o ensino e aprendizado. Como professor, gosto de pensar que eu ensino de graça, mas sou pago para corrigir trabalhos e comparecer a reuniões. O dinheiro proporciona a possibilidade da educação, mas somente para os piores professores o dinheiro é a motivação de seu trabalho. A educação que recebi de meus professores veio com a obrigação de retribuir – não de me tornar professor de meus professores, embora desejemos retribuir-lhes de alguma maneira, mas de dar uma educação a meus alunos. Esse é o sentido da palavra "tradição": uma entrega de presentes através do tempo – infinitamente. Nossa palavra para "agora" em seu melhor sentido é "o presente". A obrigação de ensinar surge em parte de um excesso de conhecimento. Mas, como sugeri, é muito mais que isso. Pelo menos em filosofia, ela está ligada também à falta de sabedoria. Como expressa Kierkegaard: "O discípulo é a oportunidade para o mestre compreender a si mesmo, assim como o mestre é a oportunidade para o discípulo compreender a si mesmo."[3]

Acredito, como afirma a epígrafe de meu livro, que "a vida humana mais profunda está em toda parte". Mas decerto não pretendo sugerir que todos estão levando uma vida admirável. Meu tempo como professor – aliás, meu tempo com quase qualquer pessoa – me convenceu, acima de qualquer outra coisa, de que estamos completamente confusos. Existe uma lenda (eu nunca a encontrei de fato em nenhum texto) segundo a qual teólogos medievais costumavam debater quantos anjos podiam dançar na cabeça de um alfinete. Mesmo que seja historicamente falso, isso capta uma verdade importante sobre muito da teologia medieval: a saber, que muitos dos mais intensos debates são baseados em tantas crenças altamente improváveis que ambos os lados parecem agora igualmente absurdos. Mas serão nossos debates tão melhores que uma era futura não vá voltar os olhos para eles com igual perplexidade? Disse Cromwell (embora provavelmente isto também seja apócrifo): "Eu lhe suplico pelas entranhas de Cristo, admita que é possível que você esteja enganado." Eu lhe suplico pelo córtex de Sócrates, admita que é possível que você esteja enganado. A maior parte do que ainda debatemos diz respeito a quantos anjos dançam na cabeça de um alfinete. Sem dúvida algumas de nossas suposições atuais são um passo na direção certa, em particular quando comparadas com a visão de mundo medieval. Mas eu me arriscaria a dizer que pelo menos um punhado das estranhas doutrinas da teologia medieval seria um aperfeiçoamento em relação às nossas crenças bizarras.

Apesar de nossa vertiginosa confusão, ainda me atenho à ideia – que admito orgulhosamente ser um pouco ingênua, um pouco whitmaníaca – de que a vida humana mais profunda está em toda parte. Em primeiro lugar e acima de tudo, quero dizer que dentro de todos nós estão as verdadeiras profundezas sondadas – e algumas ainda insondadas – por Platão, Shakespeare e companhia. Cada vida humana reflete algo de importante sobre quem somos. Mesmo uma profunda confusão é uma confusão profunda. Além disso, acredito que todo o sagrado que está a nosso alcance pode ser encontrado tanto numa estudante de enfermagem quanto numa figura importante com um nome brilhante, tanto num quiroprata local quanto num metafísico relevante na história do mundo, tanto em você e em mim quanto em Sócrates e Confúcio. A diferença entre minha aluna Julia e Immanuel Kant, ou minha aluna Kathy e Hans Jonas, ou você e qualquer outro nome ilustre ou obscuro, diz respeito a nossas diferentes capacidades de expressar a forma de uma constelação filosófica; nada tem a ver com sua substância interior. Uma história narra como um bando de viajantes, em busca de algumas pérolas de sabedoria, foi visitar o antigo sábio Heráclito. Quando entraram em sua morada, encontraram-no aquecendo o traseiro junto do fogo. Aquele naco de carne era o grande filósofo? Heráclito apenas sorriu, dizendo: "Entrem, os deuses estão aqui, também."

A BUSCA DA SABEDORIA envolve uma confrontação com nossa ignorância, encarnada da maneira mais famosa no "Só sei que nada sei" de Sócrates. Mas a filosofia, como mostra Platão, é mais do que isso. Ela envolve a confrontação com o fato de que nossas tentativas mais obstinadas para pensar claramente fracassam, e apesar disso temos de viver como se tivéssemos respostas para os mais renitentes mistérios. Filosofia é tudo que decorre humanamente de uma real confrontação com nossa estranha circunstância. Na melhor das hipóteses, é um modo de vida. A divisão entre sábios e tolos não se dá entre os que têm todas as respostas e os que estão confusos. A grande linha divisória separa nossa insensatez usual e nossa insensatez esclarecida, com o que me refiro a alguém que compreende a si mesmo e encontrou uma maneira de viver alegremente num relacionamento impossível. A filosofia, pensando bem, é muito semelhante ao casamento.

Em decorrência de algo relacionado à linguagem e ao fato de sermos criaturas temporais, nunca seremos capazes de responder à perene questão de meus alunos – "Mas no que você acredita?" – da maneira satisfatória como podemos responder a uma questão como "Quantas luas tem Saturno?". Uma história sobre o Buda conta que certo dia ele pegou um punhado de folhas de outono nas mãos e perguntou a seu discípulo Ananda se aquela era a totalidade das folhas vermelhas. Ananda respondeu: "É outono; há folhas vermelhas por toda parte." O Buda então deu sua lição: "Eu lhe dei algumas verdades. Há milhares de outras."[4] Talvez o pior de todos os apegos seja o desejo impaciente de ter a resposta certa. Há algo de belo no "Só sei que nada sei" de Sócrates, e no Buda com milhares de folhas vermelhas rodopiando à sua volta. A tradição cristã, em que a busca pelo dogma perfeito muitas vezes foi central, deu-nos uma das mais profundas de todas as tradições filosóficas. Diz-se, no entanto, que Tomás de Aquino, o mestre de todos os teólogos, retornou de sua visão de Deus e declarou que as milhares de páginas eruditas que escrevera valiam tanto quanto palha.

Mas, como Sócrates e os outros grandes mestres nos ensinam, não podemos prescindir de crenças. Elas são uma parte necessária de ser humano. Hoje, é corriqueiro pensar que todas as religiões são iguais, apenas diferentes caminhos para uma mesma montanha. Esta é uma meia verdade, tanto quanto o lugar-comum que ela suplanta, de que somente através da religião correta uma alma pode ser salva. Como diz G.K. Chesterton, com seu encanto característico:

> Quando ele abandona uma doutrina após outra num refinado ceticismo, quando ele se recusa a se prender a um sistema, quando diz que superou definições, quando diz que descrê na finalidade, quando, em sua imaginação, ele se posta como Deus, não sustentando nenhuma forma de credo mas contemplando todas, então por esse mesmo processo ele está voltando a afundar lentamente na vagueza dos animais errantes e na inconsciência do capim. Árvores não têm dogmas. Nabos têm mentes singularmente abertas.[5]

Está claro que as religiões, como os regimes políticos, são diferentes e não iguais num grande número de aspectos. Tomar uma posição é parte de transcender o nabo. No entanto, na melhor das hipóteses, uma crença é como um motivo musical que organiza uma sinfonia muito mais complicada. Acredito que a sabedoria é compatível com um grande número de tradições, religiosas ou não. Pois a sabedoria não é tanto a posse das crenças certas (embora envolva a recusa das piores delas) quanto o encontro de uma forma de nos relacionarmos com nossas crenças de tal modo que as partes boas de nós sejam liberadas. A sabedoria não é uma doutrina, é um estilo.

EM SEU ENSAIO "What Makes a Life Significant", William James, um de meus heróis como escritor e pensador, narra uma pequena viagem, que começa com uma visita aos Assembly Grounds, nas margens do lago Chautauqua, no estado de Nova York. Ele planejava ficar lá um dia, mas ficou uma semana, porque o lugar era uma joia de civilização: uma cidade de alguns milhares de habitantes, numa localização encantadora, com uma "faculdade de primeira classe em plena operação", um esplêndido auditório ao ar livre com um coro de setecentas vozes, grande número de esportes, sem criminalidade, sem pobreza, sem polícia, palestras diárias oferecidas por pensadores eminentes e "fontes de água gasosa jorrando sem cessar".

Estranhamente, quando partiu, James viu-se pensando: "Ufa! Que alívio! Agora quero alguma coisa primordial e selvagem!" De repente ele desdenhou essa comunidade "tão refinada que sorvete com água gasosa é a suprema oferta que ela pode fazer ao animal bruto no homem", refletindo que perigo e coragem, suor e luta, escuridão e até morte são o que dá ao mundo humano todo o seu garbo. Talvez os românticos tenham sido clarividentes: nossa civilização está infestada pela mediocridade da felicidade. Ele mergulhou em melancolia filosófica.

Depois, no trem para Buffalo, James avistou um operário trabalhando bem no alto da construção de um arranha-céu. Num súbito insight, compreendeu que estivera encerrado em maneiras falsas de ver o mundo, pensando em termos de paraíso e terrenos baldios, que são abstrações mesquinhas em comparação com um sujeito no topo de um andaime elevadíssimo. Ele viu um heroísmo real, não idealizado, em pessoas comuns – trabalhadores que recebem por dia, camponesas vienenses, operadores de máquinas de sorvete, até professores.

> E ali descansei aquele dia, com uma sensação de alargamento de visão, e com o que decerto é justo chamar de um aumento de penetração religiosa na vida. Aos olhos de Deus, as distinções de posição social, intelecto, cultura, higiene, vestimenta que as pessoas exibem, e todas as outras raridades e exceções em que tão fantasticamente baseiam seu orgulho, devem ser tão pequenas que, na prática, desaparecem por completo; e tudo o que deve restar é o fato comum de que aqui estamos, uma incontável multidão de recipientes de vida, cada um de nós encerrado em dificuldades peculiares, com as quais devemos lutar severamente usando toda fortaleza e virtude que formos capazes de reunir. O exercício da coragem, da paciência e da bondade deve ser a porção significativa de toda a questão; e as diferenças de posição podem ser apenas uma maneira de diversificar a superfície fenomênica na qual essas virtudes subterrâneas podem manifestar seus efeitos. Nessas circunstâncias, a vida humana mais profunda está em toda parte, é eterna.[6]

Leituras adicionais recomendadas

PARTE 1 **O que é filosofia?** (p.17-68)

Os últimos anos nos deram várias introduções acessíveis e envolventes à filosofia como um modo de vida. Embora eu tenha discordâncias com a maioria delas em certos pontos (ou talvez eu deva dizer, *porque* eu tenho discordâncias com a maioria delas em certos pontos), recomendo *Aprender a viver*, de Luc Ferry, *Vidas investigadas*, de James Miller, *Como viver*, de Sarah Bakewell, *On Desire*, de William Braxton Irvine, *As consolações da filosofia*, de Alain de Botton, e qualquer coisa de Leszek Kołakowski. *O que é a filosofia antiga?*, de Pierre Hadot, é uma exposição mais erudita da ideia de filosofia como um modo de vida. Se você quiser alguma coisa muito simples sobre as questões básicas da filosofia, eu recomendaria *The Little Philosophy Book*, de Robert Solomon. A melhor maneira de descobrir sobre Sócrates é lendo os diálogos de Platão, em especial "Eutífron", "Apologia de Sócrates", "Críton" e "Fédon", mas não demore a ler também *O banquete* e *A república*.

PARTE 2 **O que é felicidade?** (p.69-109)

Para mais esclarecimentos sobre epicurismo e estoicismo, recomendo *Philosophy as a Way of Life*, novamente de Pierre Hadot. *A Guide to the Good Life*, de William Braxton Irvine, é uma excelente introdução ao estoicismo como uma opção moderna; fiz uso dele em minha exposição dos estoicos. *A virada*, de Stephen Greenblatt, que defende a ideia duvidosa mas encantadora de que o epicurismo criou a modernidade, é uma esplêndida exploração da história e das ideias do epicurismo, com especial ênfase em Lucrécio. Quanto aos textos estoicos e epicuristas originais, o Axios Institute tem um belo volume intitulado *Epicureans and Stoics*, que contém muitos documentos essenciais; fiz grande uso dele. *Walden*, de Thoreau, é a grande versão americana do epicurismo, com algumas peculiaridades.

PARTE 3 **O conhecimento de Deus é possível?** (p.111-87)

A libertação do erro, de al-Ghazali, que em inglês pode ser encontrado numa boa edição intitulada *Al-Ghazali's Path to Sufism*, nem sempre é muito acessível, mas é um excelente documento condensado para "o estudante puramente literário que gostaria de travar conhecimento com a interioridade de religiões diversas da cristã", como diz William James. *Os sufis*, de Idries Shah, é uma boa introdução geral à história e à sabedoria sufistas. *Discurso do método* e *Meditações sobre filosofia primeira*, de Descartes, duas das obras mais conhecidas na filosofia ocidental, são belos trabalhos de arquitetura intelectual. Mas são os *Pensamentos* de Pascal que não devem mesmo deixar de ser lidos: primorosamente escritos, e sempre interessantes. Particularmente, gosto dos ensaios de Paul Valéry sobre Descartes e do ensaio de T.S. Eliot sobre Pascal. *Lost in the Cosmos*, de Walker Percy, apresenta uma versão contemporânea das ideias de Pascal; fiz uso dele, de maneira consciente e inconsciente. O melhor trabalho erudito sobre al-Ghazali que conheço é *Al-Ghazali's Philosophical Theology*, de Frank Griffel, no qual, entre outras coisas, ele mostra que a visão cristã tradicional de que al-Ghazali destruiu a filosofia na civilização islâmica é um argumento sem substância.

PARTE 4 **Qual é a natureza do bem e do mal?** (p.189-242)

O estilo meticuloso e seco de Kant é notoriamente difícil. Eu começaria com alguns de seus ensaios, em particular "O que é o Iluminismo?" e "À paz perpétua". Recomendo com veemência *Moral Clarity: A Guide for Grown-Up Idealists*, de Susan Neiman, como uma aplicação do kantismo profunda e contemporânea, escrita com clareza. Seu livro acadêmico sobre Kant também é excelente. Fiz uso do trabalho de Neiman em toda essa seção. Aliás, permitam-me recomendar também seu *O mal no pensamento moderno*. A obra *Eichmann em Jerusalém*, de Hannah Arendt, é fascinante e excitante em termos de filosofia. A coletânea de ensaios de Hans Jonas intitulada *Morality and Mortality* não é de fácil leitura, mas merece ser lida.

Notas

Prelúdio sobre a poluição luminosa e as estrelas (p.9-16)

1. *The Bijak of Kabir*. Trad. Linda Hess. Nova York: Oxford University Press, 2002, p.51.
2. William James. *Writings: 1878-1899*. Nova York: Library of America, 1992, p.867.
3. Simone Weil. *Gravity and Grace*. Trad. Emma Crawford e Mario von der Ruhr. Nova York: Routledge, 1952, p.117.

PARTE 1 O que é filosofia? (p.17-21)

1. Platão. *Theaetetus*. Trad. Benjamin Jowett. Fairford, Gloucestershire, Reino Unido: Echo Library, 2006, 155d.
2. Samuel Taylor Coleridge. *Aids to Reflection*. Londres: Taylor and Hessy, 1825, p.228.
3. Marguerite Yourcenar. *That Mighty Sculptor Time*. Trad. Walter Kaiser. Nova York: Farrar, Straus and Giroux, 1992, p.203.

1. Retrato de você enquanto Ulisses (p.23-35)

1. Michel de Montaigne. *The Complete Essays of Montaigne*. Trad. Donald Frame. Stanford, CA: Stanford University Press, 1965, p.337.
2. Heródoto. *The Histories*. Trad. Aubrey de Selincourt. Londres: Penguin, 1996, 3.38, p.187.
3. *Al-Ghazali's Path to Sufism and His Deliverance from Error*. Trad. R.J. Mc-Carthy. Louisville, KY: Fons Vitae, 2000, p.19.
4. Stanley Fish. "Does Philosophy Matter?" *Opinionator* (blog), *New York Times*, 1º ago 2011. Disponível em: <http://opinionator.blogs.nytimes.com/2011/08/01/does-philosophy-matter>.
5. Chuang Tzu. *Wandering on the Way: Early Taoist Tales and Parables of Chuang Tzu*. Trad. Victor H. Mair. Honolulu: University of Hawaii Press, 1998, p.165.
6. Citado in Hans-Georg Moeller. *Daoism Explained*. Chicago: Open Court, 2004, p.64.
7. T.S. Eliot, "Little Gidding", in *The Complete Poems and Plays, 1909-1950*. Orlando, FL: Harcourt Brace Jovanovich, 1952, p.145. ["We shall not cease from exploration/ And the end of all our exploring/ Will be to arrive where we started/ And know the place for the first time."]
8. Montaigne, *Complete Essays*, p.611.
9. Excerto de "Ithaca", in *The Complete Poems of Cavafy*. Trad. Rae Dalven. Tradução inglesa ©1961, renovada em 1989. Reproduzido com a permissão da Houghton Mifflin Harcourt Publishing Company. Todos os direitos reservados.

2. Retrato da filosofia como Sócrates (p.36-63)

1. Cícero, *On the Orator: Book Three*. Trad. H. Rackham. Cambridge: Loeb Classical Library, 1942, 16.60.
2. Montaigne, *Complete Essays*, p.851-2.
3. Cavafy. "Infidelity", in *Complete Poems*, p.20.
4. Bob Dylan, "Gotta Serve Somebody", *Slow Train Coming*. Nova York: Columbia Records, 1979. ["*You gotta serve somebody:/ It might be the devil, or it might be the Lord, / But you're gonna have to serve somebody.*"]
5. Immanuel Kant. *The Conflict of the Faculties*. Trad. Mary Gregor. Lincoln: University of Nebraska Press, 1992, p.115.
6. Simone Weil, citada em Carol A. Dingle. *Memorable Quotations: Jewish Writers of the Past*. Lincoln: iUniverse, 2003, p.108.
7. Platão. *The Last Days of Socrates*. Trad. Hugh Tredennick e Harold Tarrant. Londres: Penguin, 1993, 15e-16a. Em vez dos números de página de minhas edições preferidas, adoto aqui a "paginação de Stephanus" (e.g., 15e-16a), geralmente utilizada para referenciar as obras de Platão, uma vez que a maioria das edições dos diálogos de Platão inclui esses números nas margens do texto. Esses números se baseiam na paginação de uma edição de Platão de 1578 organizada por Henricus Stephanus.
8. Suetônio. *The Twelve Caesars*. Trad. Robert Graves. Londres: Penguin Classics, 1957, p.238.
9. Platão. *Last Days of Socrates*, 22b-c.
10. Ibid., 38a.
11. Ibid., 22d.
12. Ibid., 114d.
13. Ibid., 64a.
14. Walt Whitman, "'To One Shortly to Die", in *The Complete Poems*. Londres: Penguin Classics, 2004, p.464. ["*You are to die – let others tell you what they please, I cannot prevaricate, / I am exact and merciless, but I love you – there is no escape for you.*"]
15. Montaigne. *Complete Essays*, p.29-30.
16. Platão. *Last Days of Socrates*, 40c-41b.
17. Alasdair MacIntyre. *After Virtue*. Notre Dame, IN: University of Notre Dame Press, 2007, p.216.
18. Platão, *Last Days of Socrates*, 29d.
19. Ibid., 59b.
20. Hans Jonas. *Morality and Mortality*. Evanston, IL: Northwestern University Press, 1996, p.84.
21. Lucrécio. *On the Nature of the Universe*. Trad. Ronald E. Latham. Nova York: Penguin Classics, 1994, p.72 (livro 3, linhas 221-2).
22. Philip Larkin. "Aubade", in *Collected Poems*. Nova York: Farrar Straus and Giroux, 2001. ["*But at the total emptiness forever, / The sure extinction that we travel to / And shall be lost in always.*"]

23. D.H. Lawrence, "Mystic", in V. de Sola Pinto e F.W. Roberts (orgs.), *The Complete Poems of D.H. Lawrence*, reed. Nova York: Penguin Classics, 1994. [*"They call all experience of the senses mystic, when the experience is considered. / So an apple becomes mystic when I taste in it / the summer and the snows, the wild welter of earth / and the insistence of the sun. / ... / If I say I taste these things in an apple, I am called mystic, which / means a liar. / The only way to eat an apple is to hog it down like a pig / and taste nothing / that is real."*]
24. Platão, *Last Days of Socrates*, 107b.
25. Alexander Pope, "Essay on Man", in *The Major Works*. Oxford: Oxford University Press, 2008, p.303 (linhas 173-4). [*"Will Heaven reward us there / With the same trash mad mortal swish for here?"*]
26. Platão, *Last Days of Socrates*, 114d.
27. Idem.
28. Ibid., 118a.
29. Citado em Emily Wilson, *The Death of Socrates*. Cambridge, MA: Harvard University Press, 2007, p.149.

Interlúdio sobre riso e lágrimas (p.64-8)

1. Arthur Schopenhauer. *Suffering, Suicide, and Immortality*. Trad. T. Bailey Saunders. Mineola, NY: Dover, 2006, p.2.
2. Montaigne. *Complete Essays*, p.221.
3. Citado in Søren Kierkegaard, *Parables of Kierkegaard*, org. Thomas Oden. Princeton, NJ: Princeton University Press, 1978, p.30.

3. O requintado materialismo de Epicuro (p.75-88)

1. [*"From milkless milk to silkless silk, we are growing used to souless soul."*] W.C. Handy, "Loveless Love", que pode ser ouvida em *Louis Armstrong Plays W.C. Handy* (Columbia Records, 1954). Originalmente, a canção era a famosa "Careless Love", mas Handy mudou a letra em resposta à cultura entorpecedora da alma que ele via crescer à sua volta.
2. Citado in Axios Institute (org.), *Epicureans and Stoics*. Mount Jackson, VA: Axios Press, 2008, p.4.
3. Ibid., p.36.
4. A.J. Liebling. *Between Meals*. Nova York: Modern Library, 1995, p.6.
5. *Epicureans and Stoics*, p.26.
6. William Blake. "The Marriage of Heaven and Hell", in *The Complete Poems*. Nova York: Anchor Books, 1988, p.35.
7. *Epicureans and Stoics*, p.33.
8. Ibid., p.43.

9. Henry David Thoreau. *Walden: A Fully Annotated Edition*. New Haven: Yale University Press, 2004, p.89 (cap.2).
10. *Epicureans and Stoics*, p.30.
11. Pierre Hadot. *Philosophy as a Way of Life*. Trad. Michael Chase. Oxford: Blackwell, 1995, p.235.
12. Carlo Petrini, citado em Corby Kummer, "Doing Well by EatingWell", *Atlantic Monthly*, mar 1999. Disponível em: <http://www.theatlantic.com/past/docs/issues/99mar/eatwell.htm>.
13. Wendell Berry. *A Continuous Harmony: Essays Cultural and Agricultural*. Washington, DC: Shoemaker and Hoard, 1972, p.157.
14. *Epicureans and Stoics*, p.20.
15. Idem.
16. Idem.
17. Ibid., p.43.
18. Johann Wolfgang von Goethe. *Faust*, parte 2, linhas 1700-1.

4. A misteriosa liberdade do estoico (p.89-106)

1. Alfonso, citado in Susan Neiman. *Evil in Modern Thought*. Princeton, NJ: Princeton University Press, 2004, p.14.
2. Epicteto. *Handbook*, p.8.
3. Diógenes Laércio. *Lives of the Eminent Philosophers*. Trad. R.D. Hicks. Loeb Classical Library. Cambridge, MA: Harvard University Press, 1942, p.111-3.
4. Shakespeare. *Hamlet*, ato 2, cena 2, linhas 250-1; Epicteto. *Handbook*, p.5.
5. Epicteto. *Handbook*, p.5.
6. Ibid., p.1.
7. Epicteto. *The Discourses of Epictetus*. Trad. Robin Hard. Nova York: Everyman Paperbacks, 1995, 1.24.20; ver também 1.25.7-21 e 2.16.37.
8. Victor Hugo. "Le comte de Buffon fut bonhomme", in *Selected Poems of Victor Hugo*. Trad. E.H. Blackmore e A.M. Blackmore. Chicago: University of Chicago Press, 2001, p.279. ["*Moi, je n'exige pas que Dieu toujours s'observe, / Il faut bien tolérer quelques excès de verve/ Chez un si grand poète, et ne point se fâcher/ Si celui qui nuance une fleur de pêcher/ Et courbe l'arc-en-ciel sur l'Océan qu'il dompte, / Après un colibri nous donne un mastodonte!/ C'est son humeur à lui d'être de mauvais goût, / D'ajouter l'hydre au gouffre et le ver à l'égout, / D'avoir en toute chose une stature étrange, / Et d'être un Rabelais d'où sort un Michel-Ange. / C'est Dieu ; moi je l'accepte.*"]
9. *Epicureans and Stoics*, p.51.
10. Epicteto. *Handbook*, p.14.
11. Sêneca. *Dialogues and Letters*. Trad. C.D.N. Costa. Nova York: Penguin, 1997, p.58.
12. Marco Aurélio. *Meditations*. Trad. G.M.A. Grube. Indianapolis: Hackett, 1983, 2.1, p.11.
13. Sêneca. *To Polybius*, p.17, citado em William Braxton Irvine. *A Guide to the Good Life: The Ancient Art of Stoic Joy*. Oxford: Oxford University Press, 2009, p.153.

14. Marco Aurélio. *Meditations*, p.7, 54.
15. Epicteto. *Handbook*, p.48.
16. Sêneca. *Dialogues and Letters*, p.54.
17. Sêneca. *Moral and Political Essays*. Trad. John Cooper. Cambridge: Cambridge University Press, 1995, 3.36, p.110.
18. Reinhold Niebuhr. *The Essential Reinhold Niebuhr: Selected Essays and Addresses*. New Haven, CT: Yale University Press, 1987, p.251.
19. Epicteto. *Handbook*, p.52.
20. Aristóteles. *Retórica* 2.2 1377b31.
21. Edward Gibbon. *The History of the Decline and Fall of the Roman Empire*. Londres: Penguin, 2000, p.83.
22. Marco Aurélio. *Meditations* 7.61 e 3.4.
23. Epicteto. *The Discourses of Epictetus*, 1:24.1-2.
24. Citado em James Stockdale. *Courage under Fire: Testing Epictetus's Doctrines in a Laboratory of Human Behavior*. Stanford, CA: Hoover Institution, 1993, p.8.
25. Idem.
26. Ibid., p.14.
27. Ibid., p.15.
28. Nazim Hikmet. *Poems of Nazim Hikmet*. Trad. Randy Blasing e Mutlu Konuk. Nova York: Persea Books, 1994, p.101.

Interlúdio sobre vinho e bicicletas (p.107-9)

1. Alfred North Whitehead. *Adventures in Ideas*. Nova York: The Free Press, 1967, p.244.

PARTE 3 O conhecimento de Deus é possível? (p.111-5)

1. Czesław Miłosz. "Either-Or", in *New and Collected Poems: 1931-2001*. Nova York: Ecco, 2001.

5. O êxtase sem nome (p.117-37)

1. Ovídio. *Tristia*, 5.10.
2. Marquis Beccaria of Milan. *An Essay on Crimes and Punishments*, com comentários de M. de Voltaire, ed. nova e corrigida. Albany: W.C. Little & Co., 1872, cap.8.
3. *Al-Ghazali's Path to Sufism*, p.19.
4. Marquis Beccaria of Milan. *Essay on Crimes and Punishments*, cap.8.
5. *Al-Ghazali's Path to Sufism*, p.18
6. Ibid., p.20.
7. Ibid., p.23.

8. Ibid., p.24.
9. Al-Ghazali. *The Ninety-Nine Beautiful Names of God*. Trad. David B. Burrell e Nazih Daher. Cambridge: Islamic Texts Society, 1992, p.38.
10. *Al-Ghazali's Path to Sufism*, p.53.
11. Ibid., p.57.
12. Ted Hughes. *Winter Pollen*. Nova York: Picador, 1994, p.150.
13. *Al-Ghazali's Path to Sufism*, p.57.
14. John Donne. *Devotions upon Emergent Occasions and Death's Duel*. Nova York: Vintage, 1999, p.119.
15. Simone Weil. *Waiting for God*. Trad. Emma Craufurd. Nova York: HarperCollins, 1973, p.59.
16. Al-Ghazali. *The Niche of Lights*. Trad. David Buchman. Provo, UT: Brigham Young University Press, 1998, p.22.
17. Ibid., p.18.
18. John Milton, *Paradise Lost*, livro 4, linha 639 [*"With thee conversing I forget all time"*]; Alfred, Lord Tennyson. *Tithonus*, linhas 55-63 [*"Changed with thy mystic change, and felt my blood/ Glow with the glow that slowly crimson' dall/ Thy presence and thy portals, while I lay/ Mouth, forehead, eyelids, growing dewy-warm/ With kisses balmier than half-opening buds/ Of April, and could hear the lips that kiss'd/ Whispering I knew not what of wild and sweet,/ Like that strange song I heard Apollo sing/ While I lionlike a mist rose into towers"*]; William Shakespeare. *Romeo and Juliet*, ato 2, cena 2 [*"The more I give to thee/ The more I have, for both are infinite"*]; Emily Dickinson. "Wild Nights" [*"Rowing in Eden,/ Ah, the sea!/ Might I but moor – Tonight –/ in thee"*].
19. *Koran*, 24.35.
20. T.S. Eliot. "The 'Pensées' of Pascal", in *Selected Essays*. Londres: Faber and Faber, 1934, p.405.
21. Emily Dickinson. "There's a certain slant of light" [*"Heavenly hurt it give us./ We can find no scar –/ But internal difference –/ Where the meanings are."*].
22. Hugo von Hofmannsthal. *The Lord Chandos Letter and Other Writings*. Trad. Joel Rotenberg. Nova York: New York Review Books, 2005, p.47.

6. Em pesadelos começa a racionalidade (p.138-60)

1. Jorge Luis Borges. "The Moon", in Alexander Coleman (org.), *Selected Poems*. Nova York: Penguin Books, 2000, p.108.
2. René Descartes. *The Philosophical Writings of Descartes*, 3 vols. Trad. John Cottingham, Robert Stoothoff, Dugland Murdoch e Anthony Kenney. Cambridge: Cambridge University Press, 1984-91, vol.2, p.116. (No caso das *Meditações*, um texto amplamente lido, indico o número da Meditação após a citação.)
3. Ibid., vol.1, p.119.
4. Ibid., vol.1, p.118.

5. Ibid., vol.2, p.16, meditação 2.
6. Ibid., vol.2, p.17, meditação 2.
7. Paul Valéry. *Masters and Friends*. Trad. M. Turnell. Princeton, NJ: Bollingen, 1968, p.31.
8. Descartes, *Philosophical Writings*, vol.1, p.127.
9. Ibid., vol.3, p.309.
10. Ibid., vol.2, p.20, meditação 2.
11. Ibid., vol.2, p.19, meditação 2.
12. Ibid., vol.2, p.28, meditação 3.
13. Ibid., vol.3, p.23.
14. Ibid., vol.2, p.37, meditação 4.
15. René Descartes, *Principles of Philosophy*. Trad. Valentine Rodger Miller e Reese P. Miller. Dordrecht: Kluwer Academic Publishers, 1991, p.20.
16. Descartes. *Philosophical Writings*, vol.2, p.56, meditação 6.
17. Ibid., vol.3, p.346-7.
18. Ibid., vol.1, p.113.

7. A aterrorizante distância das estrelas (p.161-81)

1. C.S. Lewis. *The Discarded Image*. Cambridge: Cambridge University Press, 1994, p.98-9.
2. Blaise Pascal. *Pensées*. Trad. A.J. Krailsheimer. Londres: Penguin, 1966, p.66 (201). Após o número da página, em parênteses, está a numeração padrão dos *Pensamentos* de Pascal com base no chamado Primeiro Manuscrito; portanto, se você tiver uma edição diferente, a citação poderá ser localizada com facilidade (a menos que sua edição não seja numerada, ou tenha os números do Segundo Manuscrito).
3. Ibid., p.6 (24).
4. Ibid., p.13 (47).
5. Ibid., p.37 (136).
6. Ibid., p.37 (133).
7. Sir Thomas Browne, *Selected Writings*, org. Sir Geoffrey Keynes. Chicago: University of Chicago Press, 1968, p.153.
8. Pascal, *Pensées*, p.7 (31).
9. Ibid., p.29 (113).
10. Ibid., p.29 (114).
11. Ibid., p.122 (418).
12. Ibid., p.127 (423).
13. Ibid., p.125 (419).
14. Ibid., p.34 (131)
15. Ibid., p.69 (211).
16. Ibid., p.29 (114).

Interlúdio sobre fogueiras e o sol (p.182-7)

1. Citado in T.S. Eliot. "Lancelot Andrewes", in *Selected Essays*. Nova York: Houghton Mifflin Harcourt, 1950, p.297.

PARTE 4 Qual é a natureza do bem e do mal? (p.189-94)

1. Isaías 45:7.
2. Lucas 14:26-7.
3. Jó 41:7.
4. Eclesiastes 3:20.
5. Lucas 2:19.
6. Gênesis 3:4-5.
7. Gênesis 3:22.

8. O valor moral de uma lágrima (p.195-212)

1. Apud Susan Neiman. *Moral Clarity*. Orlando: Harcourt Books, 2008, p.128. [Citado em português em tradução de Márcio Suzuki.]
2. Citado em ibid., p.160.
3. Immanuel Kant. *Grounding for the Metaphysics of Morals*. Trad. J.W. Ellington. Indianapolis: Hackett Publishing, 1993, p.7.
4. Mark Twain. *The Adventures of Huckleberry Finn*, cap.31.
5. Immanuel Kant. *Grounding for the Metaphysics of Morals*, p.30.
6. Ibid., p.36.
7. Ibid., p.38.
8. William James. *Writings: 1878-1899*. Nova York: Library of America, 1992, p.613.
9. Immanuel Kant. *Critique of Practical Reason*. Trad. Lewis White Beck. Nova York, Macmillan, 1956, p.166.
10. Immanuel Kant. "Idea for a General History with a Cosmopolitan Purpose", in H.S. Reiss e H.B. Nisbet (orgs). *Political Writings*. Cambridge: Cambridge University Press, 1991, p.47.
11. Immanuel Kant. *Grounding for the Metaphysics of Morals*, p.20.
12. Ezra Pound. *The ABC of Reading*. Nova York: New Directions, 1960, p.29; William Carlos Williams. "Asphodel, That Greeny Flower" [*"Men die miserably all day/ for lack of what is found there"*].
13. Marguerite Yourcenar. *Memoirs of Hadrian*. Trad. Grace Fick. Nova York: Farrar, Straus and Giroux, 1963, p.293.

9. A besta que é e não é (p.213-34)

1. Mateus 5:45.
2. Platão. *The Republic of Plato*. Trad. Allan Bloom. Nova York: Basic Books, 1968, 379c.
3. William Blake, "On Another's Sorrow" [*"Think not thou canst sigh a sigh, / And thy Maker is to by: / Think not thou canst weep a tear, / And thy Maker is not near. / O He gives to us His joy, / That our grief He may destroy: / Till our grief is fled and gone / He doth sit by us and moan"*].
4. Citado in Leszek Kołakowski. *Is God Happy?* Nova York: Basic Books, 2013, p.171.
5. Charles Baudelaire. "The Generous Gambler", in *Paris Spleen*. Trad. Keith Waldrop. Middletown, CT: Wesleyan University Press, 2009, p.60.
6. Aleksandr Soljenítsyn. *The Gulag Archipelago 1918-1956*, ed. resumida. Trad. Thomas P. Whitney e Harry Willets. Nova York: HarperCollins, 2002, p.312.
7. Hannah Arendt. *Eichmann in Jerusalem*. Nova York: Penguin, 2006, p.277.
8. Citado in Neiman. *Evil in Modern Thought*, p.336.
9. Ibid., p.338.
10. Hans Jonas. *Memoirs*. Trad. Krishna Winston. Waltham, MA: Brandeis University Press, 2008, p.xv.
11. Hans Jonas. *Philosophical Essays*. Nova York: Atropos Press, 2010, p.xiii.
12. Hans Jonas. *Mortality and Morality*. Evanston, IL: Northwestern University Press, 1996, p.49.
13. Idem.
14. Hans Jonas. *The Phenomenon of Life*. Evanston, IL: Northwestern University Press, 2001, p.283.
15. Ibid., p.280.
16. Ibid., p.278.
17. Citado in Jonas. *Morality and Mortality*, p.208.
18. Philip J. Ivanhoe e Bryan W. Van Norden (orgs.). *Readings in Classical Chinese Philosophy*. Indianapolis: Hackett Publishing, 2001, p.169. *Daodejing*, cap.22.
19. Mateus 5:3-6.
20. W.H. Auden. "The Common Life", in *Collected Poems*. Nova York: Vintage, 1991, p.716. [*"Though truth and love / can never really differ, when they seem to, / the subaltern should be truth"*].

Interlúdio sobre zumbis e super-heróis (p.235-42)

1. Esta e as outras citações de Simon Zealot estão disponíveis em: <http://www.bottle-sofdjinn.com/2010/06/psa-about-phobosophitis.html>.
2. Sófocles. *Sophocles I: Antigone, Oedipus the King, Oedipus at Colonus*. Trad. David Grene e Richard Lattimore. Chicago: University of Chicago Press, 2013, linhas 332-70. [Sófocles, *Antígona*. Citada em tradução de Mário da Gama Kury, in *A trilogia tebana*, Rio de Janeiro, Zahar, 1990, v.385-412.]
3. Platão, *Last Days of Socrates*, 78a.

Conclusão: A coisa mais bonita no mundo (p.243-50)

1. Citado in Claude Lévi-Strauss. "The Sorcerer and His Magic", in *Structural Anthropology*. Trad. Claire Jacobson e Brooke Grundfest Schoepf. Nova York: Basic Books, 1963, vol.2, p.178.
2. Immanuel Kant. *The Critique of Pure Reason*. Trad. Norman Kemp Smith. Nova York: St. Martin's Press, 1965, A761/B789.
3. Citado in Pierre Hadot. *Philosophy as a Way of Life*. Trad. Michael Chase. Malden, MA: Blackwell Publishing, 1995, p.154.
4. Encontrei essa história pela primeira vez no poema "The City of the Moon", de Kenneth Rexroth.
5. G.K. Chesterton, *Heretics*. Nova York: John Lane Company, 1905, p.286.
6. William James. *Writings: 1878-1899*. Nova York: Library of America, 1992, p.867.

Agradecimentos

> Mesmo um homem que não acredita em nada precisa de uma boa mulher que acredite nele.
>
> Eugen Rosenstock-Huessy

Embora eu nunca tenha acreditado em nada, tenho a sorte de ter sido apoiado durante toda a escrita deste livro pela irreprimível Helen Neumann, que acredita em mim, apesar de todas as evidências em contrário.

Sem a generosidade, a perspicácia e o estímulo de meu amigo Scott Newstok, estas páginas teriam sido como outras tantas árvores caindo sem produzir som na *selva oscura*. Não posso lhe agradecer o suficiente.

É obrigatório agradecer aos editores, mas eu agradeço à minha, Elizabeth Branch Dyson, com todo o entusiasmo de que sou capaz. Ela é uma verdadeira joia. Não só perseguiu e defendeu com coragem o meu manuscrito, como o tornou elegantemente melhor.

Tenho também uma profunda gratidão para com meus amigos no Philosophical Breakfast Club – David Depew, Jim Throgmorton, Bob Sessions e David Bullwinkle –, por todos os elogios e críticas acompanhados de salsichas, ovos e café – ou, no caso de Bob, mingau de aveia. Se ainda houver algum erro em meu texto, a culpa é toda deles.

Passando do café da manhã para o álcool do fim de noite, agradeço a Michael Judge e Emiliano Battista; as conversas com eles, regadas a vinho e uísque, foram inspiradoras para mim. Agradeço também a Sarah Kyle por um inesquecível insight.

Meus pais não fizeram cara feia quando eu lhes disse que iria cursar filosofia. Tenho de lhes perguntar: "Que diabo vocês estavam pensando?"

Espero que meu texto tenha servido como um agradecimento a meus alunos, com quem compartilhei alguns de meus momentos mais venturosos. Gostaria de ter incluído mais de suas histórias. Aliás, embora eu use os nomes reais de alguns deles, mascaro a identidade de outros por razões variadas.

Permitam-me dedicar um tempo a agradecer àqueles professores que me deram "uma iniciação séria e ordenada em nossa herança intelectual, imaginativa, moral e emocional", para usar a descrição de Michael Oakeshott do que é a verdadeira educação.

Em minha primeira aula na Grinnel College, a professora Mary Lynn Bree, instruída a nos dar algumas informações necessárias sobre o campus, subiu ao tablado com seus dois setters irlandeses, Deirdre e Maud, e fez um discurso sobre a cor do pôr do sol em Sligo, o que Djuna Barnes disse a Hemingway e o quanto ela amava a disposição de e.e. cummings de escrever sem pudores sobre a morte, o amor e a primavera.

O professor Alan Schrift, meu primeiro instrutor em filosofia, um nietzschiano com a barba de Karl Marx, defendia todos os filósofos que ensinava com a feroz eloquência de um habilidoso advogado de defesa. Causa profunda impressão numa pessoa testemunhar Nietzsche com a barba de Marx fazendo uma defesa de Platão.

Eu me lembro de um momento no curso de Teoria Ética, da professora Johanna Meehan, em que ela citou Alexander Pope no meio de sua palestra sobre Kant – um simples momento, mas a primeira vez em que a palavra "civilização" fez verdadeiramente sentido para mim.

A professora Ellen Mease leu todo o *Finnegans Wake* comigo, porque assim lhe pedi. Qualquer pessoa que tenha examinado pelo menos uma frase das 628 páginas de *Wake* (tomo aqui uma delas, ao acaso: *"But Noodynaady's actual ingrate tootle is of come into the garner mauve and thy nice are stores of morning and buy me a bunch of iodines"*)* compreenderá imediatamente a extensão de seu compromisso com a educação.

Fui cursar a pós-graduação na Emory University em parte porque Jean-François Lyotard estava lá, uma das grandes figuras da filosofia francesa contemporânea. Ele era surpreendentemente erudito e gentil, por vezes nos mandando ler apenas duas páginas de Merleau-Ponty por semana, sobre as quais iríamos depois trabalhar no seminário palavra por palavra. Mas no fim das contas foram os filósofos menos famosos em Emory que realmente me ensinaram filosofia: Rudolf Makkreel, um dos anjos da guarda de Kant; Anne Hartle, que na época estava concluindo um livro profundo sobre Montaigne, com o subtítulo perfeito *Accidental Philosopher* [Filósofo acidental]; Donald Livingston, cujos ensinamentos sobre filosofia e vida comum, que podem ser encontrados em seu livro *Philosophical Melancholy and Delirium*, deixaram em mim uma marca permanente; e acima de tudo Donald Philip Verene, cujos quatro autores (ele acreditava que todas as pessoas deveriam ser devotadas a quatro autores) eram Giambattista Vico, Georg Wilhelm Friedrich Hegel, Ernst Cassirer e James Joyce.

Quando Verene descobriu que eu tinha lido *Finnegans Wake*, chamou-me à sua sala – esse foi nosso primeiro encontro – e me serviu um copo de xerez. Com medo de falar com esse eminente erudito sobre um livro impenetrável, eu na mesma hora

---

* "Mas agora a melodia do Hesita-Hesitante está para chegar ao jardim das malvas e tua beldade é uma estrela da manhã junto a mim, um ramalhete de violetas", em tradução de Donaldo Schüller (*Finícius Revém*. São Paulo, Ateliê Editorial, 2002). (N.T.)

Agradecimentos

restringi minha façanha: "Dr. Verene, não posso realmente dizer que li *Finnegans Wake*. Tudo de que posso me gabar é que meu olhar tocou cada palavra. Estou longe de ser fluente na '*jinglish janglage*'* de Joyce." Ele voltou a encher meu copo, que eu bebera depressa demais, e me disse que havia uma única maneira de ler *Finnegans Wake*: a maneira *dele*. Muitos anos antes ele fora para Florença escrever seu excepcional livro *Vico's Science of the Imagination*. Ele trabalhava no manuscrito todas as manhãs. Depois de uma copiosa refeição ao meio-dia, preguiçava ao sol italiano e lia uma ou duas páginas do *Wake* antes de tirar um pequeno cochilo, um *pisolino*. Apenas na consciência entre despertar e adormecer o livro faz algum sentido. Eu deveria ir para Florença, disse ele, se algum dia fosse tentar ler *Finnegans Wake* novamente.

Descobrimos que tínhamos outras coisas em comum além de Joyce. Tínhamos nascido em cidadezinhas do Meio-Oeste (ele era de Galesburg, Illinois), gostávamos de cozinhar (ele era um excelente cozinheiro italiano e havia estudado com Giuliano Bugialli), gostávamos de blues e cometíamos nossas poesias. Embora ele tenha orientado minha dissertação, quase nunca falamos diretamente sobre filosofia. Ele falava sobre azeitonas e Ezra Pound, circos de cidades pequenas e Big Mama Thornton. Eu passei as noites de meus anos mais vigorosos com Vico, Joyce e Hegel para que pudéssemos discutir variedades de *prosciutto* acompanhadas de copos gelados de seu *limoncello* caseiro. Após tirar uma baforada de um charuto dominicano, ele dizia com uma piscadela maliciosa: "Deus, querendo fazer a coisa mais bela do mundo, criou o professor. O Diabo, para não ficar para trás, criou o colega." Uma vez criei coragem para lhe perguntar se era a poesia ou a filosofia a verdadeira expressão da natureza humana. Ele me olhou direto nos olhos: "Quando eles queimaram [o filósofo] Giordano Bruno no Campo dei Fiori, tiveram tanto medo de sua eloquência na hora da morte que furaram a língua dele com um prego de ferro. Hoje há no local um café encantador."

Por fim, eu gostaria de pôr este livro nas mãos de Irene Rose e William James, meus dois filhos. É isto que o pai de vocês faz.

---

* "Linguajar ginglingleis", na tradução de Donaldo Schüller. (N.T.)

Índice remissivo

11 de Setembro, 61, 199-200, 224

Abel *ver* Caim e Abel
Abraão e Isaac, 42-4, 163
acaso, 83
Adão e Eva, 193-4, 240
agnosticismo, 173
Ájax, 33
Alcibíades, 51
Alcoólicos Anônimos, 176
alegoria da caverna, 184-7
al-Ghazali, Abu Hamid *ver* Ghazali, Abu Hamid al-
Allen, Woody, 82
alma, 20, 33-4, 58-62, 74
amizade, 85
amor, 129-32, 233-4
Andrewes, Lancelot, 183
animal racional, 15, 25-6, 227
ansiedade, 90, 120, 162, 164-6, 172
Antiques Roadshow, 195
anúncios, 81
Apolo, 40-1
Apologia (Platão), 14, 45-54, 56-7
Apologia – problema de *Críton*, 56-7
Aquiles, 40-1
Aquino, Tomás de, 10-1, 24
Arendt, Hannah, 221-3
Aristófanes, 64
Aristóteles, 26, 30, 74, 100
Arquimedes, 149
ascetismo, 125
Asclépio, 62-3
ateísmo, 113-5, 172, 173, 174
"Aubade" (Larkin), 72
Auden, W.H., 72, 233
Auschwitz, 219, 221-2, 230-2, 234

Bacon, Francis, 157
banalidade do mal, 221-3
Barry, Denny, 227-8
Baudelaire, Charles, 219
Bentham, Jeremy, 77

Bergson, Henri, 64
Berry, Wendell, 84
Bhagavad Gita, 12
Bíblia, 124, 192-4, 216
"Big Rock Candy Mountain, The", 61
bin Laden, Osama, 44
Bishop, Elizabeth, 19
Blake, William, 78, 127, 135, 217
bondade versus poder, 42-4, 219-20, 226
Borges, Jorge Luis, 138
Bósnia, 65
Bouts, Dieric, 199
Bree, Mary Lynn, 264
Browne, Sir Thomas, 23, 138, 169
Bruno, Giordano, 265
Buda, 210, 248
budismo, 76, 156, 165, 166, 210, 248
Bultmann, Rudolf, 225

Caim e Abel, 193-4
capacete de Deus, 134-5
Catão, 95
ceticismo, 32, 123, 182
céu e inferno, 201-2
Chaplin, Charles, 64
Cheryl (aluna), 42-3
Chesterton, G.K., 249
Chuang-Tzu, 30-2
Cícero, 36, 107, 142
ciência, 123, 134-5, 149, 158, 230
Coleridge, Samuel Taylor, 19
comédia, 62-3, 65-8
Confúcio, 30, 247
consequencialismo, 200-1
consumismo, 75-6
Corão, 124, 131-2
costumes funerários, 27
Crates, 90
crença, 247-9
criação *ex nihilo*, 83
crise epistemológica, 118
Crisipo, 92
cristianismo, 28, 63, 72, 76, 118, 125, 164, 167, 171, 177-80, 186, 216, 231, 233

Cristina, rainha, 160
Crítias, 51
Críton (Platão), 54-7
Cromwell, Oliver, 247
Cronos, 39
Crystal (aluna), 114-5, 182
cultura, 27-8, 88, 133, 186, 187, 206, 227, 238, 242

daimon, 51-2, 74, 135, 159
Dan Wickenkamp *ver* Wickenkamp, Dan (aluno)
Dante, 11, 63
Dario, 27
Deanne Folkmann *ver* Folkmann, Deanne (aluna)
Delay, Simone, 86-8
Delfos, oráculo de, 45
Descartes, René, 29, 109, 139-60, 162, 172, 182, 186-7, 252
    cogito, 146-7
    críticas a, 155-7
    método epistemológico de, 142-3
    morte de, 160
    pesadelos de, 140-2
    profeta da modernidade, 157-9
    sobre a ciência, 149
    sobre a matemática, 144-5
    sobre a razão por que cometemos erros, 153-4
    sobre Deus, 145, 146-7, 149-54, 155
    sobre o problema mente-corpo, 148, 155-6
    sobre os sentidos, 143
    vida de, 139
desobediência civil, 57
destino, 11, 12-5, 92-3
Deus, 38-44, 83-4, 122, 127-8, 129, 133, 134-5, 145, 146, 147, 150-5, 205-6, 215-7, 230-2, 233
Dickinson, Emily, 113, 131, 135
dinheiro, 82, 246
Diógenes de Sinope (o Cínico), 11, 30, 159-60
Diógenes Laércio, 159
dom, 245-6
Donne, John, 128
dor *ver* prazer e dor
dualismo, 59-60
Dylan, Bob, 42

Ebbinghaus, Julius, 226
ecletismo, 107

Éden, 171, 193
Eichmann, Adolf, 221-2
elefante, fábula sufista do, 16
Eliot, T.S., 32, 134, 161, 183-4
emoção, 90-3
Encyclopaedia Britannica (11ª edição), 77
ensinar e aprender, 13-5, 24-5, 245-6
Epicteto, 14, 24, 90-1, 93, 95, 97, 98, 100, 102-6; *ver também* estoicismo
Epicuro, 30, 72, 76-88
    interpretação errônea do, 78-9
    materialismo de, 84-6
    sobre a amizade, 85
    sobre a moralidade, 84-5
    sobre a política, 86
    sobre Deus e o mal, 153
    sobre o desejo, 80-3
    sobre o prazer, 78-80
    vida de, 76-7
Er, mito de, 33
Escoffier, Auguste, 87
espanto, 19-21
estoicismo, 30, 89-106
    críticas ao, 100-2
    e a tortura, 102-4
    e emoção, 91
    e felicidade, 89-90, 105-6
    e o que depende de nós, 91-3, 209
    e o suicídio, 94
    origem do, 90
    práticas de, 95-100
estrelas, 9, 161-2, 170-1, 205
eternidade, 61-2
ética *ver* moralidade
ética religiosa, 38-44, 201-3
eudaimonia, 74
Eutífron (Platão), 38-44, 226
Eva *ver* Adão e Eva

Fédon (Platão), 49, 53, 57-63, 66
felicidade, 37, 71-109, 166-9, 204, 209, 210-1, 243, 250
    conceito cético de, 107-8
    conceito eclético de, 107
    conceito epicurista de, 84-6
    conceito estoico de, 89-90, 105
    conceito platônico de, 73-4
filosofia, 19-68
    como exercício intelectual, 28-9
    como jornada, 33-5, 46-8, 182-7, 244-5, 250

como prática, 107-9
e crença, 248-9
nascimento da, 19-20, 30
natureza da, 10, 15-6, 19-20, 23, 27-33, 45-8,
  95, 129, 242, 248
Fish, Stanley, 28, 29
Folkmann, Deanne (aluna), 24, 33-4
Freud, Sigmund, 144
Frye, Northrop, 213

Gable, Dan, 102
Galileu, 149, 157
gêmeos mais pesados do mundo, os, 49, 50
Ghazali, Abu Hamid al-, 28, 118-37, 138, 143,
  182, 186-7, 214, 218, 251-2
  comparação com Descartes, 143, 147, 157
  crise cética de, 123
  experiência mística de, 124-8, 129
  método epistemológico de, 120-1
  retorno à docência, 133
  sobre conformismo servil, 118-9
  sobre dados sensoriais, 121
  sobre verdades evidentes por si mesmas,
    122-3
  vida de, 119
Gibbon, Edward, 101
Giges, 73, 203
gnosticismo, 239, 242
Goethe, Wolfgang von, 37, 88, 225
Gorbatchev, Mikhail, 44
Goya, Francisco, 139
Gress, Kimberly (aluna), 108-9
Guerra dos Trinta Anos, 139
guinada, a, 83
Guinness World Records, 49
Guo Xiang, 32

Hadot, Pierre, 29, 84
Hai Rui, 57
Hamlet, 26, 138
Hamurabi, 196
Hartle, Ann, 264
Hauerwas, Stanley, 46
Hegel, Georg Wilhelm Friedrich, 106
Heidegger, Martin, 21, 225-6
Heine, Heinrich, 197
Henley, Ernest, 104
Heráclito, 64, 65, 247-8
Herder, Johann Gottfried, 197
Heródoto, 27

Hick, John, 217
Hikmet, Nazim, 106
Hillesum, Etty, 232
Hiroshima, 224
Hitler, Adolf, 44, 196, 224
Hobbes, Thomas, 228
Hofmannsthal, Hugo von, 136
Hokusai, Katsushika, 64
Honoré, Carl, 164-5
hospitais, objetivo dos, 46-9
Huckleberry Finn, 202
Hughes, Ted, 127
Hugo, Victor, 94
Hui-Tzu, 31-2
Hume, David, 156, 235
Husserl, Edmund, 225

"Infidelidade" (Kaváfis), 40-1
Iluminismo, 210
insanidade, 143-4
"Invictus" (Henley), 104
islã, 28, 118, 119-20, 125, 167, 177-8, 180, 186, 252
"It Could Happen to You", 130
"Ítaca" (Kaváfis), 34-5

Jägerstätter, Franz, 195-6, 211-2
James, LeBron, 168
James, William, 5, 10, 177, 204, 249-50, 265
Jesus, 38, 63, 97, 114, 118-9, 151, 179-80, 192, 196,
  216, 233
Jillian Kramer *ver* Kramer, Jillian (aluna)
Jó, 193, 216
Jonas, Hans, 29, 58, 224-34, 247, 252
  sobre a vida, 227-8
  sobre Auschwitz, 230-2
  sobre Deus, 232
  sobre Heidegger, 225-6
  sobre o mal, 229-31
  vida de, 224-6
Joyce, James, 264-5
judaísmo, 118, 125, 224, 231-2
Julia (aluna), 198-9, 212, 218, 247

Kabir, 9
Kant, Immanuel, 14-5, 19, 24, 29, 43, 138, 196-212,
  218, 221, 226, 230, 245, 247, 252, 264
  sobre a boa vontade, 201-2
  sobre a natureza humana, 207-8
  sobre as estrelas, 205
  sobre o consequencialismo, 200

sobre o Iluminismo, 210
sobre o imperativo categórico, 202-7
sobre o progresso moral, 206-7
sobre o valor moral, 198-9, 201-2, 212
vida de, 196-7
Kathy (aluna), 213-7, 233-4, 247
Kaváfis, Konstantínos, 34, 40-1
Kessler, Martin (aluno), 235-42
Kierkegaard, Søren, 65, 246
Kimberly Gress *ver* Gress, Kimberly (aluna)
King, Martin Luther, 44
koskimos, índios americanos, 244
Kramer, Jillian (aluna), 14, 46-9, 51, 52, 218
kwakiutls, índios americanos, 243

lágrimas, 64-7
Lao-Tsé, 30, 233
Larkin, Philip, 59, 72
Lawrence, D.H., 60
lei, 55-7
Lévi-Strauss, Claude, 243, 245
Lewis, C.S., 161-2
liberdade, 89-90, 105-6, 153-4, 206, 210-1, 228, 230
Liebling, A.J., 77-8
Livingston, Donald, 23, 264
Locke, John, 55
lógica, 214
Lucrécio, 59
luta livre, 100, 101
Lyotard, Jean-François, 264

MacIntyre, Alasdair, 56
mágico de Oz, O, 33
Mahabharata, 12, 240
Makkreel, Rudolf, 264
mal, 153-4, 215-24, 230-1
Marco Aurélio, 90, 96, 98, 101
Maria, 199
Martin Kessler *ver* Kessler, Martin (aluno)
martínis, 58
Marvell, Andrew, 195
Marx, Karl, 106
marxismo, 167, 181
materialismo, 59, 72, 76, 81, 83, 84
Matrix, 242
Mauss, Marcel, 245
McBride, Shannon (aluna), 65-6
Mease, Ellen, 264
Meditações sobre filosofia primeira (Descartes), 142-59

Meehan, Johanna, 49, 264
Meredith, George, 182
metafísica, 20-1, 58-62, 155-6
mídia/noticiários, 208-9
Milgram, Stanley, 222
Miłosz, Czesław, 114-5
Milton, John, 130
Mirande, Yves, 77-9
mistérios medievais, 193
misticismo, 60, 125-37, 163, 182-3, 214, 218
misticismo pragmático, 218-9
modernidade, 157-8, 181
Moisés, 147, 193
Montaigne, Michel de, 25-6, 33, 37, 52, 65
moralidade, 84, 171, 199-207, 228-31
More, Thomas, 89
Morin, Simon, 118-9
morte, 49-50, 53-4, 58-9, 82-3

natureza, 93
natureza humana, 26, 67-8, 164, 170-1, 177, 208, 210-1, 265
nazismo, 196, 219, 229
Neiman, Susan, 221-3
Nero, 45, 105
Niebuhr, Reinhold, 99
Nietzsche, Friedrich, 15, 144, 236, 264
noticiários *ver* mídia/noticiários

O'Sullivan, Andrew, 227, 228
Oakeshott, Michael, 263
Oppenheimer, J. Robert, 240
oração, 89, 99-100
Orfeu, 33
Orígenes, 63
"Ou-ou" (Miłosz), 114
Ovídio, 118

Papai Noel, 117-8, 183-4
paraíso, 61
Parker, Dorothy, 58
Parks, Rosa, 57
Pascal, Blaise, 162-81, 182, 186, 187, 205, 230
sobre a aposta, 172-7
sobre a condição humana, 164-72
sobre a grandeza, 170-1
sobre a religião, 176-80
sobre a vaidade, 170
sobre diversões, 167-9
sobre o cristianismo, 178-80
vida de, 162-4

Pensamentos (Pascal), 164-81
Persinger, Michael, 134
pessimismo, 167
Petrini, Carlo, 84
Pettee, J.T., 75
pharmakon (veneno/cura), 62
Phenomenon of Life, The (Jonas), 227-8
Platão, 11, 14-5, 24, 30, 33, 38, 41, 46, 49, 53, 54, 56, 57, 59, 63, 64, 66-7, 71, 73-4, 75, 76, 91, 95, 184, 187, 216, 226, 231, 242, 247, 248, 251, 264; *ver também* Sócrates
poder versus bondade *ver* bondade versus poder
poesia, linguagem da, 132
politeísmo, 41-2
Pope, Alexander, 61
Pound, Ezra, 209
prazer e dor, 57-8, 79-81, 102-3
problema do mal, 213, 214, 215-8, 231-4
problema mente-corpo, 155-6
provas da existência de Deus, 10, 150-4, 172-3
psyche, 59

Quesalid, 243-5

racionalidade, 25-7
rainha Cristina *ver* Cristina, rainha
relativismo, 219-20
religião, 113-4, 123-4, 158-9, 176-80, 248-9
república, A (Platão), 11, 33, 41, 73-4, 184-7, 216
Rhinelander, Philip, 14, 102
Ricky (aluno), 201-2
Rimbaud, Arthur, 127
riso, 64-8
Robert (aluno), 100-2
Rosenstock-Huessy, Eugen, 72, 263

sabedoria, 247, 248
Sacks, Oliver, 71
Sandel, Michael, 75
santidade, 38-44, 213
Sartre, Jean-Paul, 173
Schopenhauer, Arthur, 64
Schrift, Alan, 264
Segundo Conselho Plenário de Baltimore, 113
selva oscura, 11, 119, 263
Sêneca, 90, 95, 96, 99, 100
Sexto Empírico, 107
Shakespeare, William, 64, 67, 91, 131, 134, 135, 138, 247

Shannon McBride *ver* McBride, Shannon (aluna)
Silesius, Angelus, 204
Simone's Plain and Simple, 86
Sócrates, 11, 19, 30, 33, 36-63, 74, 77, 124, 138, 181, 184-6, 218, 226, 242, 243, 245, 247-9, 251
   caráter de, 67-8
   daimonion de, 51-2
   defesa da filosofia, 45-54
   e Descartes, 146, 160
   e estoicismo, 90, 91, 95, 97
   e o oráculo de Delfos, 45
   julgamento de, 53-4
   morte de, 62-3
   prática da filosofia, 39-40
   sobre a alma, 58-62
   sobre nosso dever para com o Estado, 54-7
   vida de, 36-7
Sófocles, 64
Soljenítsyn, Aleksandr, 102, 220
sonhos, 138-9, 140-2
Stálin, Iosif, 224
Stevenson, Robert Louis, 117
Stockdale, James Bond, 14, 102-4, 105
Suetônio, 45
sufismo, 124-7
suicídio, 94
super-heróis, 238-40

Tao Te Ching, 233
taoismo, 30-3, 76, 233, 235
tédio, 168-9
Tennyson, Alfred, Lord, 130-1
Terkel, Studs, 82
terremoto de Lisboa, 221
terroir, 79
Thoreau, Henry David, 80
tolerância, 183
tortura, 102-4, 105
tradição, 186, 208, 246
tragédia, 62-3, 64, 66-8
Twain, Mark, 9, 202

Ulisses, 33-4
Urano, 39

vaidade, 170
Valéry, Paul, 107, 147
verdade, 117-8, 120-8, 144-7, 183-4, 187

Índice remissivo

Verene, Donald Phillip, 99, 264-5
vida após a morte, 61-2, 174, 178, 193, 201-3
vida comum, 32, 86, 107, 159, 264
vida examinada, 25, 48-50, 51, 60, 173, 242
Voltaire, 118-9, 139, 163

Waters, Alice, 87
Weber, Max, 201
Weil, Simone, 44, 128
Whitehead, Alfred North, 108
Whitman, Walt, 50
Wickenkamp, Dan (aluno), 71-3, 74
Wiesel, Elie, 234
Williams, William Carlos, 209
Woolf, Virginia, 36

xamanismo, 243-5
Xenofonte, 243

Yin e Yang, 31, 32
Yourcenar, Marguerite, 20, 211

Zealot, Simon *ver* Kessler, Martin (aluno)
zen budismo, 165-6
Zenão de Cítio, 90
Zeus, 39, 100
Zimbardo, Philip, 222-3
zumbis, 236, 237-8

A marca FSC® é a garantia de que a madeira utilizada na fabricação
do papel deste livro provém de florestas que foram gerenciadas de maneira
ambientalmente correta, socialmente justa e economicamente
viável, além de outras fontes de origem controlada.

Este livro foi composto por Mari Taboada em Dante Pro 11,5/16
e impresso em papel offwhite 80g/m² e cartão triplex 250g/m²
por Geográfica Editora em março de 2020.